# 应用型本科高校商务英语人才培养探索与研究

邓博文 著

中国纺织出版社有限公司

# 内 容 提 要

本书以"应用型本科高校商务英语人才培养"为主题，首先对商务英语的基本概念、商务英语教学及商务英语的语言特征进行概述；接着对商务英语教学的基本理论和现状做了详细论述，并深入分析了我国商务英语人才需求与供给现状、商务英语人才培养的目标定位等问题，进而对我国应用型本科院校商务英语专业的人才培养思路、课程体系构建以及专业教师发展路径进行了研究与探索。本书内容翔实，力求将理论与实践相结合，具备一定的学术价值，可供大学英语专业工作者学习参考。

## 图书在版编目（CIP）数据

应用型本科高校商务英语人才培养探索与研究 / 邓博文著. -- 北京：中国纺织出版社有限公司，2023.10
ISBN 978-7-5229-1299-8

Ⅰ.①应⋯ Ⅱ.①邓⋯ Ⅲ.①商务－英语－人才培养－研究－高等学校 Ⅳ.①F7

中国国家版本馆CIP数据核字（2023）第232471号

责任编辑：王 慧 责任校对：江思飞 责任印制：储志伟

中国纺织出版社有限公司出版发行
地址：北京市朝阳区百子湾东里A407号楼 邮政编码：100124
销售电话：010—67004422 传真：010—87155801
http://www.c-textilep.com
中国纺织出版社天猫旗舰店
官方微博 http://weibo.com/2119887771
河北延风印务有限公司印刷 各地新华书店经销
2023年10月第1版第1次印刷
开本：787×1092 1/16 印张：12.75
字数：230千字 定价：98.00元

# 前　言

在新时代，商务谈判变得越来越频繁，商务谈判涉及的事务也越来越多样化与复杂化，这需要提升商务英语专业人员的综合素质能力以适应时代的发展。互联网技术的飞速发展促进了国家之间的贸易交流与合作，基于这种背景，国际贸易往来日渐频繁，所涉及的领域也更加广泛。在这样的时代背景下，我国高等教育的三大转型（精英化向大众化、区域化向国际化、"数量型"向"质量型"），已成为高教转型发展的时代方位与基本路线。应用型本科院校教育应当强化理论教学的概念掌握与实践教学的"行动"有序开展，通过理论与实践的交互作用与逻辑转化，有效地科学促进应用型人才培养与培养质量提升。所以，应用型本科院校有必要在商务英语人才培养中着重培养以商务英语为基础的综合应用型人才，更新教学思路、构建课程体系、培养专业教师，使学生具有丰富的基础理论知识与较强的实践应用能力，能够高效处理商务谈判中的细节问题，确保维护国家利益和企业利益，最终促进谈判达成与完成交易。

基于上述观点，笔者著成了《应用型本科高校商务英语人才培养探索与研究》一书，本书共分为七章，第一章是商务英语与商务英语教学，第二章是商务英语的语言特征，第三章是商务英语教学的基本理论与现状分析，第四章是商务英语人才需求现状和目标定位，第五章是应用型本科院校商务英语专业人才培养思路，第六章是应用型本科院校商务英语教学课程体系构建，第七章是应用型本科院校商务英语专业教师发展路径。

本书在写作过程中，搜集、查阅和整理了大量文献资料，在此对学界前辈、同仁和所有为此书写作工作提供帮助的人员致以衷心的感谢。由于笔者能力有限，写作时间较为仓促，书中如存在不足之处，衷心敬请广大读者理解并给予指教！

邓博文

2023 年 3 月

# 目录

# 第一章

# 商务英语与商务英语教学

　　商务英语是有专门作用的英语，其因 2012 年被教育部正式列入大学本科专业基本目录而受到更加广泛的关注。现在，很多高校和专业学校，都对商务英语进行了专门的分类，分出专业进行招生，以扩大商务英语的推广与应用。因此，商务英语的概念、教育内容、教育方式方法等也受到了广泛重视，下面就商务英语进行简单的阐述。

## 第一节　商务英语的概述

### 一、商务英语定义的范围

　　英语的用途是多种多样的，如果英语用于商业过程，就属于特殊用途。所以，商务英语的教育教学模式有着本身的特殊特点。每个学生都有着自己的不同需要，应根据不同的情景与需要，运用教材的内容进行合理的教学，增强学生在特殊情景之下运用英语交流的能力。商务英语属于当代社会中有商业方向的一种英语，与平时人们所说的英语是有很大差异的。这些差异表现在多个方面，不仅包括英语教育的内在因素，还有英语教育的外部因素。商务英语虽然是在商业活动中可以运用到的英语，但不能说这种英语属于商业范畴，因此，商务英语属于英语的范畴界限是非常模糊的。商务英语既可以运用到商人的具体交易过程中，也可以运用到国家与国家之间，乃至全世界范围内的经济交流过程中。商务英语与普通英语不同，一般可以分为基础性的与专业性的。基础性的英语，是关于英语的基本运用，如日常的生活用语、酒店入住、询问低价、进行报价、签订合同等方面；专业性的英语，是指对于英语在具体方面的运用，如涉及医药化工方面的英语、物流方面的英语、生物方面的英语等。

许多年来，国内外的学者和专家对于商务英语的界定与定义有过很多的研究与激烈的辩论，但至今为止都没有一个确切的定义。在我国高校，商务英语是作为一般商务用途英语的基础发展起来的综合性交叉科学，正在趋于专业规范化和学位授予弹性化发展的势头之中。整体来看，关于商务英语概念界定的论述多种多样，可以通过三部分来具体表达。有的专家认为，商务英语既然是人们在交流中产生的，那么就应该属于语言学科的范畴。还有很多专家认为，商务英语既然称为英语，必然属于英语的定义之内。其他学者则认为商务英语是特殊的英语，是运用到特殊情景之中的特殊英语，因此，应该属于英语学与语言学的交叉学科的范围。

世界性英语理论研究主要集中在过去的三四十年。当时的学者认为商务英语与一般英语的区别仅仅在于需要掌握一些与商务有关的专业英语词汇。国内学者对商务英语概念的关注则在近十年间呈明显上升趋势。随着当今社会信息化与政治经济制度的改善与变革，不光是专家与学者，普通人也可以理解到商务英语并不是简单的英语，而是随着社会潮流进行不断变迁的英语。关于商务英语的定义，我们也可以从以下几方面进行阐述。

第一，商务英语是关于商业与英语的媒体影响力的部分，是存在于特殊用途英语与一般普通英语之间的部分，既不属于非常特殊的英语也不属于一般的英语，是一种适用于正常工作交流的英语，甚至不涉及较高层次的语法。

第二，商务英语并不是一个具有坚实基础的学科，而是处于一个不断发展的实践过程，并且因为世界各地的情况和要求不同而具有多种形态。商务英语缘起于两种便利性：国际商务人士之间对于建立沟通途径的需求；适用于交流的语言为英语。对国际商务的需求由此产生了一种教学的框架，此框架可以用来指导商务英语学习。商务英语由语言知识和沟通技能两部分组成，其中，语言知识包括语法和词汇，沟通技能包括演讲、会议和电话技能。

第三，商务英语通俗地来说，就是一些商人为了使自身的利益最大化或者为了某些目的，根据行业的要求，在特定的社会与生活情境之下，通过某种口头语言形式进行沟通与交流，进而达到商业目的的活动。

第四，商务英语是有特殊作用的，并且运用于生活中较为特殊的方面，是属于英语的一个分支，着重强调商业的特殊情境，涉及众多范畴，是一种较为特殊的技能，如管理及其他入门级以上岗位所需要的表达能力和其他技能等。

第五，商务英语随着经济的增长与社会的发展在飞速地发展着，在世界经济与信息全球化的趋势下，商务英语的范围也越来越大，上至宏观的经济调控，下至每个个体户的买卖交流。

在不同的发展阶段中，学者对商务英语的表述各有不同。综合来看，大多学者认同商务英语在 ESP（专门用途英语）中的分支地位，同时肯定其在特定语境中需要用到交际能力和其他能力。我们不能一味地认为商务英语是简单的商务与英语的量的叠加，只注重数量的运用，因为它是以商业活动为主要内容进行的，以英语为基础的活动。在全球化的趋势下，商务英语涉及了很多方面，包括英语的知识与技能的学习、过程与方法的运用、情感态度与价值观的体会。商务英语具有自身的性质，是不同于其他任何英语的存在。

## 二、英语之商务部分的调查情况

首先，商务英语归属于语言学范畴。持这种观点的学者认为，商务英语和普通英语在理论上没有任何区别，都属于语言学的范畴，它并非一种有别于其他语言的特殊语言形式。例如，第一，商务英语不仅是以一般的根本性的英语为基础的，也不是对简单的英语的一种创新，有的人认为它是一种非正常的英语，其实不然，它并不是完全特殊的英语。第二，商务英语并非一种独立的专门语言，它只不过是在英语中增加了一些专门术语。商务英语和文学英语享有同样的词汇，但许多词义和用法都完全不同。第三，商务英语是从事商务活动的人们在工作中使用的语言，商务活动参与者为达到各自的商业目的，遵循行业惯例和程序并受社会文化因素的影响，有选择地使用英语词汇、语法资源，运用语言策略，以书面或口头形式进行的交际活动系统。第四，商务英语不是奇怪的英语，只是非常单纯的普通英语在特殊情境中的运用。

其次，商务英语属于ESP的一个分支。这一概念和"商务英语属于语言学范畴"基本上是一致的，专门用途英语本身就被看作一种应用语言学。支持这一观点的学者众多。第一，商务英语应该归属于专门用途语言的下属学科的一类。因此，它必须从专门用途英语的总体范畴的角度来看待，因为它和所有专门用途英语分享相同的特征，如需求分析、语料选择等。第二，商务英语可以看成英语语言学、应用英语语言学、专门用途英语门下的一个四级学科。第三，李红在2005年对用途英语进行了分析，指出：我国商务英语专业多属于EGBP（English for General Business Purpose）这种一般商务用途英语之列，主要目的是在语言技能上加上一般的商务背景知识，但其专业性不强。第四，2006年，金晶华认为，商务英语应属于专门用途英语的范畴，并可以分为两类：一般商务用途英语（EGBP）和专门商务用途英语。

最后，商务英语至今没有找到属于自己的专业学科，因此还是归属于交叉学科，是语言学和商务管理学相互融合的综合性交叉科学。对于这种观点表示认同的还有很多专家：广东外语外贸大学国际商务英语学院张新红、李明认为，商务英语作为英语的一个功能性变体，是商务知识和英语语言的综合，具有独特性；湖南大学外国语学院莫再树、张小勇等人认为，商务英语是一门以语言学和应用语言学为学科基础，注重吸收其他学科的理论与实践研究方法的综合性交叉科学；周晔昊同样撰文表达了类似的看法，认为商务英语属于专门用途英语的范畴，即ESP，但它的内涵已经被扩展到一个跨学科的概念，如包括国际贸易、金融、国际商法、电子商务、工商管理、跨文化交际等。

综上所述，商务英语属于语言与商业的综合体。商务英语中的商务是指在活动过程中进行具体交流的事物或事件及一些专业的词汇。而英语是它的基础，是简单沟通交流所必备的。两者相互影响和融合，构成了一个完整的并且相互融合的系统。所以，在中国，将商务英语视为一个在 EGBP 基础上发展起来的综合性交叉科学，可能更加符合其发展现状和实际。商务英语一直在不停地发展与创新，商务英语将来要研究的领域将不仅是商业与英语两方面，还要投入更多的精力去研究全球范围内商业英语的运用，更多地融入中国乃至世界的文化当中去，成为一种新型的文化现象。

## 三、商务英语发展趋势

目前，商务英语是我国公认的具有鲜明特色的办学模式。一是商务英语培养目标的双重性。商务英语培养目标，除强调提高学习者英语语言表达方式外，也要求他们掌握一定的商务专业知识，即需要达到既能培养语言能力又能传授有关商业部分的专业知识。二是商务英语在教育教学活动中的实际运用以及在生活实践中的运用。商务英语教学的主要目的是提高和加强学生商业管理领域的专业英语实际技能和跨文化交际能力，力求突出学有所用。与普通英语教学不同的是，它并不着重对语句、生词和语法的讲解，而是侧重学生掌握商务管理领域的专业词汇和术语，运用专业语言和普通语言，扮演管理者的角色，参与国际商业谈判等实用技能。根据作者的研究与观察，目前，我国商务英语教学模式正在呈现一些新的发展趋势。这些发展趋势将对这一学科的未来发展产生深远影响。

### （一）商务英语相关专业趋于规范化

虽然商务英语在我国发展迅猛，所培养的人才能力出众，毕业生很抢手，但商务英语的独立学科和专业地位一直未被完全认可。商务英语已经成为外国语言文学下面一个新的与外国语言学及应用语言学和翻译学并列的独立二级学科。商务英语研究生、博士生也将于今后逐步申报完成。相关专业的规范化日益明显。

## （二）商务英语相关学位授予趋于弹性化

由于在我国商务英语的专门化教育方法不仅要求受教育者掌握英语语言，更要精通国际的商业专业知识，因此，商务英语专业本科毕业生应该有资格与商务英语学位同时获得或选择其一被授予"文学学士""管理学学士""经济学学士"等，同样，对研究生层次的商务英语专业的毕业生，学位授予也应该仿照此办理。

目前，已经有一些院校在实施"4 + 0"双学位制度，只要同时完成语言文学课程和某一商务管理课程所需要的学分，学生即可获得两个学位。这种具有弹性或灵活性的学位授予趋势更加切合我国商务英语的办学实际。

## （三）商务英语教学目的趋于侧重跨文化交际能力的培养

随着全球经济一体化步伐的加快，国际贸易和跨国交流日趋重要，跨文化交流能力将在国际商务中发挥举足轻重的作用。未来，不了解跨文化差异无疑将会构成全球化沟通的壁垒。同时，更多专家提出，商务英语语言的学习归根结底还是跨文化能力的提高。因此，可以预见，良好的商务文化意识和跨文化沟通能力的培养将逐步成为商务英语教学中的重中之重。

## （四）商务英语概念和内涵趋于扩大化

在传统意义上，商务英语一般指狭义的商业谈判、进出口业务等对外商务所使用的英语，而目前在我国商务英语的概念已经扩大到更加广义的概念，是贸易、金融、投资、运输、财务、经济法、咨询、会览、国际合作、跨国管理等商务活动领域的英语词汇、句型、文体等的有机总和。

在我国，商务英语的概念和含义已经逐步扩大化，办学实践已经多元化，因此将其视为一个在 ESP 的 EGBP 基础上发展起来的培养复合型人才的独立的综合性交叉科学，更加符合其发展现状和客观实际。

# 第二节　商务英语的教学思想

在早期的研究中，国外学者将ESP分为两个大类，即职业型和教育型，认为职业型中的三个方面：预设性经验、同步发生经验和后置性经验，与商务英语有着密切的关系。这一观点影响力深远，基本上奠定了商务英语在ESP中的地位，同时强调了商务英语在语言教学中的职业性特点。

商务英语作为一门具有交叉性和复合性特点的学科，对学习者的语言基本功和专业知识都提出了较高的要求。在教学方面，商务英语也具有实用性、应用性的特点。由于商务英语的教学内容与现实的商务实践关系密切，因而在设计商务英语教学法时，有必要考虑这几个问题：如何提供复杂性、多样性、真实的教学内容；如何搭建反映"商务现实世界"的学习环境；如何设计以学生为中心，以教师为引导者和监督者的教学环节；如何培养学生自主学习，并利用理论知识解决实际问题的能力；如何强化对学生沟通能力的培养；如何在学生中开展合作探讨学习与交流学习。

## 一、商务英语教育教学的现实状态

随着社会的不断发展，一些高校自然地设立了商业英语这个专业，并且有很多学生想要学习这个专业。虽然社会与知识的高速发展有利于整个社会发展，但是有利一定就有弊，不利的地方就是社会发展迅速，人们只是认识到了商务英语发展的美好前景，但是对此有着盲目的追求，为了将来有一个好工作或者有较高的社会地位而对其进行吹捧。人们普遍认为商务英语就是商务与英语的结合，殊不知，还有其他专业性的知识，应对其进行深入理解。既要注重对于专业性知识的掌握，还要重视对于专业性知识的运用，只掌握知识，不进行运用，是毫无作用的。所以，商务英语的教学目标就是使受教育者具有表达能力和专业技能的实践运用能力。更重要的是，商务英语关于技能方面的教育，没有具体的衡量标准，而教育者自身的经验也是受教育者学习的一大难关。如果教育者具备良好的商务英语素质，具有较多的实战经验，那么，教育者在教育教学过程中，就会给受教育者带来经验，让学生将教材中的知识联系与运用在实际应用中。《布鲁姆教育目标分类学（2001版）》中指出，教育教学活动中有多重目标，其中在商务英语的领域对于教学目标进行的分类，是以认知为基础的，不光商务英语，还有其他很多种教学都是围绕着对于知识的认知，而非常忽视对于知识的迁移与运用，更没有对知识的创造与更新，并且仍以学习知识数量的多少来评定学习的成果。

还有一个人们关注的重点就是关于受教育者的经验。商务英语不是随便会英语与会商务的人就可以教授的，其门槛非常高。教育者必须要有非常扎实的英语功底，还要有英语专业知识和丰富的阅历。这就造成了我国当今社会中会商业英语的人很多，但是能够对商业英语进行实际运用、能对商业英语这门学科进行教授的人少之又少的局面。一个非常重要的原因就是，我国的英语专业人员虽然对商业英语进行了教授，但在商务英语的实战经验方面仍存在一定的欠缺，并且这些英语教师在国际法、税务法等有关商业的法律及其他的商业知识方面同样有所欠缺。因此，这些英语老师在讲授非常专业的商务英语时，自己还是一头雾水，学生的反应便可想而知。这种现象是绝不允许出现在教育教学活动中的。如果高校对于这种现象视而不见，就会造成严重的后果，学生只能学习到教材上的浅显内容，对于复杂的问题通常都得不到解决，对于简单的问题则不了了之。另外，虽然美其名曰是在上商务英语的课程，但学生在课堂的学习过程中可能根本学习不到真正有用的知识，甚至课堂是以汉语为主要讲授方式。如果教师对于教学内容的讲授已经力不从心，那么，其在商务英语的教育教学活动中采取的教学方法、教学原则等一定是非常少的，甚至有可能根本就用不到教育教学的方法与原则。

## 二、"生本"思想指引下的商务英语教育

### （一）"生本"思想的由来

我国的英语教育最早起源于京师同文馆，该馆建立于 1862 年，已经有一个半世纪的历史了。在这段漫长的历史进程中，英语教育的发展是非常曲折的。中华人民共和国成立之前，中国的英语一直走走停停。在 20 世纪中后期，英语教学虽然在一段时期内发生了停滞，但最终教育部又将英语纳入了正规的课程中。

#### 1．"生本"思想的第一次出现

"生本"是以受教育者为中心的教育思想，明确说明教育教学活动的中心是受教育者，同时强调知识的重要性并非知识的本身，而是知识给人们所带来的影响，是动态的知识建构的过程，知识的掌握并不是要求受教育者要对知识进行机械的解构，知识的掌握是使受教育者对动态的知识进行主动构建。所以，在平时的教育教学活动中，身为教育者一定要深入贯彻新课程改革的理念，以学生为中心，充分发挥受教育者本身的主体作用，给予他们新鲜的刺激，以更好地帮助学生学会知识。

#### 2．"生本"观念的本质概念

"生本"教育思想的本质，就是以受教育者为中心，根据受教育者自身的发展情况与发展要求，充分发挥受教育者的主观能动作用，让受教育者了解到为什么学习，学习具有什么意义，会对个人的将来产生什么样的影响，进行有目的的学习。人本主义与建构主义是"生本"观念的中心基础，要求以学生为中心，让学生的知识技能与情感态度充分融入教育教学活动中去，尤其是在学习英语的时候，一定要充分重视学生学习时的情感，冲破传统教育的"满堂灌"模式，让学生快乐地学习。

## （二）"生本"思想的理论基础

人本主义是近代流行起来的一个理论，主要代表人物是马斯洛（Abraham H.Maslow）和罗杰斯（Carl Ransom Rogers）。人本主义认为，人类具有天然的学习潜能，但是真正有意义的学习只发生在所学内容具有个人相关性和学习者能主动参与之时；个体在他们自身内部就有巨大资源，如果能提供一定的具有推动作用的心理气氛，那么这些资源就能被开发。

也可以这么说，受教育者的学习环境对于受教育者接受教育的效果起到了很大的作用。外部的良好环境，可能会促使受教育者自己学会学习，养成独立学习的习惯，激发学习的兴趣。一位优秀的教育者应该具备教育学、心理学方面的相关知识，对于受教育者的身心发展情况、学习兴趣与业余爱好等都要有一个良好的掌握，根据受教育者自身情况的不同进行有选择的教育，做到"充分挖掘学生的内在潜能，注重学习者个人的观点，尊重学习者的个性发展要求，强调学习者的个人价值，把促进学习者的全面发展作为教学的最终目标"。另外，要重视教师角色之间的转换。传统的教育教学活动是以教师为中心、书本为中心、课堂为中心的教育，但是当代的素质教育要求要以学生为中心，充分发挥学生的主体作用，教师的角色转换为教育教学活动的引导者，而非中心。

## （三）"生本"观念的角色转变

### 1. 关于教师的角色

教师不仅是对教育内容的简单教授，更是课程的管理者与开发者、社区型的开放教师。虽然现代的素质教育、新课程改革与我们现在提到的"生本"思想都在强调以学生为中心，要突出学生的主体地位，但是教育者的作用，即教师的作用同样非常重要。例如，在学习英语的过程中，英语学习的情感过程是非常重要的，这就要求教育者既要掌握有关英语的专业概念，又要掌握学生身心发展特点等教育学方面的条件性理论，更要学会观察受教育者在课堂上的表现，以便更好地根据学生特点进行教学。

### 2. 关于学生的角色

学生是学习的主体，应该积极地接受一切有利于自身发展的教育教学活动，无论是实践还是理论知识，充分认识到学习的重要性，调动学习的积极性。具体到英语学习，教育者最根本的就是要充分调动课堂氛围，让受教育者在课堂上有所学，在课下有所复习，争做学习的主人。

"生本"观念的评价模式有着多元化与多样性的特点，应采取多种评价形式相结合的方式。总结性评价，之所以称为总结是因为要评价受教育者整个学期的学习效果，是一种对受教育者的分阶段成果的总结。形成性评价是在教学活动中进行的，如举手回答问题等方面，是对教学活动中遇到问题及时解决的评价，有利于提高学生的学习效率。若严格区分，这种评价属于过程性评价。还有一种是学生自己进行的评价，即学生的自我评价。这种评价是受教育者在学习到一定阶段时，根据不同的情景，对自身存在的问题进行分析，或者依据每次考试的成绩进行的纵向比较。需要注意的是，此种评价是建立在学生自己的行为之上的，并不是横向的、众多学生之间的相互比较。

## 三、研究性教学理念

### （一）研究性教学理念的概念和影响

研究性教学观念采用了先进的教学理念，否定了以无条件的机械认识知识为目的的教学理念，提倡以学生为主体、以教师为主导的教育教学活动模式，要求充分发挥社会及学校、家庭各种外部条件的作用，以有利于教育者与受教育者的教育教学活动的友好进行。通过对外部情境的充分利用，使受教育者感受到教育内容与生活的实际联系，进而激发受教育者主动探索知识的欲望，从而为形成创造性的知识做准备，提高教育者与受教育者自身的素质，这是创造知识产生的前提。研究性教学理念不同于一般的理念，这种理念是以学生的主动学习与主动构建为中心的，强调动态的知识，鼓励受教育者对学习内容的探索，进而对知识进行研究与发展创造。

研究性学习的观点，一直将着力点放在学生身上，认为学生是学习的主人，要为学习负责任。研究性学习有以下几个特点。

首先，教学内容的传授一定要具有系统性，要根据受教育者的身心发展特点，进行系统知识与系统思想的传授。在教育教学活动中，教育者对受教育者进行实验式的教学，先由教育者提出问题，然后学生根据问题提出相对应的假设，培养受教育者的发散思维与创造品质，彻底改变传统的、呆板的教学模式。

其次，重视受教育者的主体地位，以受教育者为教育教学活动的中心。在教育教学的过程中，强调受教育者多参与，发挥受教育者吸收知识、研究知识、创造知识的主观能动性。让受教育者根据教育者已经安排的任务开展小组讨论，而后在全班进行讨论结果的展示与总结，进而由受教育者总结出知识的主要内容，充分调动受教育者的参与积极性。

最后，教育者还要根据受教育者的个体情况及身心发展特点，对其进行兴趣教学，在面向全体的全面发展基础之上，促进受教育者个性的发展。爱因斯坦说过："兴趣是最好的老师。"受教育者只有对教育者提出的教学内容产生了强烈的兴趣，才会对这些知识进行深入的研究，并注意观察生活中和这些知识有关的任何方面，勇于探索其中的奥秘。在对理论知识与实践知识进行联系之后，受教育者会产生更加热爱本身兴趣的情感，就会对学习内容认识更深刻，长此以往，就会形成良性循环，促使受教育者在已有的学习兴趣上进行更深入的研究与创造。

## （二）研究性教育理念在高校英语教育中的应用

2001 年教育部颁布《关于加强高等学校本科教学工作提高教学质量的若干意见》，2005 年教育部颁布《关于进一步加强高等学校本科教学工作的若干意见》，这两个文件极大地促进了我国高等学校对研究性教学的重视，对大学英语教学具有指导性作用，也使我国的教育者与专家学者认识到了研究性学习对于当代教育的重要性。文件还着重强调，身为大学教授，一定要有个人的研究成果，在本专业的课堂上引入个人的研究或与本专业相关的研究，对学生进行相关的科学研究的教育，使学生意识到科学研究的重要性，激发学生研究的兴趣，进而勇于实践与创造知识。文件中确切指明，要积极推进研究性教学，提高大学生的创新能力。在本科学段的教育教学过程中，对于研究性学习的内容是前所未有的，现在文件的下达，是对本科教育的重要启示。因此，本科学段的教师要贯彻文件的指示，培养创新型人才。为了培养受教育者的创新意识，很多高校都在对文件的指示深入贯彻的前提下，进行深入研究与广泛推广，取得了良好的效果。

## （三）研究性教学和商务英语的联系

### 1．创新教学理念

研究性教学要求教育者必须摒弃旧的教育理念，并对现代的教育理念有充分的认识，在深入理解的基础上进行实践。创新型教育教学要求教育者进行角色的完美转换，主要角色有教育教学活动的组织者、学生学习的引导者、校本教学的创造者，总之，教育者的身份与之前已经大不同。这就要求现代的教育者利用开放的眼光来正视世界，用开放的观念来面对自己的学生，使学生学习到良好的知识与做人做事的思想，增强自信心，提高素质，被现代社会所接受。另外，教育者还要将课堂上所要讲的理论内容联系实际，鼓励学生对同一问题发表不同看法，培养学生的发散思维与内在品质，勇于对权威知识提出批判性的观点。研究性的学习，是非常严谨的学习，要求教育者要对这个理念有深入的理解，并且有扎实的教育教学基本功，同时要具备教育学、心理学等相关的条件性知识，以对学生能进行深入剖析，能够根据学生的特点，运用相关的理论，然后联系实际解决问题。在整个教育教学活动中，教师和学生的关系是良好的学习效果的基础。因此，现代的教育者要主动努力构建这种关系，并且在课堂中与学生进行讨论，培养学生善于讨论的习惯，增强研究意识和创新意识。

### 2. 对教材系统进行改革

传统的书本甚至是教材是非常束缚学生发展的，之前的英语书本教材只是对所要学习的知识点进行简单的排列，是一种量的积累，已经不能适应当今社会的发展潮流，所以对英语的基本要素之一的教材进行改革，是在所难免的。当今社会是信息化的社会，因此，对于英语的学习也一定要信息化，要用全球化的眼光来看待世界，不能拘泥于书本教材，所以增加新兴的元素很有必要。例如，对教材上的重难点或者问题模块加上二维码，既增加了学生学习知识的趣味性，又加入了新型元素而不至于落后于社会。我们都知道，英语并不是我国的本土语言，这门语言本来就是从其他国家引入的，因此，这门语言本身就是世界性的，不能拘泥于本国，应在国际市场进行探索。适时进行教育实践是实现英语教学的最好方式。现在，很多大学都聘用了外教来教地道的英语，或者引用原汁原味的英语CD 来进行教学，这就促使中国的英语教学产生了较大的变化，在一定程度上得到了完善。

### 3. 将评价制度进行改革

当代社会所提倡的研究性学习，是以学生为中心的理念，面向全体学生进行全面的发展，重点发展学生的个性，培养学生的创造性思维品质，因此，以旧的方式对学生进行学习成果的考核已经远远落后于社会的发展，不仅不能对学生的全面发展进行评定，还会因为接受式的学习方式而严重影响学生的身心发展，更别提促进学生的全面发展与个性发展及创造性思想的培养了。所以，关于评价方式的变化也是必然会发生的。为了适应社会，对受教育者进行综合的评定时，评价方式的多样化与多元化起着重要作用。在评价过程中，教育者不仅要对受教育者的学业成绩进行评定，还要对学生的精神与体质等方面进行综合评定。

# 第三节　商务英语的教学模式

## 一、商务英语教学方式阐述

### （一）培养目标

《高等学校商务英语专业本科教学要求（试行稿）》的指导意见，强调现在的高校一定要培养学生对基础知识的掌握技能，不仅要扎实掌握基础知识，还要用开放的眼光来看待世界、对待社会与学生，并且对于商务英语的学习，既要掌握一定的商业性术语，还要具有广泛的人际交流圈。与其他专业相比，商务英语专业培养目标具有非正常的特点。通俗地说，商务英语对于人才的要求是非常严格的，甚至是苛刻的，不仅要使学生对英语的基础知识进行掌握，还要对基础知识进行联系实践的运用，尤其在商务方面，受教育者并不是只要掌握了关于商业交流的专业词汇就可以的，还要对许多具体的礼仪等商业中潜在的现象进行掌握，因此，受教育者在掌握基础知识以后，再进行具体实践是最好的方式。

### （二）课程设置、教学内容和教材建设

#### 1. 课程设置

根据《高等学校商务英语专业本科教学要求（试行稿）》的指导思想，我国一般高校的商务英语学科知识和能力构成涵盖4个知识模块，主要包括语言知识与技能模块、商务知识模块、跨文化交际能力模块和人文素养模块。其中，语言知识与技能模块主要分为语音、词汇和语法知识；商业知识模块主要是关于经济管理等方面的知识和商务技能等；跨文化交际能力模块主要包括跨文化思维能力、跨文化适应能力和跨文化沟通能力；人文素养模块主要包括政治思想素养、创新思维素养和中外文化素养。高等学校商务英语专业的课程设置中，4年的专业课程总学时不低于1800学时，各学校在教育目的、培养目标及校本课程的安排和外部的教学环境等方面都有着非常精细的安排。

#### 2. 教学内容

各课程开课的大体比例为：语言能力课程占 50%~60%，商务知识课程占 20%~30%，跨文化交际能力课程占 5%~10%，人文素养课程占 5%~10%，毕业论文（设计）和专业实习、实践不计入总课时。与其他专业相比，商务英语专业课程设置、教学内容和教材建设具有特殊性，相关建设在不断完善中。

商务英语由于和普通英语有着很大的区别，因此，商务英语在教学内容、教学形式与教育教学活动中的方法与原则等方面存在独特性。比如，在教学内容方面是关于英语的教学和商业的教学，所以这门课程的主要活动方式就是进行实践或者在课堂教学中进行实际情景的模拟演练。总之，要让学生充分参与到学习的活动中去，进行大脑之间思维的碰撞，从而在实践活动中学会观察商业中的潜在现象或者解决一些困难问题。

#### 3. 教材改革

在教材改革方面，因为商务英语与传统英语不同，所以所涉及的教材也有所不同。21世纪初期，剑桥大学对于高校商务英语的学习科目进行了详尽的整理，如 Business Start-up、Business Goals、Business Benchmark、Work in English、 English for Business

Communication、New International Business English 和 English for Business Studies；ESP教材主要有：ESP-Finance、KSP-Law、ESP-Medicine、ESP-ICT（Information Communication Technology）、ESP-Engineering、ESP-Marketing、ESP-Media和ESP-Tourism等。自中国开设商务英语这门学科以来，在教材的运用方面，虽然非常谨慎，但是由于教材的限制，主要由两方面的教材组成，即普通英语方面与商业方面的教材，二者之间没有交叉和渗透，因此，受教育者学习到的内容并不是系统的，是没有进行融合的知识。总的来看，中国的教材既有本国的教材，也有从外国引入的国外原版教材，包括商业事务的很多方面，甚至运用了MBA的教材。

近几年，我国也在陆续编纂与出版相应的书本教材，出版了商务英语的综合教材，弥补了之前只有两个学习模块的不足，还出版了关于商务英语时间的课程，以填补在商务英语的教学中重知识轻实践的空缺。另外，在高校的课程培养方面也进行了系统化：以英语的听、读、写为基础，将大量课时放在基础学习上，再将其他课时用于商业方面的英语知识的深入学习，总之，第一年的教育是以英语与商务的基础知识为基础的教育。当学生对于基础知识掌握得得心应手以后，学校会根据大部分学生的情况，开设商务英语的综合课程，并将之列为必修课。将某些拓展的内容，或者一部分学生想发展的方向同样进行课程的设置，列为选修课，使学生发挥个人的业务特色，以更好地融入社会中，能全面且个性地发展。在第三年的学习过程中，要加入实践课程。由于前两年对于知识的掌握及对于技能的掌握都已经非常熟练，但是在理论联系实际的方面还有很多欠缺，所以在今后的教育教学活动中，重点就是让学生学会理论联系实际，对所学的知识进行实际运用，让学生在实际运用过程中熟练地掌握知识。

和之前的描述一样，商务英语的学习层次多样，要对商务英语进行系统的学习。

首先，在本科学段，对于基础知识的掌握是专业教学的重中之重，是商务英语教育教学的根基，只有打好了基础才能进行深层次的学习。

其次，使英语与商务相结合，提高受教育者学习的整体素质。在第二年的时候，主要以英语与商务的拓展内容为主要学习目标。第三年的时候，学生学习的主要内容就是有关商务的专业知识了，毕竟商务方面的知识是非常重要的。

在最后一年，同样是关于理论知识的实践，要注重实践能力的培养，并且让学生提升实践能力。例如，英语的写作与翻译的能力在实际的商业合作中是至关重要的。最后一年就要让受教育者进行论文的写作，这也是受教育者对大学四年学习的总结，主要内容有国际贸易、金融、企业管理、文化等方面。

总之，与平时的一般英语教学相比，商务英语教学在受教育者的培养规格、学科的设置和教材的选用等很多方面都有着很大的不同。举例来说，商务英语既强调了基础教育的重要性，让学生在一般的英语技能基础之上进行学习，又强调了商务英语离不开教育的实践，要求学生将商务英语的理论运用于实践，学会解决实际存在的问题。另外，商务英语课程与普通英语课程存在着很大差异。商务在基础的英语语言课程方面，是占主要部分的，对于商业的方面，也占了 1/3 的比重。因为课程不同，所以在教育教学活动的方法与原则方面也是不同的，尤其是在课堂上一定要用英语进行交流。当然，由于商务英语在众多方面的特殊性，就必然要使教育人才具有多方面的高素质，因此，复合型师资队伍建设成为主流。

### （三）商务英语师资培养

目前，商务英语专业的授课教师在我国分为3个主要的类别。第一类是专业教授英语语言类课程的教师，他们没有任何商务专业知识背景，完全是英语语言背景的英语语言文学教师。第二类主要是讲授商务英语类课程的教师，这部分教师有着不同的背景，较为复杂：一部分是没有任何商务专业背景，另一部分是英语专业毕业后进修的商务专业知识，或者进修的一些经济学等其他相关专业方面的知识，还有一部分是在本科时期主修英语专业，在研究生时期主修商务、经济等方面专业的教师。第三类为讲授商务专业课程的教师，这类教师以非外语专业背景下的商务、经济管理专业的教师为主。

商务英语教师为了满足商务英语专业人才培养和学科自身性质特点的定位，必须具备较强的英语语言专业知识，必须在经过系统学习、培训后，较好地掌握专业技能，具备英语教师的基本素质，同时具备商务专业知识技能或者有过商务实践经验，能够熟练掌握商务专业知识。由此分析认为，更适合从事商务英语教师的人是具有一定商务专业背景的英语教师，这部分教师具有熟练的英语教学经验，也掌握了一定的商务专业知识。当教授课程的教师是专业商务教师但使用中文授课时，即便是实用英语授课，也会因为语言质量和效果不理想，而无法胜任专业课程的教授。

目前，国内各高校的师资力量悬殊，在一些财经类、外国语类学校具有较强的商务英语专业师资力量，其教师大多具有商务知识基础，从事商务英语及商务专业类课程教学，综合水平较高，教学效果显著，有利于人才培养。但相较而言，这类学校整体数量较少，国内大多数学校缺乏这种复合型商务英语教师，只能由专业英语教师教授课程。由于缺乏商务专业知识，教学过程中仅沿用英语专业的授课方式，导致教学质量偏低，教学效果欠佳。这是目前商务英语师资队伍面临的一个较为严重的问题，这个问题不仅关系到专业人才的培养问题，也对学科建设及专业学科发展产生了重要影响。商务英语教师必须具备一定的商务、经济等相关专业基础。为了缓解商务英语教师队伍的这一缺陷，高校加强了师资力量引进，同时针对现有教师队伍选拔有资质的教师进行商务、经济等相关专业知识的培训与进修，有的更与国外高校合作，选拔优秀教师去国外进修、培训经济管理类专业知识，以提高教师的专业基础，使其更能胜任商务英语教学工作。

商务英语是英语语言学与国际商务相结合而形成的一个边缘性语言学科，具有交叉性、复合型、应用型等特征。过硬的英语语言基础是商务英语专业主要的培养目的，即培养具备良好的人文素养，系统的国际商务知识，较强的跨文化交际能力的应用型、复合型商务英语人才。

商务英语的专业属性仍是英语语言学，而非经济学、管理学等其他学科。商务英语专业的具体培养模式（如课程体系、教学内容、教学手段、评价模式等）必须强调商务英语的"英语本色"，商务英语教师也主要归属于英语语言学学科，这是该专业教育最为根本的原则性问题。如果片面强调经济学、管理学等其他学科的知识体系，忽视英语教学的自身特点和规律，商务英语专业就会失去应有的特色和活力，甚至蜕变为其他商科专业。

### （四）商务英语教学管理机制

目前，多样化的商务英语教学管理机制可以分为4个方面，即商务英语课程组、商务英语教研室、商务英语系和商务英语学院。这只是单纯地将商务英语视为一门课程而不是一个完整的专业，商务英语从属于学校英语系或者外语系，不设立专门的院系。比如，商务英语课程组或商务英语教研室，主要是以专业知识教学为内容的课程组；商务英语系管理机制采用的是将商务英语作为一个专业开设，不附属于任何专业，直接归属于学校的外语学院、英语学院、商学院等学院管理，该专业复制商务英语的专科及本科教学，旨在培养高素质专业人才；商务英语学院管理机制适用于单独开设商务英语学科，不是一个专业，该学科作为独立的学院，直接归属于高等学校管理，视为二级管理机构，主要负责商务英语学科的发展、教学、招生等全面管理工作。

目前，在我国高校内普遍存在商务英语系管理机制，而极少有商务英语学院管理机制，并且这样的学院叫法各不相同。有的叫国际商务英语学院，如广东外语外贸大学国际商务英语学院；有些则称为商务外语学院或应用外语学院，如东北财经大学国际商务外语学院、上海对外贸易学院国际商务外语学院、黑龙江大学应用外语学院等。

## 二、商务英语教学模式具体分析

商务英语课程是商务专业知识和英语语言技能完美结合的学科，这就对商务英语教育者提出了较高的要求，即在掌握商务专业知识的同时，必须擅长英语语言教学，培养学生的英语语言表达能力。显然，传统的教学模式无法满足新兴的商务英语的教学要求。为了能够更好地完成商务英语的教学任务,商务英语教师一直致力于追求更适合的教学模式和方法,旨在达到商务英语的教学目的,实现预期目标,完成教学任务。

## (一)商务英语教学模式存在的问题

商务英语教学的飞速发展主要是受到世界经济快速发展的影响,日益增长的国际贸易交往需要大量高素质的专业技术人才,迫使高校加快了培养商务英语专业人才的步伐。但是,从全国形势分析,商务英语教学中还存在一些问题。第一,目前,很多高等院校都开设了商务英语专业,但国家有关商务英语还没有统一的教学大纲,导致各高校的教学内容、教学计划、教学方式各不相同,差异较大,没有统一的教学资料,没有权威的教材,很难找到有关商务背景下的实例型辅助教材,如公司年度汇报、会议纪要、纪录片等。第二,从师资力量上看,高校的商务英语教师大多数是英语专业教师,没有商务英语教学经历,对商务英语的教学真实情况了解甚少,都是采用传统的英语教学模式开展商务英语教学,这种模式势必会造成教师和学生之间双向被动的局面,以致能够采用英文教授商务、经济、金融等专业课程的教师少之又少,根本无法满足全球日益激烈的商业竞争需求。第三,从实际应用角度分析,教学质量严重影响了学生对书本知识的学习及其与社会实践的有效结合。

具体来讲,传统的教学模式是大班授课方式,普通的英语教学大多采用这种模式,但是这种模式并不适用于商务英语,商务英语更适合采取小班授课的方式。然而,高校并没有注意到这一点,教师也多根据专业需求调整授课方式,这便给在教授商务英语时,教师和学生之间的沟通和交流增加了难度,难以实现多维互动。

在教学设施方面,现代化的教学设施配备能够有效地提高商务英语的教学质量,使商务英语教学更加直观、有效、便捷,更能够激发学生的学习热情。然而,现在各高校虽然有多媒体教室,但是数量有限,加之维护不及时、不到位,常常出现有限的多媒体教室资源不能得到充分有效的利用,商务英语教学多数依靠黑板,学生学习采用录音机等情况。另外,教师对计算机辅助语言教学(CALL, computer assisted language learning)这一外语教学新趋势的认识和了解程度不够,无法切实有效地利用现有的教学资源开展教育。因此,商务英语教学如何有效地利用互联网资源,利用远程教育实现资源共享等成为商务英语教学迫切需要解决的问题,这也是商务英语现代化教学的转折点和突破口。

## (二)商务英语课堂教学模式的改进对策

目前,商务英语教学在很多方面都是不达标的,情况不容乐观,同时在商务英语课堂教学中还存在很多问题,如何解决这些问题是首要问题。一般来讲,通过解决问题改善商务英语教学质量和现实情况，主要可以采取调整教师队伍的综合水平，提高整体素质，完善细化商务英语教材、教学资料、硬件设施等措施。但更重要的是，要改善商务英语的课堂教学模式，寻找更适合商务英语教学的方式，以达到教学目的。

**1. 传统普通英语教学模式下的商务英语课堂教学模式与交际法相结合**

中国传统教育模式一直在课堂教学中占据主导地位，这主要是受到中国传统的儒家文化、中庸思想等的影响。教师在中国的传统文化中被视为授业者，占主导地位，学生只需要被动听从即可。"师者，所以传道受业解惑也"，这里将教师定义为传道、授业、解惑的人，其中的传道和授业是教师教授学生知识等的过程，即教师是掌握知识的人，而学生是被动接受教师传授的知识和教诲的人。中国学生的学习风格受到传统教育模式的影响，产生了习惯性的依赖，认为学习就是要依赖教师教导；在中国学生的认知里，学习更倾向于接受教师的教导，大多时候都是"先看后做"，习惯性地认可教师的一切，将教师视为正确的典范。因此，在现代教育过程中，教师要在适当的时候保留那些传统教育中适合学生学习的方法，尊重那些长期保留下来的学习风格和习惯。虽然现代教育从小学甚至幼儿园就开始学习英语，但更多时候商务英语是从大学开始系统学习的，因此，商务英语知识还相当贫乏，需要教师在传统教育模式下系统地教授商务英语基础知识，开设专门的针对基础知识的课程，如针对一些基本概念、贸易术语、基本理念、商务专业词汇等的课程，让学生对商务英语有更加全面、详细的了解。这种教学就是以教师为中心开展的全面、详细的专业商务英语基础知识教授过程。要想在商务英语教学上有所突破，必须在学生有了一定的商务英语专业知识储备的基础上，结合商务、经济实践教学中的交际法，着重培养学生的实践运用能力，将商务英语专业知识熟练运用到实践中。

在商务英语中，语言的作用不容忽视，重形式轻内容、只注重语言系统知识学习而忽视实际应用学习都有弊端。商务英语实践主要体现了语言在交际中的作用，所以商务英语需要采用交际教学法，将专业知识与商务交际能力相互交织、完美结合。这就对教师提出了更高的要求，在教授商务英语专业知识的同时，还要教授如何将专业知识运用到商务交际的实践中，运用交际法，培养学生的商务交际能力，根据商务英语的可操作性和实践性，设计形式多样的课堂内容，如案例分析、模拟操作、单证制作、商务洽谈等，这些课堂主要以学生为中心，以讨论为主要形式。

**2. 商务案例教学模式与学生体验性学习相结合**

当学生掌握了一定的商务英语专业知识后，开始进行商务案例教学。这部分教学是模拟实际现场开展的一种教学方式，教师精心准备和策划，还原案例现实情况，将学生带入典型的商务案例情境中，进行现场案例分析，让学生对商务英语基础知识进行独立分析思考，运用对实际案例分析，锻炼学生独立分析、解决商务问题的能力，同时培养学生的团队协作能力。综上所述，需要遵循两条规则：第一，以典型案例为教学依据；第二，让学生通过自学和相互交流学习积极参与到整个教学过程中。

20世纪初，多学科开展案例教学的方式，主要以商务和企业管理学居多，案例教学的不断推广，其教学内容、方法、形式逐渐改革完善，在全世界教学范围内产生了重大影响。在现代社会，全球经济化速度逐渐加快，各国经济突飞猛进，市场竞争日益激烈。在这种形势下，经济型人才的优势得以展现，尤其是知识型人才在市场上发挥了重要作用。为了适应人才市场需求，大学教育逐渐开始将案例教学作为一种模拟实际的教学方式，其真实性、有效性、务实性尤其凸显，可以有效地将专业知识运用到实际行动中。哈佛商学院之所以在全世界范围内享有盛名，正是由于哈佛商学院对案例教学法的成功运用和实施，培养出一批又一批杰出的商界精英。随着其在全球范围内广泛传播，案例教学法被誉为未来教育方向的成功教育模式。

商务案例教学模式是教师运用典型案例，组织学生分组讨论、分析，通过小组协作，最终实现解决问题的模式。这样做可以调动学生的积极性，使学生成为教学活动的主体，实现独立学习、集体协作、团队合作的学习方式，形成探索性、研究性、互动性的学习氛围。商务案例教学重点在于培养学生自主分析问题、逻辑推理、运用所学的商务专业知识解决实际问题的能力，是对传统教育模式的升华。在教学过程中，教师引导学生自主熟悉相关商务信息和资料，并对收集到的信息和资料进行分析，这有利于提高学生自主学习能力和抓重点分析问题的能力，同时通过分组协作，有助于提高学生的交流、沟通、合作能力。在商务英语教学过程中，"体验性学习"要求学生自己动手。要想获取感性的材料和经验，就必须与案例教学相结合，以模拟操作的形式进行，如商务谈判、贸易制单、商务会议、国际会展等。另外，商务英语教学的最终目的是让学生能在实际商务交际过程中展现自身能力，因此，教师应创造更多的机会让学生可以现场观摩、考察及实践，如可以与海关、海事局、商检局等单位联系，作为学生的实习基地，让学生在实际操作中有切实的认知和体会。

### 3. 学习效果评价与人才培养相结合

检查商务英语教学质量主要是通过学习效果评价来实现的，同时检验商务英语专业的人才培养质量。商务英语人才培养采用软硬两套指标，作为衡量商务英语专业的人才培养质量的标准：硬指标指的是商务英语专业的基本知识和技能；软指标指的是在掌握硬指标的基础上，提高和拓展学生的综合素质。硬指标主要包括商务专业知识和技能、英语专业知识和技能等。其中，英语专业知识和技能占60%~70%，商务专业知识和技能仅占

30%~40%。软指标主要包括国际视野、研究能力、创造能力、修养素质、跨行交际能力等方面的素养。评价学生学习能力的主要标准是每一门课程的平时和期末测试。因此，应科学合理地进行测试，尤其应采用能够最大限度地反映专业人才质量的相关指标的测试方式、范围、题型、难易程度等。其实，其他专业也有很多值得借鉴的测试方式。比如，检测英语语言能力，可以通过英语专业四、八级测试；检测商务专业知识可以通过一些商务类的资格证书考试，如BEC、国际商务师等。总之，通过软硬件两部分综合测评学生的学习效果，能做到科学、合理、有效地培养专业技术人才。

# 第四节　商务英语的教学设计

## 一、教学设计的含义及特征

教学设计并不等同于教案，这是必须明确的一个问题。因为它是一项系统性的工程，涉及教学目标、教学对象分析、教学内容、教学方法、教学评估等方面，不仅要考虑到学习者的年龄、层次和基础水平特点，还要考虑到师资及教学软硬件等因素，所以教学设计应具有指导具体实践的可操作性。

教学设计是根据教学的实际情况合理安排教学时间，根据教学对象和教学目的优化教学方案，合理安排教学顺序。提高教学质量和效率是教学设计的根本核心，以确保学生能够在有限的时间内掌握更多的知识，全方位提高学生的综合能力，使学生在进入社会后能有更好的发展资本。因此，教学设计的宗旨是解决教学过程中存在的问题。具体而言，教学设计具有以下特征。

第一，教学设计是利用教学素材和活动体现教学原理的过程。设计要符合基本规律并拥有明确的目标，以便能更好地解决教什么的问题。

第二，教学设计通过合理的计划、安排、决策等达到教学目标，解决如何教的问题。

第三，教学设计要有系统的指导方法。在教学设计中，各要素相互关联被看作一个整体，通过分析了解教学需求，确立优化的教学流程，解决教学中的问题。

第四，教学设计有利于提高学习者获得知识、技能的效率和兴趣。教学设计是科学调研并创新实践的结果，应当运用系统科学的方法设计出一套操作性强的程序。

## 二、进行教学设计时要考虑的问题

进行教学设计需要考虑的环节众多，可以视情况的不同进行调整。通常包括以下几点：

第一，学生的学习需求；

第二，学生的水平层次分布；

第三，不同的学习方式；

第四，学生对教学手段多元化的需求；

第五，不同的商务技能领域。

在以上5点中，学生的学习需求为重中之重，对这一点的设计和考虑要慎重、详细。除以上这些要点以外，教师还要设定好教学目标。目标设定力求确切，适宜分成多个阶段性学习目标，一来便于学习者理解，二来便于教师进行阶段性评价。教学目标通常用以下方式表达：学习者将会在何种学习环境下，进行何种学习活动，达到何种水平层次等。教师也可让学习者写下自己的学习目标，并与其讨论该目标是否可行，然后将具有可行性的目标并入课程教学目标中。

由于商务英语的特殊性，通常很难精确地用语言描述需要达到的沟通技能层次，而且这些技能往往难以量化和衡量。在这种情况下，可以把学习者将会习得的、在典型语境下的沟通行为写入目标中，如深入了解不同种类的谈判，懂得常用策略和技巧，积极倾听谈判双方的发言，在适当时机确认信息或总结发言等。也就是说，教学目标不仅要写明学习者将会学到什么，也可能通过学习改善学习者的一些处事习惯。

而通过需求调查来进行教学目标设定可能会给商务英语课程带来一些挑战。如教师在不十分了解学习者的情况下无法判断所设定的目标是否能达到，学习者的学习目标和教师设定的初始教学目标相去甚远等。这些情况发生后，教师要积极和学习者进行沟通，并通过协商，对教学设计进行一定程度的调整，同时要求教师提前做好不同内容的教学活动准备。

## 三、学生需要学习的内容

在确定好教学目标之后，可以开始进行教学大纲设计。教学大纲是对教学包含的一系列内容及其顺序的列表。进行大纲设计的原则是习得特定商务语境下所需语言能力，而非粗浅了解。这是由于多数商务英语学习者需要在特定场合下进行沟通，因此，大纲中需要反映出这些沟通场景及技能。在进行大纲设计时，教师要利用从需求调查中获取的信息，归纳出最有助于学习者沟通的常见语言形式，并计划好这些形式的学习方式和学习顺序。从学习方式而言，教学设计需符合学习者的初始语言水平，并持续足够的时间以帮助学习者习得该知识；从学习顺序而言，大纲要能展现整个学习框架，将语言点按从易到难的顺序排列，各部分合理分配时间，内容要契合学习者的需求。常用的商务英语教学大纲形式相对固定，主要包括以下内容：

语法（时态、词序、动词形式、关系从句等）；词法（词汇、成语、表达形式、习惯搭配等）；句式（从句、反问、虚拟语气等）；发音（语调、押韵、重音、语段等）；功能用语（抱怨、赞同、劝说、解释等）；商务技能（演说、谈判、电话、交际等）；商务话题（金融、营销、制造、管理等）；学习策略（学习方法、词汇记忆、测试准备等）；商务场景（协助访客、酒店入住、主持会议等）；语言技能（提升听力及理解能力、高效阅读并理解、英语写作、有效口语沟通）；跨文化技能（文化理解、文化比较、认知活动等）；任务安排（学习者使用英语完成任务并获得预定结果）。

在没有固定教材的情况下，要想预先决定教学内容，并根据不同学习者的语言经验来调整教学内容是相当困难的事情。因为每一位学习者在语言学习的过程中，或多或少都会有不同于其他人的目标，想满足每一位学习者的需求和兴趣，基本是不可能完成的任务。由于上述原因，教师应该有效组织课堂教学，从而使学生可以在以教师为中心的学习（按教师的兴趣操控课堂）和学生自主学习（学生学习自己最感兴趣的内容）之间自如转换。

## 四、教学设计实用性指导

在设计时，教师需要检查一下自己的教学设计是否可以完美地回答以下问题。

我有多少教学课时？

我的学生需要在此时间段内学到什么？

我是否要为听、说、读、写四个技能平均分配课时？

我应该以哪种顺序安排我的教学要点？

在课程结束时，我对学生有怎样的期望？

在安排定期复习时，我该如何避免学生的枯燥情绪？

我所使用的教材有哪些缺陷？

我该如何补充素材以弥补这些缺陷？

我在教学中应采用哪几种课堂活动？

对教学内容的组织可以有不同的方法。方法之一是将简单的项目前置，如可以先讲授简单的语法时态再讲复杂的句法，先讲商务电话的句型再让学生进行电话角色扮演。方法之二是把学生熟悉的场景前置，熟悉的场景是指学习者在日常工作及生活中习惯使用英语的场景。方法之三是按照需求的强弱排列，若课程时间较长，通常将最为重要的内容前置。这一排列原则对于不同职业的学习者有不同的安排，如对于管理者而言，宜优先掌握谈判、会议主持、演讲等技能，而对于销售员而言，则要优先学习社交、劝说性语言技巧。将教学内容进行组织排序，不仅有利于确定阶段性教学重点，且由于不同话题往往对应不同的语言点，因此，排序之后也有利于平衡语言知识的习得。

也可以将整个教学过程划分为不同的教学模块，每个模块分配不同的教学目标和教学时长。这些模块可以具有相对固定的教学模式，并可以使用不同类型、形式灵活的教学活动来满足特定学习者的需求。商务英语教材中常常分为不同的单元，单元之间形成逻辑性联系，可以遵循一定的顺序进行教学，而商务模块不同于教材中的单元设定，各模块之间相对独立，可以任意组合形成侧重点不同的课程，如特殊沟通技能课、经理人沟通技巧课、国际贸易人员写作实训课等。从需求调查辅助课程设计的角度看，模块设计更符合商务英语教学的要求。

教学协商并无时间限制，随着教学的进行，若有需要，师生可以重新协商教学内容。有时由于受到教学设备、材料和教师本身经验的限制，预期的教学方式会受到一定程度的影响，在进行协商时，教师可以适当引导协商向既能满足学生需求，又不超出教师教学能力水平的方向发展。例如，教师可以让每位学生写出自己希望学到的知识和不需要再学习的知识，然后通过交换信息的方式让大家了解彼此的想法，讨论出一个集体性的教学方案；也可以在需求调查表中列举出本课程可以提供的教学内容及活动让学生自主选择，并允许学生根据不同的教学内容添加自己感兴趣的项目及教学活动。

## 五、教学材料的选择和拓展

### （一）教材的选择

教师可以根据学习者的需求和学习目标进行商务英语教材的选择。由于教材具有相对固定的教学框架，为教师备课提供了便利，尤其在时间有限或教师经验不足的情况下显得更为有利。常见的商务英语教材中有确定的教学内容及教学法，具有较强的专业性，并有配套的教师用书、音视频光盘、补充教学材料及学生练习册，这些也为教师提供了很多便利条件。

然而，直接选用教材进行商务英语教学具有一定的局限性。首先，在迎合学习者需求方面，很少有教材能百分之百契合学习者的需求，教学中通常需要额外补充材料，或对教材内容做出局部调整；其次，教材中的内容是相对固定的，而现实社会中的热点是不断变化的，教材中的某些教学方式或素材在一段时间后就不再适应教学要求了。

为了应对这种供需衔接问题，近年来有些海外出版社，如 Oxford、Cambridge 和 Macmillan 进行了一些调整，把教材内容分块，浓缩成核心内容突出、内容简短、专业性更强的商务英语系列丛书，辅以补充性材料书籍供师生按需选择，也可以用于自学。这样的调整增强了教材本身的灵活性，为商务英语教学提供了更多便利。

教材选用时需要考虑到素材的真实性。教材的用语是否原汁原味，是否需要根据教学要求做出局部修改、简化，以强调某种句型或词汇？不同的教师可能对此有着不同的看法，主要取决于他们的教学重点及教学要求。教材中设计的活动是否具有现实性？学习者是否认同这种现实性并按照真实的情况来做出反应？教学的重点是语言技巧还是商务结果？这些可能都是教师在选用教材时需要考虑的因素。

选择教材时还需要综合考虑以下因素：学习者的沟通及学习需求、教材内容的覆盖面、教师用书中教学法的运用、教学内容的组织方式、沟通技巧及语言点的覆盖面、素材的新旧程度、单元化还是模块化排列、教学内容是否具有一定的灵活性（能够重组）、课文及音视频是否具有真实性、用语是否地道、课文难度是否符合要求、课堂活动是否实用、能否满足学习者应对考试的需求，等等。

教师对教材的评价不仅局限在课程开始前，在教学进行过程中也可以记录对教材的优、劣势的评价，并收集学生对教材、练习的具体意见，为下次的教学活动打好基础。

## （二）根据需求定制教学内容

有时候教师需要根据学习者需求定制全部教学内容，或定制部分内容作为教材的补充。随着教学经验的增加，教师积累了大量素材，就可以灵活选择，以满足学习者的不同需求。这种教学素材的定制通常是对以前教学内容的调整、重组，以适应当前学习者的语言水平及沟通技能要求。同一性质或内容的素材，可以在保持基础框架不变的情况下，对背景、要求和词汇进行调整以应对不同情况。

教师定制教学内容的优势在于更具针对性，直接解决学习者的问题；部分内容可以重复使用，且教师在选编素材之后也获得了新的知识技能。缺点在于备课的时间较长，且对教师编写材料、处理文字及设计图像的技术要求较高；有时由于所用素材过于特殊化和小众化，可能会导致该教学设计只能使用一次。

定制教学内容通常要经过一系列步骤：首先，分析学习者的需求，确定教学重点；其次，整理语言点，制定教学法；再次，搭建教学框架步骤，穿插教学活动；最后，进行教学试讲，思考评价方式。在具体操作中，教师不需要从头到尾进行每一个步骤，只需要对已有的材料进行调整来适应新的情况。教学素材的收集整理花费的时间较多，只要平时注意积累，有一定教学经验的教师便可以掌握大量的材料，更可以利用网络的便利性获得近期的商务材料，从而大幅缩短这一过程所费时间。

## （三）使用学习者提供的素材和真实素材

教学中可以从学习者身上收集到一些模拟真实的素材。收集方法一是和学习者进行目的明确的英语交谈，将对话背景设定为典型的商务情境，如会议、电话等，让学习者回归自己在日常工作中的角色，通过提供关键语言点并经过多次练习，将成熟的、具有一定参考价值的对话进行录音。这一过程既给了学习者不断提升语言熟练度和专业性的练习机会，又让教师收集到了一份质量有保证的语音素材。

收集方法二是教师设定学习任务，并列出教学框架，其中包含图形、大纲或者关键词，学习者在完成此任务的过程中需要提供特定商务环境中的语言，从而起到收集真实素材的效果。如可以设定以下任务：提供或解释本人下周的工作计划，画出或解释所参与的工程进度表，画出饼图并解释本人一个工作日内的时间安排，描述本人供职公司的应聘流程，描述本人所在企业的生产工序，以本人为中心画出人物关系图并解释工作关系，列出演讲大纲及关键词并进行演讲，以本人所在企业的两个真实产品为例进行异同及优劣势比较，画出本企业组织结构图并解释，等等。以上这些素材既可以是文本，也可以是音视频，这些素材不但易于制作，包含语言侧重点，而且内容有针对性，不局限于学习者的语言水平，形式上既可以作为教学活动开展，也可以作为教学内容进行收集。

真实材料不是为教学使用而专门制作的素材，在商务英语中，这些材料往往是真正的商务文件、报刊文章、会议录音或工作对话等。教师可以借用一些企业的资料或主动去企业收集资料，还可以让在企业供职的学习者协助收集。这些素材是在商务环境中产生的第一手材料，非常适合作为商务英语教学的材料。实际上，很多成熟的教材中也广泛使用了真实材料。其优势在于将学习者和商务世界的距离拉近，使得学习者身临其境，学到真本事，同时使教师从侧面了解学习者的真实需求。

以真实材料作为教学内容的缺点也很明显。首先，材料具有真实性也就具有一定的商业敏感性，这类材料较难获得。其次，教师如果依赖学习者将工作中的素材带入课堂，结果可能会不太理想：一来职业人士工作节奏紧张，难以抽出时间进行录音、录像或收集文本资料；二来作为学习者，他们有可能对自己的语言或沟通技能信心不足，羞于将工作中的自己展现给其他同学。最后，有些人的商务英语教学设计方式与工作内容并不契合教师预期的语言范畴或该阶段的教学重点，非英语母语的学习者在工作中更是很少使用英语。

教师获得真实材料后，还需要对其从语言层次、语法要点、涉及的商务领域等方面进行编辑调整，这样加工之后的材料才能适用于更多的学习者。常用于课堂教学的真实材料包括以下类别：信函、会议记录、备忘录、电邮、合同、报告、公司宣传手册、演讲稿（PPT）、语音留言、音视频对话、电视广告、产品营销短片、企业网站及内网资料等。这些材料既有可能本身是英文的，也有可能需要经过翻译。如果学习者能提交自己翻译的材料，则翻译的过程也是一个很好的语言训练过程。即使提交的材料是非英文的，教师也可以从中选取具有代表性的内容，让学习者以小组形式合作翻译并向全班同学解说，从而锻炼学习者的口语输出能力。这也是一种综合了解公司运营的好方法。

文本形式的真实材料可以用于以下课堂活动中：阅读（速读、略读、归纳、简答）、填空（将核心词汇从句中移出）、从标题推测内容、打乱后排序、根据来函写回函、学习常用词组、改写并优化文本、文本格式学习、口语模仿重现、图表描述、工作流程理解等。

通常语音材料更为实用，教师可以进入企业获得对话或会议录音，也可以在课堂上录下学习者的角色扮演、师生之间的电话交谈等。语音材料可以用于沟通技巧、用语、语法的学习，也可以用于听写练习及沟通策略的学习，而视频材料还可以提供特定语境下的用语学习。

# 第五节　商务英语的教学评价

## 一、教学评价体系概述

### （一）评价体系与教学的关系

教师和学生在教学中分别有不同的职责，扮演不同的角色。第一，教师在教学过程中扮演领导者和组织者的角色，具有主动性和能动性，并且教师都是具有专业的教育技能和科学文化知识的；第二，学生是教育的对象，教师需要全面了解学生的情况，促使其转变角色，全面发展；第三，教师既是主体也是客体，必须不断提升自己，做到教学相长，以更好地完成教书育人的工作；第四，在学习过程中，学生是学习活动的主体，他们将教师视为学习和了解的对象，并不断完善、发展、提升自己。由此可见，帮助教师和学生认识自己的教学或学习状况，必须合理使用恰当的评价体系。教学评价是教学的重要环节之一，有导向、刺激等功能。全面、科学、公正的教学评价体系对于实现课程目标意义重大。

英语教育的核心目的是培养学生在各种情况下均能熟练使用英语进行沟通和交流，如进行口语对话，书写英文邮件、资料等，能够熟练掌握本专业英语词汇，阅读相关资料。有了明确的目标，教师在教学过程中还必须建立一套完整的教学方案。商务英语专业教学更侧重的是培养应用型人才，强调学生的综合能力，所学知识以适用、够用为主。因此，教师在教授英语时不仅要注重语言基础知识的传授，更要重视学生语言应用能力的培养。

## （二）传统的英语学习评价体系

传统的英语学习评价主要以纸笔考试或标准化考试为手段，是一种终结性评估模式。这一评估模式的弊端是评估过程和教学过程相脱离，单纯考查学生知道什么，而不是学生能做什么。为了追求考试成绩，忽视了教育的真正目的是培养学生的创造力和自主学习能力。这种以一次考试来决定学生能力优劣的评估模式会使学生产生焦虑、紧张的情绪，学习更加被动，学习效率也降低了。

为了消除传统应试教育的弊端，防止出现高分低能的现象，教师会将平时的课堂提问成绩、作业成绩作为参考，再综合最终考试成绩，给学生打出一个相对客观的成绩，但评价仍是以教师的主观判断为主，因为教师能够掌握学生的学习进展情况。对学生来说，他们对自己的语言掌握和应用能力的了解比教师更为深刻，他们之间通过沟通和交流所掌握的信息比教师更为丰富。所以，应该将教师评价和学生评价有机结合。

## （三）商务英语教学效果评价

根据全国商务英语研究会审定的《高等学校商务英语本科教学要求（试行稿）》的指导意见，高等学校商务英语的教学评估手段采取形成性评价与终结性评价相结合的方式。在形成性评价中，采用多种评估手段和形式，包括学生自评、学生互评、教师评学、学生评教、教务部门对学生的评价等；在终结性评价中，主要方式包括期末课程考试、水平考试和毕业论文（设计）等形式。

与其他专业相比，商务英语教学效果评估体系具有特殊性，但相关建设比较滞后。目前，商务英语评估体系一直在沿用全国外语专业四、八级考试作为主要评价依据，与普通英语专业的差异性无法体现出来。从这一点来看，相关评估体系发展相对比较滞后，不能完全适合商务英语水平评估的实际需要。在国际上，英国有 BEC 剑桥商务英语证书的初、中、高级别的水平考试。在我国，各大院校已经开始了中国国际贸易学会组织的商务英语四、八级考试，2008 年也对商务英语本科学生进行了试考。但从总体上讲，本科以上商务英语还没有真正建立起一套完全可行的专业评估机制。

## 二、教学模式评价体系

### （一）形成性评价

形成性评价是教师在教学过程中对学生学习情况的及时反馈。即教师记录并评定学生在学习英语过程中所展现的态度、兴趣、参与度、语言发展状况等。这种反馈可以帮助学生及时发现问题、纠正错误，同时能给教师的教育活动提供及时有效的帮助和指导。教师和学生可以通过评价更好地认识自己，发现问题，解决问题，提高自己。形成性评价的优势在于能够使教师全面了解学生的学习情况，对症下药，促进其学习进步。从学生的角度分析，学生在学习过程中既锻炼了自己的能力，又从老师的反馈中发现了自己的短板与不足，从而变被动接受为主动参与，提高了学习积极性。总之，在形成性评价教学过程中，改变了过去以教师为单一主体的情况，学生也成为教学活动的主体，教与学的过程得到了统一。

### （二）终结性评价

终结性评价是在学期末或课程结束时，总结、概括一个人成绩的评价方式。终结性评价的目标以结果为导向，以数字形式对学生进行评价和比较。终结性评价能够有效地检测学生知识的累积，但是无法反映学生的学习能力和潜力。终结性评价的作用主要是在课程结束时检查学生的学习水平，它是建立在学习经验的积累上的评价手段。考试本质上只能表明学生在考试时所掌握的知识，不能反映学生的整体学习能力，也不能预测学生未来的潜力，只能作为学习过程中一个片段的反映。对于学生来说，终结性评价就是以分数来反映自己的学习情况，但这一反映并不全面，分数不能完全反映学生的能力和发展潜力这两方面的状况。

### （三）商务英语教学与形成性评估体系构建

根据商务英语专业的教学目的，借鉴大学英语教学评估体系的利弊，下面笔者将提出几点关于商务英语专业评估体系的构建建议。

商务英语专业旨在培养德、智、体、美全面发展的，涉及国内、国外进出口贸易和其他活动的人才。这方面人才必须具有良好的职业道德和敬业精神，具有扎实的英语语言基础和较强的口语交际能力，能够掌握宽泛的商贸知识，熟练使用现代办公设备，具备运用英语从事商务活动的能力，熟悉通行的行业规则和惯例，能够适应生产、建设、管理和服务第一线需要，从事相关商贸业务、管理、翻译、外事接待等工作。

既然如此，英语作为一门操作工具，教师在教学中就应将理论与实践相结合，使学生在实践中更好地体会语言的应用。相应的评价体系也要适应实践操作。

对于培养学生的职业技能而言，形成性评价更易于达到教学目标。商务英语教学强调职场情景中英语运用能力的培养，教师要设计一些具有商务背景的情境任务，训练和考查学生在这一环境中的反应，培养学生的团队合作意识、沟通技能、创新能力等。而这些能力不能仅靠终结性的考试来进行评价，还需要运用形成性评价，如学生自评、互评和档案记录，以帮助学生了解自己在完成任务过程中的表现，使他们参照他人的表现来反思自己。

## 三、课程评价体系

目前，在国内商务英语的课程设置方面几乎都是围绕英语和商务两大模块进行双语或全英教学两大类课程，对各门课程构建的必要性缺乏系统的理论支持和设置原则。随着商务英语的获批，越来越多的人开始关注商务英语的课程改革，却忽略了课程评价理论的应用。

近年来，出现的较为优秀的评价模式是斯塔弗尔毕姆的 CIPP 评价模式。一些学者将 CIPP 模式运用到高校商务英语课程评价中，形成了 CIPP 课程评价体系。CIPP 模式作为公认的、实用性强的评价模式，强调教育评价的改进作用，因此，特别适用于商务英语课程体系的改进。从 CIPP 评价模式出发，分析目前课程体系的现状，发现存在的问题并给出建议，以推进和完善商务英语课程体系建设。

### （一）CIPP 评价模式简介

课程开发的基本问题和核心环节是课程评价。我国以往是以拉尔夫·泰勒的目标导向评价模式为课程评价模式中心的。该模式把目标、教学过程与评价作为一个循环圈，预先设定的目标是评价的唯一标准，评价过程中目标规定或涉及的对象为评价对象。显然，这种模式"将预先选择的目标提升到过程之上，然后根据目标选择经验并加以组织，最后通过评价确定目标的达成度"。但随着教育理念的发展，这种目标导向难以评价教育活动中的非预期效果，如教师和学生的即兴发挥，以人为本的教育理念无法得到真正的实现。在目标基础模式上发展起来的过程导向模式更能满足教育实际的需求。

20世纪60年代末70年代初，美国著名教育评价家斯塔弗尔毕姆及其同事共同提出了CIPP评价模式。在一定时期内，CIPP模式主要包括四种评价：背景评价（context evaluation）、输入评价（input evaluation）、过程评价（process evaluation）、成果评价（product evaluation）。"CIPP模式"即是取这四种评价的英文首字母缩写而成。

## （二）阶段划分

21世纪初，斯塔弗尔毕姆感到四步骤的CIPP模式不足以描述和评价长期的、真正成功的改革方案，于是开始重新反思自己的评价实践。为此，他对其作出了补充和完善，把成果评价分解为影响（impact）、成效（effectiveness）、可持续性（sustainability）和可推广性（transportability）四个阶段。

第一，背景评价主要是评价所处环境的资源、需求、问题机会。"资源"是指在本地可以得到专家提供的服务，"需求"主要指为了达到目标所必需的、有价值的事物，"问题"是指在满足需要时必须克服的障碍，"机会"主要指满足需要和解决相关问题的恰当时机。

背景评价的主要目的：描述所需服务的背景情况；界定预期的受益人并评定其需要；弄清满足需要所存在的问题和障碍；界定本地资源和资助时机；评定方案、教学和其他服务目标的清晰度和适切性。背景评价的基本取向在于确认方案目标与方案的实际影响之间的差距，本质上属于诊断性评价。

第二，输入评价是在背景评价的基础上，对达到目标所需的条件、资源及各备选方案的相对优点所做的评价。其实质是对方案的可行性和效用性进行判断，对本方案的设计和工作计划、本方案的财政预算等进行评价。评价的主要任务是鉴别和调查已有的方案，以便作为新方案的对照；评价方案建议的策略。

第三，过程评价是对实施方案的全过程进行检验、指导、监督、反馈。其目的：一是为方案设计者、管理人员、执行人员提供反馈信息，以便让他们了解方案实施的进度，合理利用有效资源完成方案；二是用于发现方案实施过程中的潜在问题，为修正方案提供指导；三是为定期评估方案的人员提供有效信息。总之，过程评价以整合改进实施过程为目的，实质上其类型为形成性评价。

第四，影响评价是对方案到达、影响目标受众的程度作出评价。该环节需要回答以下问题：观察到了何种影响（肯定的和否定的、预期的和非预期的）？各类资助人怎样看待这些影响的价值和优点？获得满足了方案预期对象需要的程度如何？

第五，成效评价主要评价结果的重要程度。评价人员需要做的是：访问主要的利益相关者；选出合适的受益人，进行深入的个案研究；汇总和评价方案对社区的成效；撰写评价报告；将成效评价报告整合到不断更新的档案库中，放入最终的评价总报告中。

第六，可持续性评价是对方案在何种程度上成功地制度化并得以长久实施下去进行评价。评价者访问方案领导和职员，方案的受益人确定是否有可持续的可能性和必要性，并通过讨论和反馈确定可持续性的程度。

第七，可推广性评价是对方案在何种程度上能成功地被调适和应用于别处进行评价。评价者需要分析方案是否能够成功被适用和应用于别处的程度，汇总和报告可推广性评价的发现。同时，在反馈讨论会上，讨论可推广性评价的发现，并撰写可推广性评价定稿，提出具体的改善措施，提供给委托人和公认的利益相关者。

CIPP 模式是一种以过程为导向的决策模式，其主旨是目标的合理性和可行性，评价并不是为了证明，而是为了改进，不应单纯地以教学目标为中心，而应以决策为代表的社会为中心。评价应为决策服务，为决策收集、组织和报告信息，它是"为决策提供有用信息的过程"。因此，CIPP 评价模式的介绍与分析对丰富现行的商务英语课程体系建构具有指导和实践意义。

# 第二章

# 商务英语的语言特征

## 第一节 商务英语的词汇特征

词汇是构建当代商务英语大厦的砖石，了解商务英语的词汇特征是正确运用商务英语的前提。现代英语词汇量大、词义丰富，一词多类、一词多义、一词多用的现象比比皆是。商务英语具有普通英语的语言学特征，同时，商务英语又是英语语言、商务知识、管理技能和其他专业知识的结合，因而其本身又具有独特性。从用词上讲，商务英语词汇具有专业术语丰富、缩略语使用普遍、名词化程度高、新词汇层出不穷等特征。商务翻译过程中必须考虑商务英语词汇的特点。随着外向型经济的发展，我国在更大程度上与国际接轨，并参与国际合作与竞争。因此，商务专业英语在商务领域的实际应用也越来越广泛。商务英语是一种以职业为目的的英语，需要参与者用英语来完成所有或部分的工作职责，具有较强的实用性、知识性和专业性。作为一种商务语言，其专业词汇数量大，应用范围广。其词语体系主要由商务专业术语、商务工作常用词语和民族共同语中的其他基本词和非基本词构成。而其中的商务术语是商务语言词汇体系中重要的组成部分。

### 一、多用数字、日期及意义单一的词

当代国际商务活动常常涉及价格、时间、金额、数量、规格等信息。为了表达准确、清晰，商务英语中常使用数字、日期等词汇，以保障商务事宜的顺利进行。

例如：Within 30 days after the signing and coming into effect of this contract, the Buyer shall proceed to pay the price for the goods to the Seller by opening an irrevocable L/C for the full amount of USD 30,000 in favor of the Seller through a bank at export port.

买方须于本合同签字并生效后 30 天内通过出口地银行开立以卖方为收益人的不可撤

销信用证支付全部货款计 30000 美元。

The first phase of domestic air freight village, which covers an area of about 40,000 square meters, has a yearly handing capacity of 500,00 tons.

国内航空货运站第一期占地约 4 万平方米，年吞吐量达 50 万吨。

Europe's biggest information technology services firm Atos Origin aims to quadruple its business in China over the next two years.

欧洲最大的信息服务公司 Atos Origin 计划在未来两年将其在中国的业务增到四倍。

商务英语词汇应体现规范、准确、专业的特点，因此商务英语常使用意义单一的词汇，以有效避免表达上的歧义与误解。

例如，商务英语用词词义较多的词：

| | |
|---|---|
| acquaint | be familiar with |
| by return | soon |
| constitute | include |
| effect | make |
| grant | give |
| inform | tell |
| initiate | begin |
| tariff | tax |
| terminate | end |
| utilize | use |

在表达一些统一概念意义时，商务英语词汇与普通英语词汇相比，也体现出具体、准确的特征。

## 二、专业术语丰富

商务英语属于应用性语言学科。它涉及国际贸易、营销、金融、广告、物流、保险和法律等多个领域，涵盖了各领域的专业术语。专业术语是指适用于不同学科领域或专业的词，是用来正确表达科学概念的词，具有丰富的内涵和外延。专业术语要求单义性、排斥多义性和歧义性，且表达专业术语的词汇都是固定的，不得随意更改。商务英语拥有数量可观的专业术语，这些术语体现了明显的行业知识。如国际贸易方面的: free on board（离岸价）、standby letter of credit（备用信用证）、letter of guarantee（银行保函）；经济学方面的: gross national product（国民生产总值）、demand curve（需求曲线）、bond yield（债券收益）、comparative advantage（比较优势）；金融方面的：fiscal deficit（财政赤字）、contract curve（契约曲线）、to ease monetary policy（放松银根）；营销方面的：attitude tests（态度测试）、market share（市场份额）、after sales service（售后服务）；保险方面的：absolute liability（绝对责任）、force majeure（不可抗力）、risk of breakage（破碎险）；广告方面的：appeal（诉求广告）、audience share（受众份额）、media mix（媒介组合）等。随着社会的不断发展和国际交往的日益频繁，我国的金融业必将进一步健全、完善和发展。在这一过程中，不可避免地要借鉴先进国家的经验，沿用其他国家金融工作使用的某些金融术语，尤其是国际交往中通用的金融术语，例如"破产""法人""熊市""牛市"等。可见，在商务英语中，术语的使用十分广泛，有些术语仅仅出现在特定的商务文体中，还有很多的术语是普通词汇在商务文体中的专用，在不同的商务场合具有不同的含义。因此，在翻译时，要根据该术语出现的具体语境，在充分理解其在句子中的特定含义的基础上，结合一定的商务知识，灵活地选用恰当的汉语词汇来表达。

## 三、多用模糊修辞

模糊修辞并不是指词汇意义模棱两可或具有歧义，而是一种特殊的选词方法。模糊修辞的运用没有明显的目的性，有利于表达弦外之音，缓解双方的尴尬从而为商务洽谈留下可回旋的余地。例如：

What you mentioned in your letter in connection with the question of agency has had our attention and we shall give this matter careful consideration and shall revert to it later on.

本例中的 has had our attention（予以注意），shall give this matter careful consideration（将予以认真考虑）和 revert to it later on（以后再谈）均属于模糊修辞。这种表达方式既没有明确同意，也没有明确拒绝，而是巧妙地将现在难以回答的问题推脱掉，一方面利于对方接受，另一方面也为后续的合作打好了基础。

As for goods Article No.120, we are not able to make you orders because another supplier is offering us the similar quality at a lower price.

若直接点明对方价格偏高，很可能使对方难以接受。本例婉转地使用 another supplier（另一供货商）来向对方暗示自己的态度，从而避免了尴尬局面的出现。

## 四、缩略语现象普遍

英语缩略（语）用简单的几个字母可以表达出复杂的含义，具有言简意赅、快速捷达的特点。国际商务活动是一种跨国活动，随着电报、电话和电传的发明，国际贸易、国际金融、国际经济合作等得到了迅速的发展，远隔重洋的双方用电话交谈、发送电文，均要求简明扼要，便于记忆和记录。尤其是在全球经济趋向一体化的今天，为了省时节费，提高办事效率，人们在交际中力求浓缩快捷、言简意赅。因此，商务语域里的人们创造并使用着大量的缩略语。如 IMF（international monetary fund）"国际货币基金组织"；ADB（asia developing bank）"亚洲发展银行"；SHIPMT（shipment）"装运、装船"，MEMO（memorandum）"备忘录"；PRO（professional）"专业人员"等。商务英语缩略语的构词方法有很多，其简化方式，概括起来主要有如下几种。

### （一）首写字母构成的缩略语

这种缩写法多用大写字母，字母之间可用或不用缩写号。这是一种最常见的缩写法，常常用于组织名称、票据名称、作品名称、说明书和价格术语等专有名词的缩写，一般按字母读音。

例如：NIC（national information centre）国家信息中心，ISP（internet service provider）网络服务商，BE/B.E.（bill of exchange）汇票、交换券、国外汇票，EMP（european main port）欧洲主要港口。

### （二）谐音缩略法

即根据单词的发音，用一个或数个字母来代替。利用同音或近音字母组成缩写词。这种缩写法常用于单音词和少数双音节词转化为同音字母的缩写词，按拼音或字母音读音。

常见的有：

BIZ（business）商业、业务、交易、生意

R（are）是（或助动词）

U（you）你

UR（your）你的

WUD（would）会、情愿

THRU（through）通过，经过

### （三）截词缩略法

截词缩略法是通过截略原词的一部分构成缩略语的方式，这是缩略语最常用的构词方法，截词缩略法又可细分为以下几种情况：

第一，保留字首、去掉字尾来缩写。即一个单词，只保留头几个字母，去掉后面的字母。如果是词组，则取各个单词的头一个或几个字母组成缩略语，如：

ACK（Acknowledge）承认；告知…已收到

BAL（Balance）余额

INV（Invoice）发票

ASAP（as soon as possible）尽快

AKA（as known as）正如你所知

第二，取单词的首尾字母，去掉其中间部分组成缩略语。即去中间，留两头，如：

AMT（amount）数量

FRT（Freight）货运

LN（London）伦敦

第三，取合成词的两部分中的第一部分。如：

micro（micro computer）微型计算机

post（post code）邮政编码

第四，取几个词的首部组合而成。如：

INCOTERMS（International Commercial Terms）国际贸易术语解释通则

Contac（continuous action）"康泰克"感冒药

Nabisco（National Biscuit Company）美国饼干公司

第五，以辅音为核心组成缩写词。以辅音为核心构成的缩写词（并列的两个相同的辅音字母只用一个），这类缩写法主要用于单词的缩写。它包括：利用所有的辅音字母构成缩写词；利用词首的元音字母和其后所有的辅音字母构成缩写词；利用单词的第一音节和第二音节的第一辅音字母构成缩写词；利用第一和第二音节及第三音节的第一辅音字母构成缩写词；利用第一音节和其后所有的辅音字母或部分重要的辅音字母构成缩写词；利用单词首尾两个辅音字母构成缩写词；利用每个音节的第一辅音字母及该词的最后一个辅音字母构成缩写词等。这类缩写词可用大写字母，也可用小写字母，或用大写字母带小写字母，一般按字母读音，也可拼读。如：

MKT（market）市场

PCS（pieces）匹、件、块、片、张、部分

PLS（please）请

ACDNT（accident）事故、意外事故

INFM（inform）通知、向报告

## （四）符号缩略法

符号缩略法是指用符号来代替相应单词的方式，这种方法形象简洁、一目了然，运用

也十分广泛。这类缩略语通常用于表示单位，如：

货币单位 $（dollar）/£（pound）/Y（RMB）

### （五）代号缩略法

代号缩略语找不到原词的痕迹，它们实际上是一种代号，如：

C（medium narrow）中号窄幅—男鞋宽度

F（with free-board）限制吃水的—海运

Z（Greenwich Mean Time）格林尼治平均时

### （六）利用外来语构成缩略语

外来语的缩略语在英语中也有很广泛的应用。在英语中，借用外来语的缩略语有借自于拉丁语、西班牙语、瑞典语、挪威语、法语、德语等语种。如：

CONG（Congius）加仑【拉丁语】

LO（LandsorganisasjoneniNorge）挪威工会联合会【挪威语】

FIL（FeiralnternacionaldeLisboa）里斯本国际博览会【葡萄牙语】

商务英语缩略语和自然词交织在一起使用，和普通英语词汇一样，缩略语具有同等的句法功能，但习惯上不用作谓语。

## 五、具有商务内涵的普通词

不少普通的词语在商务英语中被赋予了专业词汇的意义。例如，proposal form，在日常英语中proposal意为提议、提案，在保险英语中被引申为投保单；policy在日常英语中的中心意义是政策、方针，但作为保险专业词汇时意为保单；pool由池塘转义为组合基金，common pool意为共同基金。

此外，在商务合同中，一些表示通常意义的词也可能具有非常意义。例如：

| | |
|---|---|
| action | 行动诉讼 |
| alienation | 疏远转让 |
| assign | 分派转让 |
| avoidance | 逃避宣告无效 |
| construction | 建筑解释 |
| defense | 防卫抗辩（理由），被告方 |
| determination | 确定终止 |
| discovery | 发现调查证据 |

| dishonor | 耻辱拒付 |
|---|---|
| distress | 危难扣押货物 |
| execution | 执行（合同等的）签订 |
| limitation | 限制时效 |
| omission | 省略不作为，不行为 |
| prejudice | 偏见损害 |
| satisfaction | 满意清偿，补偿 |
| specialty | 专长，盖印合同 |
| subject matter | 主题标的物 |

对于这类词语，在翻译时必须特别关注。例如：

①The compensation will cover the whole loss.

译文：此项赔款足以抵消全部损失。

该句的cover在普通英语中表示"覆盖、包括"等含义，而在商务英语中则表示"清偿、抵消"之意。

② When opening new accounts it is our practice to ask customers for trade references.

译文：在开立新账户时，敝公司有一例行公事，即向客户要求商业证明人。

上句中的"references"在普通英语中作"关于、参考"解释，但在商务英语中指"信用、能力等的证明人"。

③ We have to request you to do business on the basis of confirmed, irrevocable L/C payable at sight.

译文：我方不得不要求你方在保兑的、不可撤销的即期信用证的基础上进行这笔交易。

这里的 confirmed 和 at sight 在普通英语中的意思分别为"确认"和"看见"，但在商务英语中却有着特殊的含义。在此句中，分别指"保兑的"和"即期的"。

# 六、新词汇层出不穷

近年来，社会的发展脚步逐渐加快，新生事物层出不穷。为了满足表达的需要，新词汇不断涌现并渗透到语言的各个领域。商务英语也必然将这些新的词汇吸收进来，以使自己的表达更加丰富、准确。例如：

| B2B（business to business） | 商业机构对商业机构的电子商务 |
|---|---|
| C2C（consumer to consumer） | 消费者之间的网上交易 |

| Credit-crunching | 紧缩信贷 |
|---|---|
| deflation | 通货收缩 |
| E-business | 电子商务 |
| euro | 欧元 |
| Knowledge-based economy | 知识经济 |
| Pink-collar worker | 粉领 |
| rebuilding of stocks | 吃进库存 |
| Soft-landing | （经济的）软着陆 |

需要注意的是，任何一种语言中的新词汇都不是凭空而来的，很多都是以普通词汇为基础并遵循一定规律构成的。因此，在理解这些新词汇时必须考虑具体的语境因素。例如：

Our company has a clean balance sheet and is confident the bank will approve a loan.

译文：我们公司的资产负债表上没有债务，相信能获得银行的贷款。

本例中，clean的本义是"干净的"，但在本句中其具体含义为"没有债务"。

# 第二节　商务英语的句法特征

## 一、商务英语的表述

与日常英语相比，商务英语的表述追求精确和严密，其突出的特点是客观公正、不带主观色彩。因而句子中人称主语出现得较少，被动语态使用较多，无人称的使用突出了文本的内容而不是强调文本的产生者和接受者，可以避免给人以主观臆断的感觉，使文本表现得更为客观、正式、真实可信，语气更加委婉。

例（1）：Business contracts can be classified according to their validity into several categories：valid.void，avoidable or illegal.

译文：商务合同按照其效力不同可以分为以下几种：有效的、无效的、可撤销的、违法的。

同时，在没有具体人物执行某一动作，或表达重点在于动作本身而不在动作执行者的情况下，把动词转化为抽象的名词可以体现商务合同英语庄重刻板的文体特点。名词化结构语言简练，结构严谨，表意简洁，同时也保证了文本的客观真实，因此，名词化结构的使用日益广泛，它不仅挤掉了其他一些词类，而且顶替了很多语法结构。例如，Smuggling of goods whose import or export are subject to prohibitions，which constitutes criminal offence，shall be subject to.（走私禁止进出口的货物，构成犯罪的，依照……）

汉语属于意合语言，重视内在的逻辑关系而不是形式的曲折变化，在语态上表现为受事格施事化倾向。大部分情况下，汉语靠主动句的语义逻辑来显现被动意义，按照汉族人的思维方式，即使是受事者做主语，也常用主动形式来表达被动意义。例如，"项目做好了""合同完成了"等。由于汉语中被动结构用得较少，商务翻译时，在遣词造句方面应注意原文的语气特点，努力保持英语中被动结构体现的礼貌、委婉和严谨，传达出被动语态的语用功能。

例（2）：Your firm has been recommended to me by Mr Charles，with whom we have done business for many years.

译文：与敝公司有多年生意来往的查尔斯先生向在下推荐了贵公司。

例（3）：Your early reply will be highly appreciated.

译文：如蒙早复，不胜感激。

例（4）：The workers have been given a clear mandate for industrial action over the renegotiation of employment contracts.

译文：工人们得到了明确授权，准许他们围绕就业合同重开谈判采取行动。

例（5）：After the said license is approved，we shall establish an L/C in your favor.

译文：许可证获准后，即开立以你方为受益人的信用证。

## 二、商务英语基本句型

商务英语基本句型是对英语语言中的句子，通过特定的研究方法进行概括后所得到的模式。这些模式是语言使用者普遍使用，并可以作为规则加以习得，然后通过对这些有限的基本句型直接生成或进行转换、扩展，产生各种不同结构的句子，从而达到交流的目的。商务英语句型结构是以动词为核心，通过词与词之间的关系组合来生成不同的类型。

### （一）商务英语简单句

只包括一个独立分句的句子就是简单句。换言之，简单句里只包含一个"主语"与"谓语"的组合，即一套主谓结构。根据动词与搭配关系的不同，商务英语简单句又可以被细分为五种：主谓结构、系表结构、主谓宾结构、主谓双宾结构、主谓宾宾补结构。

**1. 主谓结构**

主谓结构的框架是：Subject（主语）+Intransitive Verb（不及物动词）。在主谓结构的简单句中，谓语常与一些副词、副词短语或介词短语搭配在一起且不能带宾语。例如：

In other developing regions, export volumes grew at a more moderate pace, close to that of the G-7, but gains from the terms of trade boosted the purchasing power, and consequently their imports.Overall, the share of developing countries in global trade rose from 29 percent in 1996 to 37 percent in 2006.

本例的第二个句子中，share 是主语，rose 是不及物动词。

**2. 系表结构**

系表结构的框架是：Subject（主语）+Link Verb（系动词）+Subject Complement（主语补语）。在系表结构的简单句中，主语补语又称"表语"。具体来说，介词短语、形容词、名词、动词不定式或分词等都可以充当表语。例如：

Among the developing regions, East and South Asia were clearly the most successful in increasing exports(by volume), at rate of about 160 percent, despite a deterioration in their terms of trade.

本例中，East and South Asia 是主语，were 是系动词，the most successful 是主语补语。

**3. 主谓宾结构**

主谓宾结构的框架是：Subject（主语）+Monotransitive Verb（单宾动词）+Object（宾语）。本句型的谓语动词是及物动词或动词短语，宾语是动作的承受者或结果。能做宾语的有名词、代词、动名词、动词不定式或从句等。例如：

IT systems and administration, and the resulting synergies and economies of scale will produce cost savings ; strengthen the financial position of the integrated market operator.

本例中，IT systems and administration, and the resulting synergies and economies of scale 是主语，第一个单宾动词 will produce 后面跟 cost savings 做宾语，第二个单宾动词（will）strengthen 后面跟 position 做宾语。

**4. 主谓双宾结构**

主谓双宾结构的框架是：Subject（主语）+Ditransitive Verb（双宾动词）+Indirect Object（间接宾语）+Direct Object（直接宾语）。在主谓双宾结构的简单句中，宾语有两个，一个是直接宾语，另一个是间接宾语，二者缺一不可。需要注意的是，直接宾语有时可以位于间接宾语之前，此时在间接宾语前应使用相应的介词。例如：

Under the agreement，American Express Bank will sell \$630 million worth of mortgages to the HKMC Funding Corp—a special purpose company set up to buy mortgages from banks under the MBS program.

本例中，American Express Bank 是主语，will sell 是双宾动词，\$630million worth of mortgages 是直接宾语，HKMC Funding Corp 是间接宾语。

#### 5. 主谓宾宾补结构

主谓宾宾补结构的框架是：Subject（主语）+Complex Transitive Verb（复合动词）+Object（宾语）+Object Complement（宾语补语）。在主谓宾宾补结构的简单句中，宾语与宾语补语之间存在一种逻辑上的主谓关系。例如：

Investor Participants may still instruct HKSCC Nominees through the CCASS Phone System to vote on their behalf by inputting the voting instructions in respect of their shareholdings.

本例中，Investor Participants 是主语，may instruct 复合动词，HKSCC Nominees 是宾语，to vote 是宾语补语。

### （二）商务英语并列句

英语的并列句主要是指由并列连词and、but、or、than等把两个或两个以上简单句连接起来的句子，各分句之间是一种平行或并列关系。概括来说，商务英语并列句包括三个类别：表关联的并列句、表列举的并列句、表让步和结果的并列句。

#### 1. 表示关联的并列句

表示关联的并列句通常由and、either…or…和neither…nor…并列连词将两个或两个以上的分句连接在一起。例如：

In 2008，China's total export volume of juice beverage decreased to 794，000 tons and the export value reached USD1.26 billion，dropping by 30.4%YOY and 7%YOY separately.

#### 2. 表示列举的并列句

表示列举的并列句通常由namely、that is、such as、for example、for instance 等词组来进行列举。例如：

Apart from the products of several enterprises such as Huiyuan，Coca-Cola and Pepsi that sell well all over China，most other enterprises can only sell their products in regional markets.

### 3．表示让步和结果的并列句

表示让步和结果的并列句常使用yet、but、hence、however、therefore、consequently等连接词。从语义角度来分析，后面的分句是前面分句的某种结果，或者分句之间存在一定的语义冲突。例如：

It is clear that，to date，only a small number of developing countries and economies in transition are participating in the process of R&D internationalization.However，the fact that some are now perceived as attractive locations for highly complex R&D indicates that it is possible for countries to develop the capabilities that are needed to connect with the global systems of TNCs.

## （三）商务英语复合句

复合句是由主句＋从句构成，它是英语中比较复杂的句子结构。一般来说，英语中一个句子只能有一个主谓结构或动宾结构，如果出现两个主谓结构或动宾结构，那么其中一个主谓结构或动宾结构只能是以从句的形式或并列句或分词短语的形式出现。所谓从句是指从属于主句的句子，它是主句中一个句子成分；另外从句必须由引导词即关系代词或关系副词引导。概括来说，商务英语复合句中的从句主要包括三种：名词性从句、定语从句和状语从句。

### 1．名词性从句

宾语从句、表语从句、主语从句、同位语从句等都属于名词性从句。一般来说，名词性从句由疑问代词（如what、that、who等）和疑问副词（如where、when、how、why等）来引导。在某些情况下，if，whether等连接词也可以用来引导名词性从句。例如：

The Committee members discussed the issue of uses of balance of payments statistics in their various countries and suggested that further work be undertaken by IMF.

本例中，The Committee members discussed…and suggested… 是主句，that further work be undertaken by IMF 是 suggested 的宾语从句。

### 2．定语从句

当一个句子在复合句中做定语时，这个句子就是定语从句。定语从句通常由 which、that、whose、who、whom、where、when、why 等来引导，其中最常用的是 which 与 that，定语从句所修饰的词叫先行词。根据定语从句与先行词之间亲疏关系的不同，定语从句可以分为限制性定语从句和非限制性定语从句。

（1）限制性定语从句

限制性定语从句对所修饰的先行词起限制作用，与先行词的关系较为密切。换句话说，如果缺少定语从句，主句的意思就不完整或者会出现逻辑错误。因此，限制性定语从句紧跟先行词，二者之间不能使用逗号。例如：

The purpose of the Joint Venture is to adopt advanced technologies and efficient management systems to produce Licensed Product which shall be of top quality and competitive in the world markets, so as to achieve satisfactory economic returns.

（2）非限制性定语从句

非限制性定语从句对先行词不起限制作用，只是对被修饰语加以叙述、描写或解释，通常用逗号隔开。将非限制性定语从句删除后，主句的意义几乎不受影响。因此，非限制性定语从句与先行词之间常通过逗号进行分隔。例如：

A Hainan Airlines baggage attendant decided that his personal signature would be to collect all the luggage tags that fall off customers' suit cases, which in the past have been simply tossed in the garbage, and in his free time send them back with a note thanking them for flying Hainan. A senior manager with whom I worked decided that his personal signature would be attaching Kleenex to memos that he knows his employees won't like very much.

### 3．状语从句

当一个句子在复合句中做状语时，这个句子就是状语从句。具体来说，商务英语中的状语从句主要包括条件状语从句、时间状语从句、原因状语从句、目的状语从句、让步状语从句、结果状语从句等。

（1）条件状语从句

条件状语从句是表示主句动词发生的前提或条件的从句。条件状语从句分为真实条件状语从句和非真实条件状语从句。引导条件状语从句的有 if（如果）、unless（如果不）、as（so）long as（只要）、on condition that（条件是）、in ease（假使）、provided/providing that（如果，只要，假如）、suppose/supposing that（如果，只要，假如）等。例如：

If any change is required regarding the terms and conditions of this agreement, then both parties shall negotiate in order to find a suitable solution, provided, however, that any change of this agreement shall be subject to the approval by the government of both parties.

（2）时间状语从句

时间状语从句通常由一些表示时间的连词如 when、before、after、as、while、since、until 等引导，用来对某一动作发生的时间进行描述。例如：

After we trove checked the L/C carefully, we request you to make the following amendment：

"Partial Shipment and Transshipment Allowed."

（3）原因状语从句

原因状语从句通常由because、since、as、for等表示原因的连词来引导，用来说明主句表达的内容的理由与根据，或说明主句动词所表示的动作或状态的原因。例如：

Because small foreign cars could be produced at less cost than the larger cars made in the United States，they captured a significant share of the American market.To compete with foreign cars，American manufacturers began to produce compacts.When the U.S.dollar was devalued on the international market the cost of a foreign car to an American buyer rose proportionately，and the American compacts could now be sold for less than their foreign competitors.

（4）目的状语从句

目的状语从句常由so that、in order that、to the end that等来引导，用来说明主句状态或动作的目的。例如：

An effective management will review on a regular basis whether they should continue to hold the security or sell it.Thus，in order that management's performance can be measured，it is appropriate to classify the security as other investment regardless of the period of holding and carry it at fair value in accordance with paragraph 24.

（5）让步状语从句

让步状语从句表示在某种相反的条件下，主句中的情况依然会出现。引导让步状语从句的有 although/though（虽然）、while/as（尽管）、even if/though（即使）、whatever/no matter what（无论什么）、whenever/no matter when（无论什么时候）、however/no matter how（无论怎样）、wherever/no matter where（无论在哪里）、whoever/no matter who（无论是谁）、whichever/no matter which（无论哪一个）、whether...or（不论……还是）等。例如：

It was the biggest one-day points loss in more than two years and the second – biggest points drop ever.Although an interest rate rise in the U.S.is expected next month，analysts had not been prepared for such a dramatic fallout in Hong Kong this week.The index closed on Wednesday at 15,846.72 points and Thursday down further at 15,153.23.

（6）结果状语从句

结果状语从句常由so that、with the result that等引导，用来表示主句内容所产生的结果。例如：

Low audit fees have become a way of life over the past 18 months as the economy has gone off the boil.The audit has been traditionally regarded as a fairly generic service，so that as the economy has slowed，price-cutting has been regarded as the only way to compete on audit services. The tendency to cut prices when times get tough for companies has been magnified by a new development on the Hong Kong accounting scene.

# 三、商务英语特殊句型

商务英语中的特殊句型主要包括比较句型、被动句型和存在句型。这些特殊句型具有表达简练、适用面广、使用频率高的特点。

## （一）比较句型

比较结构表示两人或两物在性质、特征、程度、数量、大小等方面相等、相近、不同等概念。在国际商务实践中，运费比较、价格比较、产品质量比较以及其他数据的比较等是司空见惯的现象，因此比较句型常出现在商务英语中。根据比较点、比较范围、比较方式等方面的差异，商务英语中的比较句型可以分为五种：等比句型、差比句型、比例句型、对立比较句型和极比句型。

### 1.等比句型

等比句型常通过 as much as、no less than 等比较人或物在性质、特征等方面的某些相似之处。例如：

Meanwhile，Thai newspapers reported yesterday that HSBC will buy 75 percent of Bangkok Metropolitan Bank for as much as 40 billion baht（HK \$8.03billion）.

GREGATE CONSIDERATION Term Fat has represented and warranted that the audited consolidated net asset value of Term Fat Hing Fung（B.VI.）Limited as at 3lst December，1997（"December NAV"）will be no less than HK \$56，000，000.In the event that the December NAV is less than HK \$56,000,000，Term Fat will refund to RNA an amount equal to the shortfall as an adjustment to the consideration.

### 2.差比句型

该句型用于对两个人或事物之间的差别进行比较，其中包括两个方面：一是优等比较，即"甲胜于乙"，另一是次等比较或劣等比较，即"甲不如乙"。例如：

A broker said the counter still had strong European institutional interest. Another broker noted that in contrast to earlier in the year，HSBC was favoured more by local than European investors. Smart phone dropped 5.99 percent to \$20.40. It has shed 17.4 percent since Thursday，when

Hutchison Telecom made sweeping cuts to its mobile.

In the coming years，Asia is going to have to use its own savings much more productively than in me past to achieve growth.That's because there will be much less foreign savings flowing in than prior to the crisis.That's not bad news.

### 3. 比例句型

比例句型通常用于表示前者与后者的正向或负向比例关系，即前者与后者在程度上的变化关系。比例句型常使用 the more...the more... 的结构。其中，逗号前的部分是从句，关系副词 me 表示 by how much；逗号后的部分是主句，指示副词 the 表示 by so much。例如：

"More important，it enhances China's international status." Party spokesman Sin Chung-kai said："Past experience shows the more China opens up the more benefit it brings to Hong Kong." He said worries that Hong Kong would lose its intermediary role were unfounded.

### 4. 对立比较句型

对立比较句型常使用 by contrast，unlike，in contrast to，on the contrary on the opposite side 等来表示两个事物互相对立的状况。例如：

The company has recruited more staff since the onset of the financial crisis. We did not lay off any staff because of the economic crisis.on the contrary，our workforce has increased by 20 percent since then.The newly recruited are brokers and information technology personnel，Mr Chan said. "We will diversify the portfolios in our Greater China Region fund to include Growth Enterprise Market-related stocks，red-chips and technology-related stocks.We will not only focus on technology-related stocks as we think technology is still a high-risk area." he said.

The forecast is a substantial reversal of the IMF's previous stance on Hong Kong in April，when its last report predicted a 1.3 percent contraction in GDP this year.It is also in contrast to the Asian Development Bank's stance，while saw its GDP forecast for Hong Kong downgraded last week to a contraction of 0.5 percent this year.

### 5. 极比句型

这一句型表示某一事物在一定范围内最突出或某一动作达到最高程度，通常要带一个表示范围的词组。例如：

J.P.Morgan&Co.Inc.closed down 4-3/8 at 109-1/2；American Express Corp was down 3-1/4 at 142 and Citigroup Inc.closed off-11/16 at 43-13/16.Retail clothing chain Abercrombie & Fitch Co.was the most actively traded stock on the NYSE，falling 6-3/8 to 26-3/16 after it said October sales slumped but was still comfortable.with its third-quarter profits estimates.Oil stocks had a strong day，however，as oil prices rose following a bullish report late Tuesday.

## （二）被动句型

被动句的结构实质是某事或某人是受动者，即主语要承受某种动作（指谓语动词）所施加的影响。由于被动态的结构特点，因此被动句大都用于表达事物的客观状态。如果一个句子中的主语是谓语动词所表示动作的承受者，那么主语与谓语之间就是被动关系，这个句子就属于被动句型，其基本结构是"主语＋be＋过去分词"。

在具体的商务英语实践中，被动句型常会发生一些变形，具体包括以下七种：

①Subject（主语）＋Verb（动词）＋To be＋past Participle（过去分词）＋（其他成分）。这种结构中通常有两个动词：第一个动词对句意的表达起辅助作用，并使用主动形式；第二个动词用来表达全句的主要内容，使用被动形式。例如：

There are possible differences of objective and culture. "While bankers always want to be considered as gentlemen, they consider insurance sales staff as non-gentlemen.There are operational difficulties in getting them to work together，" Mr.Westall said.

本例中，bankers是主语，want是动词，to be considered是被动形式。

②Subject（主语）＋Be＋Past Participle（过去分词）＋Preposition/Adverb（介词或副词）＋……（其他成分）。这种结构中的介词与副词可使句意更加准确、完整。例如：

The International Monetary Fund has suspended talks on its bailout instalment to Jakarta，and it has been announced publicly that the Asian Development Bank will hold up further loans until the Bank Bali case is cleared up.

本例的第二个分句中，it是主语，has been是系动词，announced是过去分词，publicly是副词。

③Subject（主语）＋Be＋Adjective（形容词）＋To be-Past Participle（过去分词）＋……（其他成分）。这种结构属于合成谓语的被动句型。其中，"Be＋Adjective"起辅助说明作用，第二部分则是被动说明部分。例如：

Hong Kong dollar due to the linked exchange rate system，would lead to further improvement in the terms of trade，that is，the ratio of export prices to import prices；but export volume growth is likely to be affected by the deterioration in export price competitiveness. As a result，total export volume growth might at best average only 10,124,512 on 1997.A strong dollar would also imply lower inflationary pressures in Hong Kong as import prices are likely to be...

在but引导的分句中，growth是主语，is是系动词，likely是形容词，affected是过去分词。

④ It ＋ Be ＋ Past Participle（过去分词）＋ Real Subject（that、who、where、when 等真正主语）＋ Clause（从句）。在这一结构中，that、where、who、when 等词引导的是真正的主语，而 it 只是形式主语。当主语过长，使用主动句易使句意重心偏离或句子结构失衡时，应使用本句型。例如：

It is reported that Standard and Poor's, an international credit rating agency, have forecast that the percentage of bad and doubtful debts against the total amount of loans（referred to as "bad/doubtful debt ratios" below）made by banks in the territory would probably increase to more than 10 this year.

本例中，it is reported 构成了句子的主干，that 引导的句子是真正的主语。

⑤ Subject（主语）＋ Be ＋ Past Participle（过去分词）＋ Object（宾语）＋……（其他成分）。这一结构由"主谓双宾结构"转化而来。"主谓双宾结构"中的直接宾语与间接宾语都可以充当被动句型中的主语。当双宾之一充当主语后，另一宾语应在原来的位置上继续保留。例如：

Disciplinary procedures adopted by the Commission are designed to ensure that a person is given a proper opportunity of being heard.Once the Commission makes a tentative decision to make a disciplinary order against a person he is informed by letter of the facts and circumstances upon which it is based.

在第一个句子中由 that 引导的分句中，a person 是主语，is 是系动词，given 是过去分词，opportunity 是宾语。

⑥ Subject（主语）＋ Be ＋ Past Participle（过去分词）＋ Subject Complement（主语补足语）＋……（其他成分）。这一结构由"主谓宾宾补结构"转化而来。其中，"主谓宾宾补结构"中的宾语补足语相应地变为被动句中的主语补足语。例如：

Within 7 business days after a person is appointed or ceases to be appointed as a director of a registered financier, the financier must give written notice to the commission of the appointment or cessation of appointment and the person's name and address.

本例第一个逗号前是一个介词短语，其中包含了一个由 after 引导的时间状语从句。其中，a person 主语，is 是系动词，appointed 是过去分词，a director 是主语补足语。

⑦ Subject（主语）＋ Be ＋ Past Participle（过去分词）＋ To Be Past Participle（被动不定式）＋……（其他成分）。这种结构常由 order、expect、allow、suppose、report 等担任谓语动词。因同时包含谓语动词的被动形式与动词不定式的被动形式，这一结构又被称为"双重被动句"。例如：

"We are now forecasting a lending volume of US $1.6 billion in the fiscal year of 2000." Mr. Severino said.The reduction is expected to be attacked by World Bank critics, who are likely to argue the bank cannot insist on continued reforms by Beijing while cutting off assistance vital to such efforts.In the bank's latest quarterly East Asia Regional Overview report, it expressed concern about Beijing's reform of state enterprises and its continued boosting of the economy.

本例第二个句子中，the reduction 是主语，is 是系动词，expected 是过去分词，to be attacked 是被动不定式。

## （三）存在句型

存在句型是一种表示存在的特殊句型，以非重读 there 做引导词或形式主语，而把真正的主语放在动词的后面。谓语动词通常是主动词 be 或其他含有"存在"意义的动词的一定形式。其结构模式是：There ＋ be ＋名词词组＋地点状语＋时间状语，在商务英语实践中大量使用。以 There be 句型的结构与作用为标准，商务英语中的存在句型可被分为以下几类。

### 1．用来表示存在

真正的主语位于 be 的后面，且句中常包含表示时间或地点的状语，这是 There be 句型最基本的用法。例如：

If they have at least that much in reserve in case the underlying market moves against them. The initial margin is $13, 000, but the contract is valued at $1, 000 per index point and there is a "maintenance margin" of $10, 400per lot.This means if the underlying Hang Seng 10）index moves more than 2.6points（$2, 600 worth of index points）against, the investor, they need to top up their margin so there is always $13, 000 Of coverage.

### 2．用来描述事物的状况

此时，主语部分是句意的重点，动词常表示"出现""存在""发生"等含义。例如：

HK Dollar life insurance helps you and Hong Kong to have a better future HK Dollar policy offers stability, better returns–Due to the peg system, there exists interest rate differences.That's why the HK Dollar policy can generally offer a better dividend and interest rate.Also, a HK Dollar policy can reduce the risk of premium increases due to the floatation of exchange rates.

### 3．用来表达某种观点

此时，句子的基本结构是"There is expected/thought/considered to."，谓语动词的范围限于 thought、expect、consider 等。例如：

On the other hand, economic growth in the Mainland of China should continue to be steady. Overall, the economy there is expected to move forward in reasonable shape, with GDP rising by 8 percent this year and with the on-going process of reform and structural change adding potential for further growth.

**4. 用来表示说话人的态度**

其中的 be 常与助动词或情态动词构成复合谓语。例如：

Global Regulatory Review and the Need for Reform All things considered, there must be a global regulatory review on prudential regulation.At present, too much trust has been put in segregation, capital and other prudential measures that have been shown to be.

# 四、商务英语句子的基本特点

## （一）多用成语介词、被动语态、祈使句、非谓语动词、情态动词及从句

商务英语用以传递重要的商务信息，要求其具有正式、严密、严肃、庄重的文体特征，行文严谨，避免歧义。为了做到语言简洁、内容表达客观公正和有关事项描述得准确无误，商务英语中常使用大量的介词或介词短语、被动语态、祈使句、非谓语动词、情态动词以及各种从句。

例（1）：Formerly, when any countries were on the gold standard and permitted the free flow of gold out of the country, the value of their currencies in terms of other currencies could fluctuate within only a very narrow range.

译文：原先，许多国家采用金本位制，允许黄金自由流出本国时，其货币与别国货币兑换的价值浮动的幅度很小。

例（2）：The international marketer must provide considerable training to the local sales force, in regard to both the product line and negotiation techniques suitable to the company's image and financial requirements.

译文：国际营销者必须培训当地的销售人员，以使产品系列和谈判技巧与公司的形象和财务要求保持一致。

例（3）：Foreign exchange is a commodity, and its price fluctuates in accordance with supply and demand; exchange rates are published daily in the principal newspapers of the world.

译文：外汇是一种商品，它的价格根据供求关系而浮动，汇率每天都登载在世界主要报纸上。

解析：成语介词 in terms of、in regard to 和 in accordance with 在各自的上下文中分别可

用简单介词against,concerning（considering）和with来代替，替代后句子语义丝毫不受影响，但文体意义有所不同。在商务英语中，成语介词的频繁使用使商务文体具有正规严肃、庄重严谨的特点。

被动语态的使用使句子具有结构紧密、语义准确、表达严密、逻辑性强等特点，在商务英语中使用被动语态，不说出施动者，能够起到突出商务信息、提高论述的客观性、少带主观色彩和增强可信度等作用。因此，被动语态的运用适宜具有严肃性和庄重性特色的商务文体的需要。

例（4）：Quotations and samples will be sent upon receipt of your specific enquiry.

译文：一收到贵方的具体询价，我方将马上寄送上报价和样品。

例（5）：Notwithstanding the provisions of this Clause or any other Clause of the Contract, no payment certificates shall be issued by the Engineer until the performance security is submitted by the Contractor under the Contract and approved by the Employer.

译文：尽管有本条款或任何其他合同条款的规定，在承包人提交履约保证并经业主批准之前，工程师不对任何支付款开具证书。

## （二）句式结构复杂

商务英语的句子有的很长，句式结构比较复杂，句中常常用插入短语、从句等限定、说明成分，形成冗长而复杂的句式结构，有时一个句子就是一个段落。

例：In any situation whatsoever and wheresoever occurring and whether existing or anticipated before commencement of or during the voyage, which in the judgment of the Carrier or the Master is likely. to give rise to risk of capture, seizure, detention, damage, delay or disadvantage to or loss of the ship or any part of her cargo, or to make it unsafe, imprudent, or unlawful for any reason to commence or proceed on or continue the voyage or to enter or discharge the goods at the port of discharge, or to give rise to delay or difficulty in arriving, discharging at or leaving the port of discharge or the usual or agreed place of discharge in such port, the Carrier may before loading or before the commencement of the voyage, require the shipper or other person entitled thereto to take delivery of the goods at port ofshipment and upon failure to do so, may warehouse the goods at the risk and expense of the goods ; or the Carrier or the Master, whether or not proceeding toward or entering or attempting to enter the port of discharge or reaching or attempting to reach the usual place of discharge therein or attempting to discharge the goods there, may discharge the goods into depot, lazaretto, craft, or other place.

译文：无论任何地方任何情况，无论是在开航前或航程中存在或预料到的，只要承运人或船长认为可能有导致捕获、扣押、没收、损害、延误或对船舶或其货物不利或产生灭失，或致使启航或续航或进港或在卸货港卸货不安全、不适当或非法，或致使延误或难于抵达、卸载或离开卸货港或该港通常或约定的卸货地，承运人可在装货或开航前要求发货人或与货物权利有关的其他人在装货港口提回货物，如要求不果，可仓储货物，风险和费用算在货主头上；承运人或船长，不论是续航至或进入或企图进入卸货港，或抵达或企图抵达港口通常的卸货地，或企图在此卸货，也可将货物卸在仓库、检疫站、驳船、或其他地方。

解析：commence和start都是动词，表示"开始"，但前者比后者更为正式，因此，在法律英语中也总是被选用了在有限的条款中完整、明确地体现商贸各方的权利和义务，商贸合同中常常使用长句。

## （三）句法的严谨性

商贸英语注意行文严谨。由于它的目的是规定商贸双方的权利和义务，所表达的内容必须完整、明确、肯定。从句法层面上讲，书面商贸英语以陈述句为主，几乎不用疑问句、省略句。在商贸合同中还较多地使用被动句和长句。

被动句突出动作的承受者，对有关事物做客观描述、规定。使用被动句体现了商贸英语的严谨性。在翻译时一般将英语的被动句转换成汉语的主动句。例如：

The date of the receipt issued by transportation department concerned shall be regarded as the date of delivery of the goods.

译文：由承运的运输机构所开具的收据日期即被视为交货日期。

为了在有限的条款中完整、明确地体现商贸各方的权利和义务，商贸合同中常常使用长句。长句的频繁使用无疑增加了商贸合同逻辑的严密和句子结构的严谨性，但也增加了理解和翻译的难度。翻译商贸合同中长句一般采用拆句法，然后根据中国人的思维方式调整各句之间的顺序。例如：

The prices stated are based on current freight rates, any increase or decrease in freight rates at time of shipment is to be the benefit of the buyer, with the seller assuming the payment of all transportation charges to the point or place of delivery.

译文：合同价格是以运行运费计算，装运时运费的增减均属买方。卖方则承担至交货地的全部运费。

例句从买方和卖方的利益和义务确定商品的价格计算，原文中以一个介词 with 来分界。在原文中 with 分句是一个状语，翻译时采用中国人平铺直叙的思维方式，用分述的方式把这个句子拆成两句，清楚地表达了原文的语言信息。

# 第三节 商务英语的语篇特征

随着信息时代的来临和科学技术的迅速发展，经济全球化的进程进一步加大，全球贸易迅速地发展开来。中国在改革开放之后，随着经济的不断发展和实力的不断增强，对外贸易量也在不断地加大。商务英语作为对外贸易中一个不可缺少的工具，越来越多地被应用到对外贸易的实际操作中。本节从宏观的角度对商务英语的语篇特征进行了简要分析，即从短语、语法、修辞和章法的结构对语篇进行纵向的分析。本节在结构上突破了相关语篇分析的传统模式，试图从实用语体的角度进行分析，而不是进行脱离实用语体的对文本的简单分析。

## 一、短语分析

商务英语作为一种比较特殊的文体，其结构必然有着不同于一般语体的特殊之处。商务英语更多地强调语言的实用性和礼貌性。这样的特点表现在短语层面就是更多地使用某些结构严谨而凝练的短语形式。通过观察，我们发现商务英语的语篇中比较倾向于大量使用介词短语、连词结构和非限定性动词短语这样的结构，其原因在于这样类型的结构可以比较准确而凝练地表达出所需要表达的内容。

### （一）动名词的使用

动名词的结构在英语中是一个使用频率比较高的结构，这样的结构往往能够比较好地表达出一定的修饰作用。并且，这样的短语形式作为状语或者是后置定语来使用，可以避免大量地使用修饰性的定语和状语。

### （二）动词不定式的使用

动词不定式是英语中使用频率比较高的一种表述手段。动词不定式能够作为很多种成分出现在语句当中，可以表达实现某种目标的意思。

### （三）分词的使用

英语中的分词有现在分词和过去分词两种形式，这两种形式作为一种状语和定语的替代形式，往往作为定语、状语、宾语补足语在文中起到具体的修饰作用。分词能够比较好地用简单的单词表达出比较复杂的意思。

## 二、语法特征分析

商务英语的信函中要考虑到简洁性和礼貌性原则，必须注意语篇的简洁、语义的明确、语气的礼貌、语体的正式等。这样的要求下，商务英语中往往需要借助一些语法手段来具体地实现相关的语篇要求。

### （一）陈述句委婉用法

陈述句是一种简单的没有语气的表述性质的语句。由于在贸易的交流中，双方的交换立场是平等的，所以在表达祈使的要求时往往不能够使用祈使句来表达相关的诉求，代之的就是用陈述句来表达自己的愿望和诉求。这样能够使对方有相对应的定夺的权利，并保持了委婉的用法和平等的地位。在交流的时候为了体现对对方的尊重，往往采取对方的立场来说话。在商务英语的信函交际中，大多是用第二人称来进行交际，很少使用第一人称来交际。使用第一人称的时候，往往使用被动语态来进行相关的表达。

### （二）书面语体的频繁使用

正式语体在英语中是区别于口语语体和非正式语体的。通过观察英语的日常会话用语可以发现，英语的日常会话语体是相当随意和口语化的。在商务英语的信函中，口语语体是不可以出现的。正式语体的层次比较多，句子比较长，分词、长句和不定式、独立主格结构会经常出现。因为这样的表达结构往往比较容易表达深层次的结构关系。复杂的逻辑结构关系在这些结构中往往可以保持相互的关联关系。而相比来讲，短句就无法实现这样的表达。这样的语体之所以适用于商务英语信函的表达，是因为商务英语所处理的事件或者是牵扯的事物是相互联系的，相互之间有很好的逻辑结构关系。

### （三）倒装句的使用

倒装句在英语中的功能就是保持句子的表述平衡。英语是一种比较喜欢将复杂内容放在后面的语言形式，这样的表达往往将比较简单的事情交代在前而将复杂的事物和逻辑交代在后，主语或者是谓语需要承担很多的表达内容。这样的情况下，倒装句能比较好地保持英语表达结构的需要而避免出现"头大身子小"的情况。在商务英语的信函中，倒装句的使用往往表达一种不确定的可能性。

## 三、章法结构分析

商务英语的章法结构是根据商务英语的逻辑关系来组建的。我们知道，商务英语信函是一种具有紧密的逻辑和强烈的目的性的语篇。所以，在商务英语的章法结构的表达中往往比较喜欢使用"起—承—转—合"的表达结构，就是我们在分析语篇结构时常见的"总—过度—分—总"结构。我们知道，商务英语的开头往往比较喜欢使用一个比较礼貌的用语来起到引言的作用。这样的开头是为了避免直入主题而显得语篇突兀。在平常的商务英语信函交际中，发信方往往首先提及双方共同知道的事物来起到带入主题的作用。例如："Thank you for your letter informing us of Mr.Green's visit during June 2–7."在开头过后，往往直入主题而不做隐晦的说明或者请求，以此来避免误解。

商务英语的信函是一种比较注重简洁凝练的语篇。所以，在叙述详情的时候就需要对时间、地点、人物、缘由等方面的事情加以说明，通过逻辑性比较强的说明将整个语句和所要叙述的事情连贯起来。在文章的结尾和开头中间，往往还要针对对方上次所做出的询问或者是要求进行应答。商务英语信函是一种以来往式的交流为基本功能的应用文体。这样的文体的真正功能在于相互应答和要求。所以，针对对方的询问、要求或者是应答，必须做出有内容、有逻辑的回复和进行新的提问或者应答。最后，在文章的结尾部分，往往会针对以上部分的内容进行总结说明。当然，这个部分最大的功能还是做一个礼貌性的表述。这个部分的内容必须与正文相结合，不然的话会显得牵强。在结尾往往喜欢使用很多种成套的话，比如："We look forward to hearing from you""Yours faithfully"。

## 四、修辞分析

在商务英语的信函中，针对不同的信函会有不同的语体结构，但是在信函的设计和书写中，往往都要遵守礼貌的原则。在日常的英语会话中，我们往往只有在正式场合或者是表达愿望和诉求的时候才会比较委婉和礼貌地进行表达。但是，在商务英语的信函中，每一个地方的措辞都要注意到礼貌的原则。在英语的使用中，往往比较喜欢使用虚拟语气来表达相关的观点、诉求、要求或者是劝告。同样，在商务英语的信函中也经常使用虚拟语气来表达相关的委婉的语气。比如："We would be so appreciated if you can show us the detail."通过前文的分析我们知道，在商务英语中要保持对对方的尊重，但是由于双方在地位上是平等的，所以在商务英语的写作中往往使用陈述句来完成祈使句的表达功能。这也是商务英语信函的修辞中一个很突出的特点。

## 五、目的感分析

Ellis&Johnson 认为，在商务会议、会谈、电话等语境中，语言运用的最重要的特点就是其强烈的目的感。人们使用语言是为了实现某一目的，其成功与否取决于交易、活动等的结果如何。商务英语的使用者运用语言的首要目的是在工作中取得更大的成就。由于商务中的竞争异常激烈，因而，对于他们来说，行为目标要高于为学习而学习的教育目标。除交际性语言外，商务工作者所用语言多为事务性的，即关于如何获得自己所需的东西，或如何说服别人同意自己所提议的行动计划。

## 六、礼仪感分析

从事国际商务工作的人员经常需要接触那些以前从未谋面，或了解甚少的人。由于他们工作非常忙碌，会谈往往很简短，因此，为了能使这些来自不同文化，说不同母语的人们彼此快速适应对方，有必要形成一套能够得到广泛接受的会谈方式。Ellis & Johnson 认为，商务人员的社交接触常常带有浓烈的礼仪感，在常规性交际中（如问候、自我介绍等），往往使用格式化语言。人们广泛接受的交际风格是既不失礼貌，又简短直接的（因为要考虑到节约时间的必要）。尽管在某些场合下需要做得更多一些（如午餐时为了使谈话得以继续，不至于冷场等），但交际性谈话的风格和内容应以既体现双方要求建立良好关系，又不想显得过分亲热的愿望为特色。

常见的问候语有 "Good morning" "Hi"，"Hello" "How do you do？" 等。黄国文认为，在一般情景中，"How do you do？" 用于初次相见，"Good morning" 可表示对对方的尊敬，"Hello" 属于中性词，既不失礼貌，又不刻板，而 "How do you do？" 则比较随便，可表示热情。

常见的结束语有 "See you later" 或 "See you（sometime later）" "Good bye" "Bye" "Bye-bye" 等。其中 "See you later" 或 "See you（sometime later）" 多为面对面的谈话结束时，或有见面约定时使用。其他结束语则既可用于面对面的谈话，又可用于非面对面的谈话。其中 "Good bye" 较为正式，"Bye" 较为随便，"Bye-bye" 最为随便。商务性交际比一般性交际具有更为浓烈的礼仪感，其交际性语言选用的原则与日常情景中大体相同。

## 七、清晰感分析

在商务信息的传递中，必须将被误解的危险降到最低限度；同时，处理信息的时间（对于双方都是如此）必须尽可能地短。因此，Ellis&Johnson认为，在商务信息的传递中，大量使用表示逻辑关系的词汇的（如as a result、for this reason、in order to 等），思路清晰、条理清楚的语言更为人们所青睐。同时，语言需要简洁。这在使用电话、电传、电报等手段进行信息传递时尤为重要。为了避免累赘，一些广为熟知的概念常以词串的形式出现，如cash with order、just in time of delivery 等。在表述这些概念的过程中，产生了一系列的商务术语以节约时间，如 primary industry、parent company 等。其中许多为首字母缩写词，如CIF、FOB等。

## 八、启发与运用

可见，商务英语与普通英语的区别绝非仅在于词汇和具体内容，而且还在于其独特的语篇特点。商务英语在语篇上的这些特点对其教学具有重要的指导意义，因此商务英语的教学必须突出这些特点。

在阅读课中，除进行常规的阅读理解练习外，还可以进行语篇上的分析，让学生从实例中了解其语篇特点，从而领略其写作风格，进而从更深层次上达到对文章的理解与欣赏。在写作课中，可以通过对多个学生的作文进行语篇特点分析、比较，然后以商务英语的语篇特点为对照，引导学生达到正确的语言取向，从而提高写作效果。在听力课上，可以通过对所听材料语篇特点的分析，引导学生认识商务英语中重要信息（新信息）、一般信息及冗余信息的出现和分布规律，从而在听的过程中对所接收到的信息做出合理的取舍，提高听力水平。在会话课上，同样可以通过对学生的会话进行话语分析，并与商务英语的语篇特点相对照，引导学生对自己的话语做出合理的调整，从而形成正确的商务英语会话风格。

由于时代的发展和交流的需要，国际化的接触已经慢慢地成为我们日常工作的一部分。商务英语信函的写作与处理成为一名外贸工作人员必须要学会的一门基本知识。本节从七个方面来分析商务英语的内在语篇结构，希望可以对商务英语信函的写作产生相关的启发作用。

通过上述分析，可见商务英语确实具有强烈的目的感、交际中的礼仪感、信息传递的清晰感这三大特点，而且这些特点对商务英语的教学具有重要的作用。但是，由于商务英语概念复杂，它涵盖了多种专门用途英语，如金融英语、广告英语、秘书英语、管理英语、外贸英语等，而本文仅以对外贸英语的分析为主，所以，并非所有的商务英语文体中都会体现出文中所分析的这些语篇特点。同时，由于商务英语与普通英语有交叉之处，所以，并非商务英语的这些特点在其他语体中就一定不会出现。另外，商务英语语言及语篇特点的研究，对商务英语的教、学、用乃至教材及大纲的编写，势必都会具有重要的指导意义。

# 第四节　商务英语的修辞特征

## 一、商务英语的词义修辞特征

商务英语中的修辞为实现选词恰当、精确，语言表达礼貌的语言效果起到了至关重要的作用，其词义修辞特征主要表现在以下四个方面。

### （一）暗喻

暗喻又称隐喻，是一种含蓄的比喻，本体和喻体同时出现，没有喻词。在商务英语中，暗喻是频繁使用的修辞手段之一。例如：

A woman express herself in many languages，Vimal is one of them.——Vimal Saree

译文：女人用多种语言表现自己，维姆就是其中之一。——维姆纱丽服

该例中，妇女服饰品牌 Vimal Saree 被比作 language，表达了这种服饰就像语言一样可以直观地传达出女性的魅力所在，潜意识下表明了该品牌的特殊之处。

### （二）双关

双关的修辞效果往往使得话语更加幽默，一语双关。商务英语中经常利用同音词、谐音词与一词多义的词来实现双关。例如：

The Self—Made woman.She's living better all the time.

译文：《自我》成就的女性，生活永远如此称心。

该例中,Self-Made 的使用实现了双关，因为其具有一词多义的特点。Self 既有"自我"的含义，同时还是一本妇女杂志的名称，故 Self—Made 暗示了阅读《自我》杂志的女性在生活上都是称心如意的，这就可以号召大量女性来阅读该杂志。

### （三）夸张

虽然夸张手法有言过其实的修辞效果，但基本上还是符合事物本质特征的。适当的夸张是为了增强效果、抒发感情，在事实的基础上做出放大或缩小某一特征的艺术手法。因此，夸张是商务英语中经常使用的修辞手段之一。例如：

They murdered us at the negotiating session.

译文：谈判时他们枪毙了我们的方案。

该例中，murdered us 即是夸张手法的运用，目的在于强调谈判失败的后果，使得表述更加生动有效。

### （四）借代

商务英语中常常用一个表示具体形象的词来表示一个事物、一种属性或一种概念，表现为将具体词语的词义做抽象化引申，引人联想，并起到修饰语言的作用。例如：

Viewing such problems with a humorous eye and avoiding the syndrome of taking yourself too seriously can make all the difference in keeping negotiations on track.

译文：如果用幽默的眼光来看待这些问题，让自己避免过分严肃，对谈判沿着既定的轨道前行具有十分重要的作用。

该例中，利用人体器官 eyes（眼睛）这一具体器官的形象引申出其所产生的行为——眼光，使句子在表述上形象、轻松，在很大程度上缓和了话题的过分严肃性。

## 二、商务英语的结构修辞特征

对商务英语结构具有重要修饰意义的手段有：倒装句、反复、排比、对比。下面就对这些修辞手段进行探讨。

### （一）倒装句

倒装是一种语法手段，用于表示一定句子结构的需要和强调某一句子成分的需要。商务英语中也常常通过改变语序、倒装句子来实现有所指、有所强调的交际意图。试比较下面一组句子。

（1）A sample of a similar cloth, of exactly the same color, which we have in stock, is enclosed.

（2）Enclosed is a sample of a similar cloth, of exactly the same color, which we have in stock.

译文：附上一块目前有现货的，颜色几乎一样的相似布料。

对于同一个句子，使用的英语句型却是完全不同的。

（1）句使用的是普通的、正常顺序的句子，因为主语很长且位于句首，给读者的感觉是头重脚轻。

（2）句通过倒装改变了句子中词语的顺序，读起来更加合理。

### （二）反复

商务英语中常用反复来强调所表达的内容，引起话语接受者的注意，其主要表现在以下三个方面。

### 1. 重复某个关键词

重复某个关键词（Repetition of a Key Word）能够帮助语言发出者建立主题思想，让语言接收者有意识或无意识地熟悉这个词带来的信息。例如：

She is a leader：a leader in the workplace, a leader in her church, and a leader in the community.

译文：她是领导：是工作上的领导，是教堂的领导，还是社区的领导。

该例中，通过对 leader 一词的重复实现了强调的目的，充分表达了其牢固的领导地位，从而将她的领导形象深深刻在人们心中。

### 2. 句首重复

一个单词或词组出现在连续几个句子、诗行或语段的开头，英语修辞中叫作句首重复（Anaphora）。例如：

Farewell to the mountains high covered with snow！

Farewell to the stratus and green valleys below！

Farewell to the forests and wild—hanging woods！

Farewell to the torrents and loud—pouring foods！

译文：再见了，积雪皑皑的高山！再见了，脚下的溪壑绿谷！再见了，森林和原始垂悬的树木！再见了，急流和奔腾轰鸣的洪水！

这里除了 Farewell to 在句首彼此重复外，每一行诗的句法结构也是对称的。不过，这种对称对于句首重复来说不是绝对需要的。

### 3. 结末重复

结末重复（Antistrophe）是指末尾段落连续使用重复的短语或句子。与句首重复一样，结末重复也是为了强调这些语句。例如：

Our stockholders will win.

Our employees will win.

And, best of all, our families will win.

译文：我们的股东将会获益；我们的员工将会获益；另外，最让人高兴的是，我们的家族将会获益。

该例中，对句末短语 will win 进行了重复，强调了人们获益的范围是非常广泛的，即表明了这次成功将使所有人都获得利益。

## （三）排比

排比（parallelism）就是把两个或两个以上结构相同或相似、意义相关或并重、语气一致的语言单位平行排列起来，形成一个连贯的整体的修辞手法。在商务英语中，排比也是一种常用的修辞格式。这种修辞结构使读者强烈感受到排比结构内部的关系，起到加强语气、强调重点的作用。例如：

If a man runs after money, he's money-mad; if he keeps it, he's a capitalist; if he spends it, he's a playboy; if he doesn't get it, he's a never-do-well; if he doesn't try to get it, he lacks ambition. If he gets it without working for it, he's a parasite; and if he accumulates it after a life time of hard work, people call him a fool who never got anything out of life.

译文：只追求钱的人是疯子；只攒钱的人是资本家；只花钱的人是花花公子；挣不到钱的人是小混混；不愿意挣钱的人是没有包袱的人；想不劳而获的人是寄生虫；一辈子只为挣钱的人则是傻子。

该例中，整个段落列出了七项有关 money 的种种行为，并通过这种排比结构讽刺了一些人、批评了一些人，在一定程度上加强了人们对于如何花钱这方面的正确认识。

## （四）对比

商务英语中经常使用对比的修辞手法使一句平衡对称的句子在意思上截然相反，形成强烈对比。例如：

There is a large group of active and innovative companies who devote themselves to increasing the productivity. While there always a large group of laggard and stereotyped companies who devote themselves to gnawing government subsidy.

译文：很多积极的、创新的企业都致力于提高生产力。然而还有很多落后的、守旧的企业致力于啃食政府补贴。

本句通过active and innovative和laggard and stereotyped，increasing the productivity和gnawing government subsidy 两组意象的对比，表达了两个方面的意思：一是赞美了前者的创新精神；二是批评了后者不思进取、腐败落后的企业作风。

# 三、商务英语的语篇修辞特征

## （一）圆周句

圆周句（periodical sentence），也称"掉尾句"，它是英语中末端中心（end focus or end

weight）原则的应用。圆周句的特点是主要信息或实质部分迟迟不出现，使之造成一种悬念，借以抓住读者的注意力，步步推进，直到句尾或接近句尾才能明了作者所要表达的真正意思，给读者以深刻的印象，从而使主要信息或实质部分得到强调。圆周句是作者有意安排的句子，句子结构比较严谨，多用于正式语体。当很多从句都把话语重点放在了句末，便形成了修辞学上所说的圆周句。圆周句在商务英语中的使用主要基于以下目的：

（1）有时是为了吸引对方注意。

（2）有时是为了加以强调。

（3）有时是为了减弱不利信息造成的影响。

下面来看一则实例。

Although profits are down，morale remains high.

译文：尽管利润下降了，但我们的道德水平依然很高。

该例中，通过使用 although 来引导让步状语从句，并以此说明后面的句子是语言表述的重点，故该句话是一个圆周句。其中 profits are down 这一不利消息以状语从句的形式被放在了前面，而话语中心则被放在了后半句上，因而整个句子就句子含义而言，在很大程度上减弱了不利消息对听话人的影响，强调了好的一面。

## （二）松散句

松散句（loose sentence）也是复合句，即主句在前，后面通常跟有几个从句：一些语言学家定义的右分支结构（right-branching structure）。松散句是一种组织松弛的句子。在效果上这种句子比较松弛，多用于谈话。句子的组织部分连绵不断，但结构松散，以至于你可以在句中的任何地方加一个句号，结构都是完整的。与圆周句不同，松散句通常将句子中心放在前半部分用以提出主旨。例如：

The Buyer may cancel its order through a telegram to the Seller，which is required to get to the latter prior to the beginning of any shipment.

译文：买方可以通过电报通知卖方取消订货，但此电报需在货物装运之前到达卖方。

该例中首先明了了话语的主题即"取消订单"，然后在后半句进行了说明，不是任何时候都可以取消订单，只有在货物装运之前将取消订货的电报传达给卖方时才可以。

# 第三章

# 商务英语教学的基本理论与现状分析

商务英语作为一种特殊用途英语，是一门实用性很强的专业英语。早在 20 世纪 90 年代初，很多院校就开设了商务英语课程甚至商务英语专业。随着中国加入 WTO，经济逐渐与世界经济接轨，对外贸易往来日益频繁，商务英语的重要性逐渐显现出来，这就需要我们培养更多优秀的商务英语专业人才。基于此，商务英语教学正面临新的机遇与挑战。本章对商务英语教学基本理论与现状进行了分析与总结。

## 第一节　商务英语教学的基本理论

### 一、商务英语教学的理论依据

#### （一）行为主义

行为主义教学理论是 20 世纪美国兴起的一种心理学思潮。行为主义教学理论最有代表性的人物是斯金纳（Skinner）。他认为人们读书或学习的行为主要建立在操作性条件作用学说和强化理论基础之上，他把这一过程定义为"刺激—反应—强化"的过程。在学习过程中，学习者接受了一定的学习信息，便会产生多种反应，在所有的反应中将与教学信息相关的反应进行强化，就完成了教学过程。

行为教学的目标是让学生对刺激做出正确的反应，并评估学习者的行为。行为主义的教学理论倾向于以教师为中心的教学模式，教学过程涉及教学操纵和结果操纵两个因素。

## （二）人本主义

人本主义教学理论是现代西方的一种重要的教育思潮，它和人本主义心理学相结合，阐述了一种以学生为中心，以发展学生自我潜能和价值为目标的人本主义教育观。主要代表人物有马斯洛（Maslow）等。

人本主义教学理论以"完整的人"的发展为最基本的价值取向。自我以及自我实现是该理论的核心概念，它体现为教育思想对人性的复归，对学习者情感因素的重视。

## （三）认知主义

认知主义学习理论是在与行为主义学习理论相抗衡的过程中发展起来的，该理论不再认为学习的过程只是刺激与反应之间的简单联结，而是认为在刺激与反应之间还有一个中介因素在起作用，这就是认知因素。该理论把学习看作一个有认知因素在其中起作用的过程。

认知主义的学习观认为人们的学习行为是受意识支配的，是人的主观智能有选择地接受刺激、获取刺激并对刺激进行解释的一系列活动。

## （四）建构主义

建构主义学习观是行为主义发展到认知主义以后的进一步发展，建构主义的思想根源是认知加工学说，强调知识是一种以总体已有的知识和经验为基础的主动建构观点。

### 1. 建构主义的学习观

（1）学习是学习者主动建构知识的过程

建构主义者认为知识是学习者主动建构的结果，强调学习者对知识的主动探索和发现。教师无法把知识"灌输"给学生，只能启发学生，为学生主动加工知识创造情境。在知识建构过程中，对信息的搜集、整理、加工、反馈和调整只有在学习者主动参与的时候才能达到最佳效果。

（2）学习是在情境中进行的

建构主义强调情境（社会文化背景）的重要性，认为它是学习者获取知识的一个必要条件，在情境中，学习者利用一定的学习材料，通过和其他人之间的相互协作和帮助而获得知识。在这一观念中，学习者原来的知识结构和经验范围、学习材料的可理解性、学习环境的真实性以及学习过程中学习者与他人的社会性协商互动被看成是完成知识构建的基本条件。

### 2. 建构主义的教学观

在建构主义者看来，教学应该具备以下四个基本要素：

（1）复杂的学习环境和真实任务

主要是指模拟现实生活中不良结构和自然状态的问题和学习情境，因为课堂学习的目的是为了帮助学习者获得解决课堂外问题的能力。而现实生活中的问题往往是一些不良结构问题，课堂内的基本训练如果只是一些分解的、简化的问题，学生到真实生活的时候只会束手无策。另外，心理学的实验也表明，复杂的问题有助于学习者认知水平的提高。

（2）社会协商

社会建构主义理论认为知识是通过个体之间的相互协商建构的。在教学中，学生要依赖与他人（包括教师和其他学生）合作共同完成知识的建构。这一过程，既是知识的获得过程，也是学生社会化的一个过程，学生在这个过程中要逐渐学会如何表达、论证自己的观点和怎样尊重不同观点，并从其他不同的观点中获得帮助和支持，发展自己的能力。

（3）主体间态度

因为认知发展是个体与社会、文化、他人相互作用的结果。在教学过程中，每个主体对共同发现和建立意义的态度都非常重要。

（4）内容的多重表征

指在教学过程中，向不同阶段、目标、时间的学生提供不同的类比、例子和比喻思考问题的方式，使学生的能力有一个不断向上提升的过程，从而完成知识由简单到复杂、由低级水平到高级水平的发展。这样，在建构主义教学理论的基础上，形成了"支架式教学""抛锚式教学""随机进入式教学"等教学模式和方法。其基本过程都是先确定学生的最近发展区，给出学生知识和能力发展的基本支持，然后向学生提供情境，并给予学生自主学习时间，通过合作学习和讨论帮助学生解决问题，最后进行效果评价。

## 二、商务英语教学的理论体系

### （一）商务英语教学理念

商务英语学科应以学生未来职业和发展的需要为出发点，以满足学生未来职业需求为目的，不仅体现语言教学的一般特征和要素，而且要体现专门用途英语的教学属性，体现商务英语技能教学特征。因此，商务英语教学既是一种普通英语教学，又是专门用途英语教学，更应该是一种商务英语技能教学，而整个学科教学中这三个方面不是相互独立，而是互为交叉与融通的。

第一，商务英语教学的组织与设计应将语言知识与国际商务知识有机融合。商务英语是英语语言与国际商务的结合，语言是根本，商务是背景。教学的设计与组织既要让学习者学习掌握英语语言知识和技能，又要能让学生学习国际商务知识，掌握国际商务技能。

在内容选择上，还要注意国际商务知识与英语语言知识相融合，寓商务知识学习于语言学习之中，学习者在学习语言的同时，也获得了国际商务知识。

第二，商务英语的教学组织与设计应注重理论与实践相结合。商务英语以培养学习者以英语为工具从事国际商务活动的能力和用英语解决国际商务的实际问题为终极目标，且具有较强的实践性。在确保学习者掌握语言知识和商务知识的理论基础上，教师应组织、设计大量实践和训练内容。教学方法的选择应以功能为导向，使学习者在获得英语语言交际能力的同时，获得国际商务知识与技能。教学中应特别注意把握好商务英语理论与实践的关系以及理论与实践的比例。

第三，商务英语教学应以学习者的未来岗位需求和学习者实际情况为导向。例如，商务英语教学方法选择与设计、教材的开发与利用等方面应以学习者的实际情况与目标需求为导向。商务英语教学的所有设计与选择都应遵循以学习者为中心的原则，同时这也是教师教学的出发点。教师应帮助学习者形成对商务英语学习的正确认知，帮助学习者对学习成绩正确归因，并对学习者在商务英语课程学习中的不可控因素因势利导。

第四，商务英语教学应遵循多维信息输入原则。随着现代科学技术的快速发展，现代社会正从以印刷文本为媒介转向以声音为媒介过渡。迅猛发展的信息技术为教育教学提供了良好的学习平台。网络不但提供大量的商务知识，还给学习者提供了大量真实的商务英语材料。因此，应充分考虑信息和网络技术与平台，提高学习者的语言输入，激活学习者的语言输出，最大限度地提高和增强学习者的学习兴趣、学习动机，充分发挥其学习的主体地位和主导作用，促进商务英语教学高效化。

第五，商务英语教学应与跨文化交际能力培养相结合。在国际商务活动中涉及许多跨文化因素，包括不同文化背景的人们的生活、习俗、信仰、价值观以及他们对日常事物的看法和情感，这些因素经常通过语言的方式体现出来。语言与文化密切相关，文化总是在语言的使用上打下深深的烙印。商务活动实质上就是跨文化、跨国的经济和商务往来和交流。因此，在商务英语教学中，还要特别注意将商务英语知识与技能的培养与跨文化意识、跨文化思维和跨文化能力结合起来。这样才能培养出熟练、得体运用英语进行商务活动的商务英语人才。

第六，商务英语教学应树立以职业素质培养为导向的理念。商务英语是一门应用型学科，以学习者获得未来职业能力为目的，以学习者能够从事国际商务活动为目标。因此，对未来的职业素质的培养至关重要。应选择或设计能够促进学习者提升职业素质与能力的教学内容和教学方法，将道德素质教育融入日常英语和商务知识教学中，融"做事教育"与"做人教育"为一体。

## （二）商务英语教学目标

### 1. 商务英语教学总目标

商务英语既然是专门用途英语（english for specific purposes，ESP）的一种，它就从属于英语。从本质上讲，它既是一种语言教学，更应该是一种技能教学。由于商务英语学习者的特殊性，其教学内容更倾向于语言功能和语言活动，强调语言的输出，重视语言交际能力的培养，其目的是使学生获得与其社会目的相关的终端行为能力。鉴于该课程的特征及社会对商务英语的实际需求，笔者认为对大学商务英语课程的目标可描述如下：商务英语课程作为英语专业（或经贸等相关专业）高年级的一门主干专业英语技能课程，旨在通过学习商务英语语言材料和商务专业知识，拓宽知识结构，强化商务英语技能；该课程不仅帮助学生掌握必要的商务英语知识和商务知识，更重要的是培养学生在各种商务环境下熟练运用英语知识与技能的能力。

就课程体系而言，商务英语可从横向和纵向两方面考虑。横向指依照行业确定课程门类，如国际贸易英语、管理英语、金融英语等，各专业可根据专业不同确定课程。纵向即依照语言技能确定课程的目标或要求。

### 2. 商务英语教学的三个层次目标

以上提出的目标为商务英语教学总目标，各专业可结合自己的专业特点和需求侧重本专业商务英语学习，确定三个不同的教学目标层次，三个层次由低到高按序排列，且高一级层次的要求包含低一级层次的要求。下面以侧重国际商贸的英语课程为例，具体描述三个层次目标，如表3-1所示。

表3-1 国际商贸英语课程的三个层次目标

| 目标层次 | 听 | 说 | 读 | 写 |
|---|---|---|---|---|
| 初 | 能听懂外商的一般商务洽谈 | 能用英语与外商进行一般的口头商务沟通和商务洽谈 | 能看懂外商的信函、业务单证和文件 | 能用英语撰写商务信函和一般的商务文书 |
| 中 | 能听懂本行业报道和研讨报告 | 能用英语讨论本行业专业问题和进行一般商务演讲 | 能看懂英语报刊的一般商务报道和文章 | 能用英语撰写本行业报告 |
| 高 | 能听懂英语国家广播和电视的经贸报道和有关节目 | 能用英语讨论经贸形势和问题 | 能看懂英语报刊的经贸报道、国外经贸法规等 | 能用英语撰写宏观经济形势报告、商务合同、协议等文件 |

以上各层次语言技能目标还可用定性和定量法加以描述，使其更具体、明确，更有助于观察和评估。这三个不同层次的要求是高校英语专业或经贸专业学生经过商务英语课程学习应达到的标准。其中初层次目标是每个学生都要达到的；中层次目标应视为教学基本定位，要求多数学生达到该目标；高层次目标是对那些较优秀的学生设定的。学校可根据

实际情况，确定教学目标，并创造条件，鼓励学生根据自己的学习情况，向高层次调整自己的学习目标。当然，高层次目标也是该课程今后力求达到的目标。

## （三）商务英语教学原则

### 1. 以学生为中心的原则

商务英语教学的对象具有如下几方面的特点：第一，学生的专业背景与知识结构呈现多元化；第二，学习者动机明确，积极性高，学习能力强；第三，学习者思维活跃，充满热情，富有创造性；第四，学习者具有一定英语语言基础及应用能力。总的来说，教学对象大多数具有自主学习者的特点，对自身学习风格和策略有很好了解，对学习任务采取积极态度，愿意冒险，既注意形式又注重内容。

因此，在商务英语教学实践中，教师应充分把握学生特点、了解学生需求，这是商务英语教学实施的前提条件。教师应在课程开始之初通过一定途径采集、分析学生的相关信息，从而使相关教学安排更具有针对性和有效性。比如，教师可在"介绍课（introductory class）"要求每位学生提交一份含 1~2 页 PPT 的英文版"学生简况（student profile）"，包括个人（如专业特长、自我评价）、家乡（如特色特产、知名企业）、课程（如动机、期望、建议）三方面的简要信息。通过对全班学生简况的分析，教师一方面能系统地把握其教学对象的特点与需求，另一方面还能初步了解学生的英语水平、意识能力等情况。此外，教师还可将全班学生简况汇编成一套 PPT 供随时查询或用于教学活动，这有利于增强教师对教学对象的了解和师生之间的良性互动。

### 2. 以需求分析为主的教学原则

需求分析（needs analysis）是 ESP 最基本、最重要的理论，它是 ESP 课程设置、大纲设计、教材编写与选择、教学设计及测试与评估的基础。其依据是 ESP 的目的性和针对性，其目的是教学满足学习者的动机和目的。在商务英语教学中，要准确把握具体课程需求，教师要分析的不仅仅是学习者的主观动机，还包括其现实的客观需要。

所有对于商务英语语言、学科、专业研究的落脚点最终归于商务英语教学，也就是说，任何具体商务英语课程的教学方法和模式的讨论，都应基于对商务英语本身的特点、学科体系理解、人才培养的层次与目标、社会人才需求、专业课程的设置、教学环境以及对学习者等诸多因素了解的基础上。举例而言，商务英语课程本身就具有多样性，既有为商务从业者提供的培训课程，也有针对学生开设的院校课程；既有本科商务英语课程，也有专科商务英语课程；既有针对商务英语专业学生的商务英语课程，也有针对非专业学生的商务英语选修课程，还有针对商科专业学生的商务英语课程；既有一般用途商务英语课程，也有专门用途商务英语课程（如金融英语、文秘英语等）；既有商务英语综合课程，也有商务英语阅读、听力、口语、写作和翻译课程。商务英语的教学内容、方法和教材的选择，还要考虑该班级课程设置，从而明确本课程的教学内容和重点，避免教学内容的重复和教学资源的浪费。可以说，每一个不同的商务课程，甚至是不同班级，其教学方法和教学模式都存在或显著或轻微的差别。商务英语教学的需求分析是一项系统工程，是保证商务英语教学效果的先决条件，是商务英语教学的起点。

### 3．应用原则

商务英语教学的基本宗旨应当是语言能力的训练。因此，教师在教学中要坚持应用原则，把打好语言基础、培养学生语言交际能力作为教学的出发点和落脚点。

语言交际必然涉及交际的有效性和交际效率，有效性寓于准确性，效率寓于流利程度。商务英语的重要特点之一是强调准确性。商贸方面的法律文书、合同、单证等必须语言规范、用词准确、措辞严谨，这对语言的要求非常高。从目前情况看，学生即便学完了两年大学基础英语或通过了大学英语四、六级考试，在笔头或口头表达中，基本语法、用词、标点等方面的错误仍比比皆是。这表明当前英语教学不是"重视准确性有余"，而是缺乏这方面的训练。这些平日养成的不良语言习惯，会给日后商务工作带来意想不到的损失。所以，加强语言基本功的训练在商务英语教学中仍十分必要。没有扎实的英语基础，商务英语的"枝叶"就不可能"茂盛"。在加强英语基础训练的同时，更应注重语言运用能力的培养，并把这一教学目标更加具体地落到实处，突出语言的实用性，使英语从单纯的语言教学中脱离出来，与商务融为一体，把教学内容与商务实际工作相结合，提高学生运用语言处理实际业务的能力。

# 第二节　商务英语教学的现状

## 一、课程设置不完善

当前，大部分院校对商务英语翻译课程的定位还不明确，对商务英语翻译教学具有一定的盲目性。大部分人错误地认为，商务英语翻译课就是教会学生了解翻译，掌握基本的翻译理论和翻译技巧。实质上，商务英语翻译的目的在于培养学生在商务情景下的英语笔译能力，以培养学生的翻译实践能力为核心，在大量实例训练中培养学生翻译商务文本的能力。大部分院校也同样存在课程设置不合理的现象：将商务英语翻译课程开设在了不同的学期，有的是在大二第二个学期，每周2课时，有的是在大三第一个学期，每周4课时，而且经常变动。之所以出现这种问题，主要是因为各大院校没有考虑到商务翻译课程前后连续的逻辑关系，不懂得翻译课程的理论知识和技能训练需要多少时间才科学、合理，进而最终导致教学计划混乱，直接影响教学效果。

不少院校商务英语专业课程设置是在原先英语专业的基础上修改的，英语专业类课程的比重较大，商务类课程的比重较小，课程设置出现了"强基础""轻职业"的倾向。学科专业课程和英语专业课程重复度高，如基础英语、英语听力、英语阅读、英语写作等，英语语言课程仍然在专业必修课中占据核心地位，专业选修课大多是英语专业课程，没有体现出商务英语专业的特色，即缺乏体现商务职业方面的课程。

培养学生的综合应用能力是培养商务英语专业人才的目标。因此，学校的课程设置也应以培养学生的综合应用能力为参照，合理设置课程。商务英语属于行业英语，英语只是其载体，其还涉及法律、营销、金融、跨文化交际等相关知识。这就要求学校在设置课程时，不仅要设置能够提高学生语言能力的课程，还要设置与专业知识、商务技能和交际技能相关的课程。只有这样才能培养出精通英语知识，具备从事商务活动所需的经贸、营销、法律、管理、金融、跨文化交际等相关专业知识的商务精英。

## 二、专业师资缺乏

虽然各大高校纷纷设立了商务英语专业，但从事教学的教师却并不全都是科班出身。多数教师仍是英语专业语言教师，这类教师具有扎实的语言基础知识，但缺乏丰富系统的商务知识，甚至还很少接受相关的专业培训。在授课过程中采取的是一般英语教学方法，即注重语言知识，对于真实的商务工作环境很不了解，在涉及比较专业的商务问题时，教师自身都觉得很茫然，也就无法给学生解惑，更无法传授商业技能了。

有些教师虽是科班出身，具备系统的商务知识，但他们的语言能力普遍欠缺。传授商务英语不同于普通英语专业，不仅需要教师具有扎实的语言能力，还需要其兼备商务知识以及法律、营销、管理、金融等知识。在这种状况下，商务英语教学急需大批合格且具有相关商务知识和语言能力的复合型教师，只有建立起这样一支复合型教师队伍，高校才能培养出优秀的、适合社会需要的复合型商务人才。

## 三、实践实训基地不完备

商务英语专业是一门实践性很强的专业，仅仅通过课堂教育是远远达不到培养要求的，必须经过实践实训，才可能培养出合格人才。目前，很多高校的商务英语专业并不具备实践实训基地，特别是经济不发达地区的地方性高校，由于受到当地环境的限制，很难找到实践基地，这严重制约了该专业的发展。

学生商务英语翻译能力的提高需要进行大量的实践练习，所以课程计划中的实践环节不可缺少，而实训课的有效开展需要配套相应的软硬件资源。目前，商务英语翻译实训课程的软硬件资源普遍欠缺。譬如，缺乏真实商务环境下的翻译实训资料，如实训大纲、实训光盘、可辅助教学的翻译实训软件；没有供学生在课后进行相关拓展的资源；有些高校还缺乏校内外实训环境等。

## 四、缺乏实践类课程教材

目前，商务英语专业实践类教材极度缺乏，而实践内容具有很强的针对性和实用性，需要合适的实践类教材的指引，否则，学生的实践活动将很难开展。

真正适合学生使用的商务英语优秀教材很少。有些教材盲目摘抄外国商务报刊资料，展示专业词汇，却忽视了商务流程和具体操作知识；有些教材与实际运用严重脱节，使学生感觉枯燥，提不起学习兴趣；更有些教师十几年上同一门课，却一直使用同一套教材，反复讲授同样的内容，老生常谈、墨守成规的做法早已为学生所诟病。

此外，当前的商务英语教材并没有展示出各校的特点，大多数高校并没有根据实际情况推出自己的特色教材，以至于教材出现了千篇一律的问题，而商务英语强调实训，培养的是学生的实际应用能力。因此，各大高校应从市场、高校情况出发，研发符合市场需求与学生需求的教材。

## 五、教学模式单一

大多数教师在教授商务英语时，仍然采用传统的讲课法，将商务英语教学等同于英语教学，教学程序与英语精读一模一样：即讲解单词——分析课文——做课后练习。而学生的任务则是听课和做笔记。这种教学模式完全忽视了教与学的双向互动性，更无法体现出商务英语教学应该具有的实践模拟特点。在这种教学环境中，学生无法通过实践真正提升商务英语能力，因而在就业时，也就难以达到企业希望找到的专业熟练人才的标准。

大多数商务教师以传授专业英语知识为主，然后附带讲解一些经贸知识。而现在市场所需要的商务精英不仅要精通英语知识，还要求其具备从事商务活动所需的经贸、营销、法律、管理、金融、跨文化交际等相关的专业知识。只有具备了这些知识，其才能在处理商务活动时游刃有余。

在这种状况下，就需要教师改进目前的教学方法，采取英汉双语教学模式。采用英语教学可以提高学生的语言能力，也能使学生掌握相关的商务专业术语，汉语的辅助可以帮助学生更好地理解专业术语。在双语教学环境下，学生能够将专业知识和英语知识有机地融合到一起，熟练地用英语表达专业术语和专业内容，这样就提高了学生的应用能力。

# 第三节　商务英语教学的基本方法

## 一、任务型教学法

### （一）任务型教学法简介

任务型教学法是20世纪80年代由语言专家们在交际语言教学的基础上完善和提出的，其英文全称是 task-based language teaching，简称 TBL。任务型教学法以输入与互动假设（input and interaction hypothesis）为理论基础，教师在课堂上布置任务，学生执行任务的同时完成语言实践，经过互动与分析最终达到掌握语言的目的，完成语言习得过程。作为课堂教学活动，教师设计的这一"任务"必须使学生的学习活动具有清晰的目标并且是逐步渐进的连续体验活动，应兼具任务性和实践性，而不是以练习语法或词汇的运用为目的。

任务型教学法必须具有实践性和交际性，"任务"的设计要具有现实意义，内容和方式尽量做到真实，符合社会需求并能激发学生的兴趣和参与欲望。这样学生在完成任务的同时才能够快速掌握语言知识点并提高语言的运用能力。随着任务完成的增多，学生学习语言的过程也会不断地自主化。

### （二）任务型教学法的步骤

任务型教学法包括三个步骤。

①任务准备（pre-task）：教师根据主题分配任务。

②任务执行过程（task-cycle）：学生尽力运用所学语言知识完成分配的任务。

任务（task）——学生划分小组，互相协作，确保任务完成；

计划（planning）——学生以小组形式讨论如何向班级其他同学报告任务完成情况；

报告（reporting）——学生以小组形式向全班同学展示任务完成情况。

③语言聚焦（language focus）：学生进一步习得并巩固所用语言。

话语分析（analysis）——学生根据其他组同学任务执行情况的汇报，对其所用语言知识点进行分析总结；

语言操练（practice）——学生通过总结分析并在教师的指导下练习语言知识点。

## （三）任务教学法在商务英语教学中的应用

商务英语教学中任务教学法的采用，能够使学生在执行任务和完成任务的过程中学会如何分析和解决问题，如何运用现代科技和网络资源搜寻信息，并在此过程中培养交际能力，提高语言实际运用能力，并且小组划分的方式也有助于培养学生的团队合作精神。要想达到如此效果需要多方因素综合发挥作用。

### 1. 教师需要具备相关的商务知识和实践经验

教师如果缺乏对商务知识的理解，则其任务的设计和布置必定缺乏科学合理性，进而会影响教学的效果。所以教师除了在日常备课过程中，扩大自己的知识面，也要利用课余时间，积极参加公司实践，多收集实际的案例教导学生，这也符合任务真实性的原则。

### 2. 教师要改变教学模式，充分调动学生的课堂积极性

中国传统教学以演绎法为主，学生习惯了课堂上教师的一言堂行为。长期习惯于这种教学方法的学生课堂参与的主动性和积极性不高，这容易导致任务型教学法的课堂效果不佳。因此，教师必须注意带动学生的积极性，在布置任务时，要充分调动学生参与活动的积极性，采取划分小组、每个小组轮换负责人的方法，这样不仅能提高学生参与的积极性，还能锻炼其团队领导能力。教师设计好清晰的任务目标和下达明确的任务指令之后，还要规定好时间，让学生在规定时间内通过互相讨论、上网搜索等途径完成任务。

### 3. 学生必须掌握一定的商务背景知识

商务文化和经贸知识是人们从事商务交际活动必备的背景知识，其内容非常宽泛，包含市场营销、国际贸易、国际金融等多领域的知识。如果学生对基础的商务背景知识缺乏基本的了解，那么其在任务执行的过程中就会感到困难，其语言的运用和商务技能的提高也会大打折扣。所以，学习商务英语的同学在平时的学习过程中应当主动多阅读一些与商务知识相关的书籍，多参加一些商务实践活动，以不断加深自己对于商务知识的理解。

### 4. 教师要处理好同其他教学方法的关系

教师在运用任务型教学法的同时也要处理好该方法与其他教学法的关系。在培养复合

型人才的特殊性客观上要求商务英语教学应具有灵活性和多样性，这就给教师提出了更高的要求。教师在教学过程中可采用交际教学法、案例教学法及任务教学法，使不同的教学法互为补充，进而促进商务英语教学活动的开展。同时，仅靠短短的几节课培养学生的语言能力和商务技能是远远不够的。因此，教师需要用丰富的课外活动配合课堂教学，同时把课堂教学内容扩展到课外活动中，以形成课内外的互相补充、互相促进。这样就能全面提高学生在真实商务情境中运用语言解决问题的能力，也更有利于为社会输出更多高端的应用型复合商务英语人才。

## 二、交际教学法

### （一）交际教学法简介

交际教学法（communicative language teaching approach）又称功能—意念法（functional-notional approach）或语意——意念法（semantic-notional approach）。它是一种既培养学生语言能力又培养其交际能力的教学法，其理论主要来自社会语言学、心理语言学和乔姆斯基（chomsky）的转换生成语法。

交际教学法语言教学理论最突出的特点是重视对学生语言交际能力的培养。它克服了传统教学法重形式轻内容、重语言系统成分学习而轻语言实际应用等方面的局限性，真正体现了语言的交际作用。事实上，学习一门语言，最终目的就是交际，即用语言来传递、交流信息，表达思想感情。该理论的另一个特点是重视语言使用的恰当性。也就是说，学习语言不仅是学习语言系统成分的正确用法，还应学会语言的使用场合，即在不同场景下如何恰当、准确使用语言。换言之，学习语言除了要学习语言规则，即语音、语法、词汇的各种规则外，还应掌握其语用规则、各种文化词汇等。

该理论体现了现代社会对外语教学的目标要求。交际教学法是 20 世纪 70 年代在欧洲兴起的外语教学法，这一语言教学理论的确立，从不同侧面反映了随着社会经济、科技和文化的发展以及各国交往的日趋频繁，社会对具有交际能力的外语人才的不断需求。

### （二）交际教学法的特点

第一，交际教学法从社会和文化的角度来研究语言，主张语言的使用是为了实现某种目的或功能。强调语言教学的目的不仅是要教会学生语法规则，更重要的是要让学生了解语言使用方面的规则，或者说培养学生运用所学语言进行交际的能力。

第二，交际教学法从社会符号的角度研究语言。在韩礼德的系统功能语言学中，语言被视作在社交活动中实现不同功能的工具。在韩礼德的眼中，语言学习就是一个学习如何准确、有效表达自己想法的过程。

第三，交际教学法强调语言在社会文化背景中的使用，认为语篇是进行交际的基本语言单位。这就要求在外语教学中，教师应该传授并要求学生不断练习使用各种交际模式、谈话中进行互动的方式以及写作中使用的策略。

由上述特点可见，教师不仅要提供学生各种语言学习材料，而且要告诉他们各种语言要素是如何使用的，在什么情况下使用是恰当的。要让学生既明白语言的用法，又了解如何使用。就沟通而言，交际教学法较传统教学法更科学、有效。

## （三）交际教学法在商务英语教学中的应用

外语教学是一项艰难的任务，其主要目的是培养出的人才能够在不同的文化背景和生活习俗条件下进行熟练的正确沟通交际。这也是外语教学的总体指导思想，商务英语更是以这一宗旨进行教学，甚至从某方面说，商务英语对于人才在实践当中的交际能力所需更高。交际教学法理论是在当今社会对交际人才需求不断增加、要求不断提高的背景下产生并发展的。因此，笔者有理由认为交际教学法可以在商务英语教学中作为主流教学方式和指导思想存在。

### 1. 根据交际法的基本教学原理，以"两步走"的策略开展教学活动

商务英语最大的特点就是将语言技能授课和商务方面的专业知识结合起来。这就需要教师在第一步就为学生打好语言基础，全面加强学生的听说读写译能力。因为良好的语言技能是进行操作的基础。与此同时，教师还应该注重对学生在商务知识方面的讲授，除了课堂授课之外，还可以在课下为学生播放一些商务知识方面的视频，以加深学生对知识的理解。

因此，商务英语授课需要分两步走，这两步有一个先后顺序，语言知识在前，商务知识在后。在进行第一步的时候要以教师为中心，该部分以教师知识讲授为主，教师主要讲解语言知识；第二部分要以学生为主，开展该部分教学的最好方式是对学生进行分组，然后让其进行情景模拟对话。在实践当中不仅能使其对语言技能加以运用和巩固，同时最重要的是，其语言应用能力也得到了实际训练。一般来说，可以采用商务模拟谈判、案例分析、辩论赛等形式进行训练。

商务英语具有很强的实际应用性和操作性。因此，试验模拟演练是商务英语教学中一个非常重要的环节，无论是课上还是课外，学生都可以相互之间进行模拟演练，在实际中寻找感觉，这样其就能将所学知识点真正运用到商务实践中。需要注意的一点是，教师可以在第二阶段利用一些辅助手段构建浓厚的商务氛围，诸如组织小组实践课程比赛、鼓励学生参与实际商务谈判模拟活动等，这些方式都能取得不错的教学效果。

这两步是一前一后的时间过程，同时，到了教学的后期，又是相辅相成的关系：学生通过所学语言技能进行实践交际操作，同时在实践交际中又可以不断提高自己的语言应用能力。因此，较高的语言技能是进行第二步商务社交的重要且必要的基础，而第二步的商务社交是第一步最终的目的。进行"两步走"授课方式也充分体现了循序渐进、从理论到实际的教学模式。

**2. 根据交际教学法的客观要求，对商务专业知识和商务英语语言特征的分析加以重视**

交际法是一种既对学生的语言技能有所提升，同时又对学生的交际能力加以培训的教学法。学生对语言自身语法的学习、词汇的掌握、句型的判断等都可以为其今后的语言交际奠定坚实的基础。因此，在进行语言技能授课时，教师需要对这些基础语言知识进行系统的讲解。商务英语课程大都是在高年级开设，这一阶段的学生已经有足够的词汇量，也掌握了一般常见的语法，这些都为交际教学打下了良好的基础。所以在这个阶段，教师不需要对一些基础语法和词汇做深入的讲解。而一些低年级的学生词汇量还不够，且对语法的掌握不熟悉，对商务常识了解甚少，对于一些基本的概念和具体的操作环节等都不够了解，尤其是很难理解一些较为生硬的专业术语和词汇。因此，教师应该根据不同的基础情况进行针对性讲解，诸如一些具体的操作流程、概念性词语、专业术语等进行详细重点讲解。在进行国际贸易讲解时，教师最好对一些常用的内容进行系统性、详细的讲解，诸如运输、保险、支付、索赔、合同、仲裁、不可抗力、包装等内容，不过，这些具体的内容最终都要体现在一份国际货物的销售交易合同内，这样，学生就能从整体上掌握商务英语知识。

除此之外，商务英语还有其他一些较为显著的特征。比如在用词的规范性上，句子结构是否严谨上，还有缩略词、套语、法律问题等内容上。这些也都是商务英语学习当中的难点和重点，也是商务英语区别于其他英语学习的不同所在。因此，教师需要多下功夫，授课要仔细、精细，善于抓住难点与重点。

**3. 根据交际教学法的内在要求，着力通过多种教学方式，强化学生的语言技能和商务技能**

一些老旧的教学方式，只注重对语言系统成分的教学，对于语言后期在实际中的使用却比较忽视。而交际教学法不但针对语言系统的学习，同时还紧抓后期语言的实际运用，重视培养学生的实际社交能力。

交际能力是进行商务英语教学的首要目标，是教师进行教学的根本目的。教师要运用多种形式进行授课，开展丰富多彩的课堂、课外活动，从而使学生可以在实际的交流中不断巩固所学和提高自己的语言运用能力。教师还要组织学生进行实际情景模拟演练比赛、语言技能比赛等，以激发学生学习商务英语的积极性和热情。在这一方面，可以从以下三个方面着手：

（1）课堂辩论

教师可以针对当天所学的内容和词汇编写案例，将所学词汇和语法句型进行巧妙的糅合，设计出一篇情景文章，比如将一些商贸当中的词汇，如交货时间、地点、货物运输所采用的方式、合同和保险等进行统一整理，让学生就这些词汇的含义、具体用法等在课堂上进行辩论。

（2）模拟洽谈

模拟洽谈是最能调动学生积极性，也是最有效的学习方式。在很多的语言学习中，模拟洽谈都是知识巩固和运用的一个不错的方式，而商务英语因其自身的特殊性更适合采用情景模拟的方式。

教师对学生进行分组，在小组间设置外方代表和我方代表，此外，还有商务顾问、法律顾问、外交翻译等角色，这些不但能够使学生在情景模拟中对所学词汇加以运用，更能使其真实地体会到角色扮演所带来的乐趣，进而达到学和用相统一的目的。

（3）野外作业

如果在条件允许的情况下，教师可以带领学生到一些实地进行考察学习，比如与企业、海关、银行等各方面商洽，为学生提供实习的基地，并组织学生进行参观学习。通过亲身的体会，学生将会对商务英语学习有新的感受，也能更激发其学习商务英语的欲望。

## 三、项目教学法

### （一）项目教学法简介

项目教学法就是在任课教师的指引下，学生团队根据需要收集相关的信息，设计好适合实施该项目的方案，并对所设计的方案进行有效的实训与实施，从而最终达到完成该项目任务的一种教学模式。在该项目教学法的运用过程中，教师作为原来的传授者和灌输者，其身份被改变了，其变成了帮助者和促进者。

### （二）项目教学法的优势

项目教学法与传统教学法相比有着较大的差别。传统教学法通常以教师为中心，教学内容主要围绕语言技能和教科书，学生被动摄入教师传递的知识，学习兴趣受到影响，而项目教学法则具有以下优势：

（1）便于在学生中开展研究性的合作学习

学生可在信息社会提供的多种学习资源的帮助下，在项目的驱动下，应用所学习的知识，通过小组讨论、交流分享群体思维和智慧，从而共同完成意义建构。

（2）可以满足不同层次学习者的学习需求，便于开展个性化、差异化学习

项目能将某一教学任务的理论知识和实践技能结合在一起，在项目完成过程中，学生有独立进行工作的机会，也可在一定的时间范围内自行组织、安排自己的学习行为，并可通过多种途径克服困难和解决问题。

（3）便于多种知识资源的整合，增强教学效果

项目教学强调知识信息资源的多元化，对知识信息不断进行新的加工、组合和整理，从而在一定程度上增强了教学效果。

（4）更好地培养学生的自主学习能力和创新能力

项目学习法不仅强调的是已有知识、技能的应用，还要求学生运用新学习的知识、技能解决过去从未遇到过的实际问题。

（5）有利于教师的成长和进步

教师负责项目的设计和安排，直接指导和参与学生的讨论，这一过程有利于教师的发展。

## （三）项目教学法在商务英语教学中的应用

### 1. 项目教学法在商务英语教学中表现出的特点

商务英语项目教学就是针对商务英语语言教学，使学生和他们将来的职业建立关系，给其任务，使其完成一些有职业价值的项目的教学。总结归纳部分学者的观点，项目型教学法在商务英语教学中表现出的特点主要有以下几点：

（1）实践性

项目的主题与真实世界密切联系，这使得学生的商务英语学习更加具有针对性和实用性。

（2）自主性

提供给学生根据自己的兴趣选择内容和展示形式的决策机会，使学生能够自主、自由地进行商务英语学习，从而有效地促进其创造能力的发展。

（3）发展性

长期项目与阶段项目相结合，加深了学生对商务英语的认知，从长远来看，有利于其更好地学习商务英语。

（4）开放性

学生围绕主题所使用的探索方法，教学评价的多样性和选择性，这些都在表明项目型教学法在商务英语教学中所表现出的开放性特点。

综上所述，商务英语教学程度落脚点还是语言的学习，通过项目的形式，在商务英语的学习过程中，学生的自主学习能力、社会交际能力、肢体语言和话语能力等都得到了很好的发展，这些也都是语言阶段性发展的重要标志。项目教学法是一种教育理念，可以细化为行之有效的教学策略和应用较为普遍的教学方法。商务英语引入项目教学法不仅将商务英语理论与实践结合了起来，而且它还关注学生在项目中每一步的成长。

**2．项目教学法应遵循的原则**

（1）教师主导项目的选择工作，但应充分听取学生的意见。所选项目应符合学生的兴趣、教学大纲的要求和社会需求。

（2）教师在项目教学中应成为指导者和参与者，随时向学生提供必要的帮助，使其更有自信。

（3）学生应充分发挥其主观能动性，在项目组中互相合作、相互帮助、共同成长。

（4）每个学生都是项目组成员，不能以水平低为借口而把任务推给其他组员。学生应勇于探索，勤于互动。

**3．商务英语课程项目化教学实施阶段**

（1）阶段 1：形成项目主题

这个阶段主要由教师团队完成，可以细分为项目的产生和项目的分析两个阶段。项目的产生可以由工作中的任务委托引发，或者由内部的一个或几个人自己提出一个项目构想或项目创意。进而在一个事先约定的范围内对项目创意进行创意分析，按一定的规则或条件，对提出的任务进行结构化处理，提出问题并确定项目结果的教学价值，形成一个项目的大致框架草案。这个阶段的目标是发现一个项目主题、一个问题任务。

（2）阶段 2：分配工作任务

学生组成工作团队进行项目计划，工作团队根据已经确定的项目目标以及相关条件，有计划地设计未来的工作。

（3）阶段 3：执行项目

在本阶段中，项目在具体做的层面上执行项目。学生明确任务后，分组进行调查、分析、讨论，提出执行任务方案，制订行动计划，项目团队以个人、小组或全体的形式自主工作。在实施过程中，学生在教师和团队协助下处理在项目过程中出现的困难和问题，最后对呈现的项目结果以恰当的形式进行展示，并准备回答老师及同学的现场提问。

（4）阶段4：评价和总结项目

任务结束后，由小组互评、组内成员自评后，教师对整个任务执行过程进行点评。教师要求各组学生在项目任务结束后再次修改课前准备的关于本项目的材料，并且提交该专题详细的书面材料，以便教师进一步了解学生是否已经达到了该项目所要求达到的教学目标。

# 第四节　商务英语教学的发展趋势

## 一、改革课程体系

课程体系对教学总体目标和整体效果的实现有着重要作用，它直接影响到学生的知识结构、能力和素质。我国商务英语教学在课程设计上开始出现多样化的趋势，但总体力度不够大，覆盖面不够广，发展不够均匀，因此，我们要进一步改革课程体系，具体做到以下几点：

### （一）明确商务英语培养目标

培养目标是课程设置的主要依据。在世界经济全球一体化这一新的时代，重新审视商务英语的培养目标，并据此重新整合和优化现行的课程设置，是达到预期目标的必然要求。培养国际通用性的商务英语人才，作为我国商务英语人才培养目标，已经达成共识，并日益受到重视。要使国际通用型商务英语人才在知识、能力、素质各个方面达到新世纪的要求，课程结构应与这类人才应具备的素质结构相适应、相匹配。

### （二）开设多层次、多样化的课程

现代科学发展的基本趋势是各个学科之间相互交叉、相互渗透和综合，商务英语学科正反映了这一特点。在商务英语课程设置中体现多层次、多样化的特点，有助于学生获得相关学科和交叉学科的知识，扩大视野，从不同层面获取广泛信息，培养学生全球性的眼光。

为了满足社会对不同层次商务英语人才的需求，职业院校、专科院校、本科院校乃至重点本科院校都可开设这一课程。课程设置上不再局限于单纯的提高英语运用能力或是教授商务专业知识，而是从语言技能、商务知识、人文素质这三个方面着手，结合各个特殊领域所需的专业知识来开设课程，以培养市场需要的复合型人才。

除设置必修课外，我们还可以采用选修课的方式，让学生涉足现代管理、经济、金融、法律方面的知识；聘请从事商务英语方面的成功人士，采用讲座的方式，帮助学生及时了解和掌握我国外贸政策、金融改革方面的内容。

### （三）注重培养学生交际能力和思维能力

商务英语属于应用类学科，教学效果的好坏直接关系到学生今后在社会上的生存与发展。市场需要的商务英语人才不仅是复合型人才，而且是应用型人才。因此能力的培养成为人才培养的重中之重。在课程体系的改革中，高校要时刻以是否能培养学生的能力为标准，其中尤以交际能力和思维能力为重。

商务英语从业人员从事的是与人打交道的工作，交际能力的重要性不言而喻。良好的人际沟通能力、交流能力能让学生在将来的工作中轻松地崭露头角，并成功地建立商务业务关系，增加其自信心；而培养学生独立解决问题的思维能力，能使学生将来适应各种不同的商务环境，具备与国际同行共事和竞争的能力。

现行的课程体系需要进行补充和整合，如用综合技能训练的"商务英语"来取代单项技能训练的听、说、读、写课程。这样既能培养学生扎实的语言功底，又可以训练他们在商务环境下运用英语的能力。还要开设高级商务英文写作、商务英语报刊选读、翻译和跨文化交际技巧等课程以及相关学科的选修课程，这些课程有利于扩大学生知识面，开阔其眼界。

## 二、改进教学手段和方法

除了外语课程设置的滞后及其实用性的薄弱，传统的教学手段和方法也极大地制约了对学生能力的培养。高校需要进一步改革教学手段和方法，以满足教学需要。

### （一）运用多媒体设备，改革教学手段

运用现代化的教学设备来进行商务英语教学，充分利用投影仪、幻灯机、DVD、计算机、互联网等现代化多媒体手段，生动形象地呈现商务英语的情景，增加课堂的趣味性，从而增强教学效果，提高教学质量；及时补充给学生一些与经济发展相关的教学内容，让学生对这些内容进行有效的分析，这不仅可以加强学生听说读写方面的能力，还能培养其独立运用商务英语解决问题的能力。

此外，还可以利用互联网上的虚拟世界，以网络技术为平台，给学生提供网上学习、练习、答疑、讨论的机会，这样不仅能为学生提供一个完全真实的学习环境，而且也使商务英语教学不受时空的局限，这样学生就能时刻巩固其在课堂上所学的知识，全方位地接触英语语言与文化。

## （二）采用灵活多样的教学方法

传统的商务英语教学方法，如语法翻译法、听说法等，以教师为主体，教师讲授的时间占据了课堂时间的一大半，这虽然能让学生清楚地了解相关商务英语知识，不过由于学生是被动的学习，因此其进行语言操练的机会并不多，这就使"高输入、低输出"的语言实际运用能力低下这一现象在商务英语专业学生中十分普遍。这与商务英语培养"应用型"人才的要求是相悖的，也无法充分调动学生的学习积极性。

为了解决这一问题，高校需要采用灵活多样的教学方法。以学生为主、教师为辅的互动式教学法应该成为商务英语教学中的主要方法。从师生之间到学生之间的互动过程，从低年级的训练到高年级坚持语言与专业有机结合的过程，是学生的口语实践从"单向表达"向"双向表达"过渡的过程。从字、词、句的熟悉到商务活动各个环节的模拟实践，可以最大限度地培养学生的综合能力。

在商务英语教学中运用任务型教学法，可以更好地实现商务英语的教学效果。在完成任务的过程中，学习者始终处于一种积极的、主动的学习心理状态，这就促进了学习者自然的和有意义的语言应用，同时也可以为其营造语言习得和内化的支持环境。不过这一方法往往用在教师传授完必备的知识、学生在了解并熟悉了相关知识之后。比如在讲到商务信函的书写时，教师除了可以介绍信函的写作格式等内容之外，还可以设计几个商务情境，要求学生模拟商务环境，写信解决实际问题，如投诉、订购货物等；在课堂上采取分组或自愿的方式，大家一起讨论某几封信的内容，看是否能达到写信目的，以及如何改进等。

## 三、改善教学环境

### （一）改善教学硬件

对于商务英语教学中教辅手段落后、陈旧的问题，各高校应当予以重视，并加大改革力度，加大资源投入，否则商务英语教学将很难推进，也无法满足新时代以及市场对高素质人才的要求。如建立商务英语多媒体教室及阅览室，提供投影仪、幻灯机、DVD、计算机、互联网等现代化多媒体手段等。

### （二）加强教材建设

教材是达到教学目标的重要保证。高质量的教材在商务英语教学中的作用不可低估。

目前，我国书市上的商务英语教材虽有一些种类，但是与普通英语教材的种类比起来，相差了十万八千里，而且质量参差不齐。由外语教学与研究出版社出版的商务英语类丛书，由清华大学出版社、北京交通大学出版社联合出版的商务英语系列教材，均是反馈意见较好的教材，前者侧重于对商务技能的讲解和锻炼，后者补充介绍了商务背景专业知识。高校可以多引入这两种教材，同时，还需要根据自身情况进行特色教材的编写。

### （三）加强师资队伍建设

商务英语教师的能力和水平直接影响到学生的学习水平和兴趣，影响到复合型人才的培养。拓宽自己的知识面，加强跨专业、跨学科的学习是商务英语教师的当务之急。

高校需要对商务英语教师加强培训，可以采用研讨会或培训班的形式，邀请一些在经济管理及外贸、金融及营销方面的专家给商务英语教师讲授相关专业知识；或者联系一些企业，使其可以让教师利用业余时间或假期到企业中工作学习，这样就做到了校企共建、互利互惠，在企业学习之后的教师在教学过程中就能结合具体案例讲解理论知识，这可以使理论知识变得更加生动、形象；此外，加强专业课程教师和外语教师间的交流、互融和协调、配合，可考虑由专业教师和外语教师合作授课，共同完成商务英语教学的计划与组织工作。

## 四、学生实训教学科学化

实训教学不仅能巩固学生的英语和商务基础知识，还能够培养和提高学生从事商务环境工作的职业能力。

首先，以理论为主，配合实验教学，打好学生的商务英语专业理论基础，安排一定的实训教学活动和项目来增加学生的感性认识。

其次，加大实训教学的力度，让学生不断地通过实训教学，熟悉商务活动的主要环节，能够熟练运用商务英语专业知识。

最后，增加学生实训的实践性机会，高校需要积极争取与外贸公司、商务部门以及相关商务英语事务的机构合作，安排学生从事商务环境工作的上岗见习，让学生通过实习锻炼的机会提高实践能力。

# 第四章

# 商务英语人才需求现状和目标定位

## 第一节　我国商务英语人才需求与供给现状

当今世界正处于科学技术不断更迭、进步的时代，随之而来的是社会对人才需求的变化，这就要求人才培养目标和培养方式能够着眼于当前社会经济发展和市场需求情况。商务英语专业在人才培养方面还存在着传统人才培养方式遗留的缺点，比如注重语言技巧的训练，轻视综合素质的培养，英语语言与商务技能的割裂，实践能力培养欠缺等。因此，首先我们需要对当前社会对本专业人才的需求状况以及该专业人才在就业市场的就业状况进行较全面的了解，以便于商务英语专业制定相应的人才培养战略。

### 一、商务英语人才需求现状

当前，对商务英语人才需求最为迫切的应属国际商务活动领域。国际商务活动指以对外贸易为主，包括国际投资、许可业务、管理合同、承包生产、建设等一系列经济活动的总称，涉及面非常广泛，这些领域对于商务英语人才都有强劲的需求。

#### （一）对外商务活动发展壮大，对外商务环境逐渐复杂

改革开放多年以来，中国经济迅猛发展，对外贸易逐年持续增长。经济全球化意味着生产的全球化、贸易的全球化和金融的全球化。在经济全球化的进程中，我国坚持对外开放基本国策，在更大范围、更广领域、更高层次上参与国际经济技术合作和竞争。

在不断扩大外贸发展的同时，国际商务从业者要更多地把精力转移到外贸发展的质量和效益上，这是因为国际上的产业技术水平不断升级，消费者对产品更加挑剔，国际竞争

更加激烈。

首先，许多进口国特别是发达国家，针对进口产品的技术性指标提出了越来越苛刻的要求，内容涵盖能耗、环保、包装、儿童安全、农药残留、食品卫生等方面的标准。有些技术性指标要求之高，甚至连进口国本国企业也未必轻易能够达到，这些标准对于中国出口企业的难度可想而知，实际上，这些技术性指标已经成为针对进口产品的技术性贸易壁垒。除此之外，针对我国出口产品所进行的反倾销、反补贴、保障措施等具有很强针对性、隐蔽性、突然性的贸易救济措施，让企业猝不及防。技术性贸易壁垒和贸易救济行为虽然针对的是产品，但实际上却让出口企业面临更加复杂的经营环境，对企业管理者提出了更高的要求，应对复杂多变的经营环境已经成为外贸从业人员不可或缺的基本能力。

其次，竞争格局的变化对外贸经营管理人才提出了新要求。一方面，国内外贸企业原来依靠信息、资源甚至政策所获得的优势不断弱化，要想继续生存，只能依靠经营效率获得成本优势，依靠企业经营战略获得市场优势，依靠知识产权获得垄断优势等。另一方面，国际采购商大举进入中国，依托丰富的竞争经验、雄厚的资金实力以及良好的管理体制，与本土外贸企业开展直接竞争。中国改革开放以来，有外资背景的外贸企业在进出口总额中的份额迅速提高，目前已经达到70%，国企和本土民营经济的份额不足1/3。

另外，经济转型和产业升级也给外贸行业带来全新挑战。我国国际贸易长期偏重出口拉动的经济增长模式，现在正逐步向以国内需求拉动为主的增长方式转变。中国有着巨大的潜在消费市场，这个消费市场正在进行着各方面的巨变。进口业务无论从规模、品种还是经营方式上，都会发生大的变革。用于保障民生发展的资源型产品，例如粮食、矿产资源等以及用于改善百姓生活水平的进口消费品甚至奢侈品都会出现大幅增长。进口业务在风险控制、分销能力方面的要求和出口业务有着显著的差异，对于长期偏重出口创汇的外贸企业是机遇，更是挑战。

外贸行业的产业升级集中体现在对企业产业链的整合以及贸易投资一体化战略两个方面。贸易投资一体化是指当代国际贸易和国际直接投资之间高度融合、相互依赖、共生发展、合为一体的一种国际经济现象。这和产业链升级是密不可分的。激烈的竞争让进出口业务的平均利润率下降至不足1%，企业降低成本的空间几乎耗尽。在这个背景下，越来越多的企业沿着产品价值链进行业务整合。以农产品出口为例，外贸企业如果在生产、加工、物流、营销等各环节上做到一体化管理，就可以从整个链条中得到可观的利润。一些跨国公司甚至实现了从农场到餐桌的全产业链整合。实际上，控制产品的生产和销售已经成为一些大型跨国公司获得竞争优势的重要手段，进出口这一环节仅是其中的一个业务流程，在价值链上的贡献已经很有限。

## （二）社会对商务英语人才需求标准日益提高

对外贸易以及各种国际商务活动的发展现状对国际商务从业人员更具有挑战性。涉外企业和机构最需要的是商务语言应用能力强，熟悉对外经贸和商务岗位知识及技能，具有动手与动口能力和较强就业竞争力的商务英语人才。有学者对河北省 47 家涉外企业进行了调查，结果显示，对商务英语专业人才的技能要求排在前七位的是：较好的英语口语能力、扎实的专业知识水平、较强的文字处理能力、良好的团队合作与沟通能力、开拓能力、熟练操作计算机以及使用互联网的能力和较高的人文素养。

（1）较好的英语口语交际能力

这是从事国际商务工作的前提。大多数企业要求国际商务从业人员能独立承担中小型涉外活动的现场翻译工作，还能够独立进行对外商务谈判工作。伴随着中国经济 20 多年的迅猛发展和全球经济一体化大环境的影响，我国对外商业交往形式日趋多元化，当前的商务活动涵盖范围极广，包括金融、营销、管理、旅游、物流等许多方面，已不再局限于贸易领域。即使是贸易，也由原来的货物贸易扩展到服务贸易和知识产权贸易。因此，许多企业在招聘人才时会考察应聘者在多个商务领域的口语运用能力。

不仅如此，企业还要求从业人员具有较强的商务交际能力。商务活动是一个动态的过程，它要求从业人员能在不同的商务情景中灵活应变。可以说国际商务从业人员运用口语的过程，实际上就是分析商务问题、解决商务问题的过程，商务知识和外语口语能力的简单叠加已经不能满足企业对商务英语人才的需要，企业需要的是能够通过自己的主观能动性把知识学以致用的人才。

（2）扎实的专业知识水平

拥有过硬的专业技术知识对企业也是很重要的。升级中的中国对外商务领域需要具有较高专业素质的人员。涉外企业对人才的专业知识非常重视，要求从业人员不仅熟练掌握本专业的理论知识（以国际贸易知识为主），还要扩充知识面，了解相关专业知识，如相关商品知识、财务知识、企业生产、企业管理和跨文化知识等。

（3）较强的文字处理能力

扎实的英文功底，较高的专业外语文献资料阅读和翻译水平，熟练的翻译技巧，专业的商务写作能力，都是涉外企业对商务英语人才在文字处理能力方面的要求。商务英语具有自身的文体特征，是现代英语的一种功能变体，是国际商务工作者之间长期交际的结果。商务英语属于实用文体，针对的是商务领域的从业人员，无论是经济合同、商务文书的草拟，商业单证的填制，产品说明书的翻译，还是经济案例的申诉、冲裁与判决，都离不开商务英语的文字处理和应用。商务英语文字处理能力在未来的商务活动中将会显得越发重要。

（4）良好的团队合作与沟通能力

企业团队精神是指企业员工的思想意识、工作态度、工作动机和行为方面的良好表现。团结奋斗是企业团队精神的核心。团队精神有利于企业发展方向和目标的实现。员工会在团队精神的指引下，统一思想认识，自觉地将企业发展目标作为自己行为的定位仪，从而形成一股凝聚力量，这是企业完成各项工作任务的必要条件。团队精神的加强会使成员自觉地要求进步，力争与团队中最优秀的员工看齐，这种自觉性的竞争激励员工不断进步，并且使成员相互感染、相互熏陶、自我激励、严格自律，从而使团队的整体合力不断增强。

国际商务从业人员还需要良好的沟通能力。沟通就是了解、协商交流及通气。良好的沟通能够促进团队精神的培养，顺利完成企业制订的目标。从业人员不仅要重视本企业内部成员之间和部门之间的沟通，还要重视与合作伙伴，即与国际商务活动中的合作对象的沟通。涉外经济活动的对象来自世界上不同的国家与地区，而来自不同国家和民族的商务人员具有不同的文化价值观、行为准则、思维方式、态度和信仰等，这些差异很可能导致行为上的文化冲突，甚至导致生意上的失败。这也就意味着国际商务活动的跨文化交际本质。跨文化商务沟通能力可以帮助人们解决国际商务活动中文化差异所导致的沟通与管理方面的问题。

（5）开拓能力

当下，不少企业十分看重国际商务从业人员的市场开拓能力。这种能力是国际贸易的业务人员所具备的较高层次的能力。在知识激增、竞争加剧、科学技术日新月异的今天，开拓能力成为企业最青睐的能力。企业能否获取财务绩效，实现可持续成长，将取决于人才的开拓能力。开拓能力是在已有知识的基础上，加强已有技能、流程和结构，改善已有设计，提高已有产品和服务的性能并提升已有销售渠道的效率。企业把已有的知识或专长成功应用于新领域的经营活动，设计出新的产品或服务，满足了市场新的需求，开拓了产品或市场范围，增加了组织的收益。

开拓离不开创新，创新是一个组织为求生存及发展的活动总称，开拓可以使公司再创造新价值。创新行为的涵盖面是非常广泛的，涉及新思想、新发明的产生，新产品的设计，新的生产制程，新的行销策略和开发新市场等各种活动。

技术创新可以提高生产效率，降低生产成本；体制创新可以使企业的日常运作更有秩序，便于管理，同时也可以摆脱一些旧体制的弊端，如美国通用电气公司通过减少企业管理层次的设置避免了科层制带来的信息传递不畅通；思想创新对于企业的发展来说是非常重要的一个因素，领导者思想创新能够保障企业沿着正确的方向发展，员工思想创新可以增强企业的凝聚力，为企业带来更大的效益。故而企业对从业人员的创新意识也有着强烈的要求。企业员工创新能力来自较强的自主能力与学习能力，员工的自主能力与学习能力能为企业赋予更强的开拓精神，在复杂多变的经济环境中有效地开展经营活动和进行生产、服务创新。

（6）熟练操作计算机以及使用互联网的能力

信息化、网络化使得国际贸易经营管理方式发生了重大的变革。订单、发票、提货单、海关申报单、进出口许可证等日常往来的经济信息，按协议用国际标准化的文件通过网络进行传送，互联网上的广告代替了电视、杂志、报纸等日常新闻媒介中的一些宣传作用；微软公司开发的视频会议系统可直接在互联网上进行谈判、促销等活动；E-mail（电子邮件）和网络电话与以前的一些传统工具如传真、信函、国际长途相比，降低了成本和交易费用，节省了时间；一些电子商务网上银行系统在网络上实行电子付款，纸币流为无纸电子流所代替而引发的支付革命和货币革命是不可阻挡的发展趋势。

以计算机网络信息技术为核心的电子商务系统利用信息技术改造了传统贸易方式，缔结了一种现代化的贸易服务方式，为国际贸易提供了一种信息较为完全的市场环境，从而使市场机制能够更为充分有效地发挥作用。这种方式突破了传统贸易以单向物流为主的运作格局，实现了以物流为依据，以信息流为核心，以商流为主体的全新战略。物流企业能够在计算机网络上为进出口提供包括代理报关、商检、仓储运输等内容的物流作为整套服务体系的载体。网络商务平台不断向客户提供商贸信息咨询、市场分析、进口产品的保税展示和仓储、网上推销与广告宣传等服务，在世界各地建立代理销售网络，为制造商与贸易商创造商机，寻找买主，撮合并成交，而且提供成交后的出口服务。电子商务系统解除了传统贸易活动中的物质、时间、空间对交易双方的限制，促进了国际贸易的深化发展。

计算机和互联网的使用已经融入了各行各业中，这也是国际商务从业人员必不可少的技能之一。

（7）较高的人文素养

简单地说，人文素养包括文（文化与文学）、史、哲三大领域的知识。国际商务从业人员要在国际环境中成功地使用英语从事各种商务活动，其离不开人文素养和文化意识的培养。国际商务活动不仅需要英语语言技能和国际贸易知识，还需要财会、法律和文化等诸多人文性较强的学科领域知识。商务英语是上述学科内容的综合而不是全部内容的总和，它的任务是培养学生从事国际商务活动的能力。人文教育培养出的人文素质使从业人员能够利用自身丰富的专业知识和广博的文史哲知识灵活应对各种情况，能够迅速分析问题、解决问题，赢得客户的信赖与欢迎。例如，出口企业通过对客户所在国家消费习惯和消费偏好的了解可以帮助企业设计、生产出适合对方市场的产品，使自己的产品占据更多的市场份额。

健全人格、善思博识、自由精神和社会责任感也都是人文素养的内涵。这些内涵似乎不能快速"适应"市场的需求，为企业带来直接经济利益，但从长远角度来看，基于全人教育所带来的深厚底蕴，学习者未来发展会更具有潜力，会成为推动社会进步的卓越人才。许多企业也已经认识到了这种潜在的资源优势，对人才的人文素养表现出更多的关注。

### （三）学生自身对教育的需求标准提高

调查结果显示，学生选择商务英语作为自己的专业，是基于对这个适应社会需求的复合型专业的信任与憧憬。他们期待这个专业为他们带来良好的未来职业发展。他们对该专业的需求体现了教育服务这个产品的购买者对英语类专业教育的更高期待。

（1）看重专业的核心竞争力

商务英语专业的设置以及学科的发展是我国高校英语专业为了适应全球经济一体化背景下社会对人才国际化和复合化的要求而做出的新动作。人才是知识经济时代最宝贵的财富，而是否具有鲜明的特色与优势决定了人才在社会中的被接受度。许多准备进入高等院校接受高等教育的考生把所选专业的核心竞争力作为最重要的指标。

学生希望从商务英语专业的学习中获得复合的知识和技能结构，包括英语语言知识、沟通技能，经济、商务、金融、管理和商务等相关学科的理论和知识框架，接触不同的思维模式、研究方法和处理问题的方法，以及跨文化商务活动所需要的人文历史、商务礼仪、国别文化概况等提高自身整体人文素质的知识。他们希望通过商务英语专业的学习获得自身在未来就业市场中比英语语言文学专业毕业生更强的竞争力，同时他们也希望能够通过在校期间所接受的教育使自己获得更强的学习能力，保障未来的长远发展。

（2）期待较高的教师素质

商务英语发展30年的历史和现实以及社会与学生对该专业所提出的教育要求在不断地发生变化，由最初的通用英语＋商务知识到通用英语＋商务英语＋商务专业知识，再到如今一些院校四年一贯的商务英语教学＋全英文授课的商务专业知识。

学生对自己的要求不再仅是英语能力和商务知识的简单叠加，而是能够灵活运用英语语言，实现商务活动的目标，并能应对商务活动中出现的各种问题。教师的榜样作用非常重要。英语教师不再是单纯的语言教师，而是会用英语讲授包括商务知识、商务谈判、商务演讲、商务会议组织等商务技能的教师。学生期望的是双师型商务英语教育工作者。

## 二、商务英语人才供给现状

目前，我国的商务英语教学已经形成了相当大的规模。由于各大院校的办学条件、办学经验，学生生源质量的差异，众多的商务英语专业毕业生在社会上的认可度并不是很高。除了少数具备较高专业素质和综合素质的毕业生得到用人单位的认可外，大多数毕业生暴露了许多能力缺陷。在针对企业和往届商务英语毕业生所做的调查中反映了一些普遍存在的问题。

### （一）企业评价普遍不高

（1）口语表达能力和沟通能力不理想

有关企业对商务英语专业人才能力的需求调查显示，认可新录用商务英语专业员工英语读、写、译三项能力的企业占56.56%。有近半数以上企业对英语听说能力和实践能力表示不太满意或不满意，其中对英语听说能力持否定态度的比例为66.67%。用人单位反映最强烈的问题就是毕业生不能用英语流利地接听电话，进行商务洽谈、产品推广，并在国际会展活动中发挥企业宣传的作用。比如在产品展示技能方面，许多应聘学生不能使用专业英语进行产品介绍，使用英语表达自己的观点，采取适当的语言策略应对客户的提问与质疑。企业还希望毕业生除了能够使用流利的英语进行商务交流外，还能够借助身体语言这种非言语交流形式辅助自己与外商的沟通，在组织国际性会议时，能够运用英语完成会议的组织和主持，能够正确得体地表达自己的观点，得出结论，参与讨论，并与其他人进行合作。在商务谈判中，能够用英语与对方建立良好的人际关系、进行条件谈判、坚持观点或做出妥协，这些都是涉外企业所看重的语言能力。

（2）缺乏实践经验

在接受调查的外贸从业人员中，大多数具备外贸相关专业或外语专业背景知识。这些人知识掌握得中规中矩，但在实际商务谈判中缺乏对知识的灵活运用。以河北省某出口公司某药品原料的出口业务洽谈为例，该产品的原料质量较为理想，但因为总量较大，买方试图压低价格，迟迟不肯下定决心签订合同。中方公司的年轻业务员比较迫切地想达成交易，没有对国际市场的价格进行全面的了解，也未对国内同行业的产品做更详尽的了解，便自我压低价格快速达成交易，后又在支付条件上答应了对方提出的苛刻条件。最后发现，自己的供货质量上乘，却在价格上比同行业低了1%，在这一笔业务上就损失了50万元。实际的商务谈判中，业务人员面临的问题非常具体，如何选择适当的方案解决具体的问题，往往成为决定交易是否成功，是否能为企业带来利益的关键。

（3）缺乏大局观念，就业务谈业务

不少外贸从业人员对业务本身不乏独到见解，对行业竞争状况、发展势态都有较为深刻的理解，但普遍存在就业务谈业务的现象。例如，在谈到国外的技术性贸易壁垒以及贸易救济案件的时候，相当多的人意见集中在两个极端：一是把这理解为国外打压中国出口的手段；二是对这些现象不以为然，认为只要专注自己的业务就够了。至于说熟悉世贸组织规则，能够从政治经济大环境、法律和技术层面了解贸易救济案件（哪怕是相关产品的案件）的来龙去脉及问题关键的人少之又少。外贸企业经营环境和国内外政治经济形势变化密不可分。在技术性贸易壁垒方面，虽然不排除有针对发展中国家的歧视性规定，但大多数技术贸易壁垒在根本上体现了进口国对环境、卫生、健康的重视，大多数发展中国家的出口产品在这方面的确存在不足，这是客观事实。贸易救济案件的情形也是如此，虽然不难看到贸易保护主义的影子，但中国产品出口存在竞争无序、质量混乱、轻视知识产权等问题也是不争的事实。在当前的国际竞争中，产品适销已经是起码的条件，竞争者之间的差异逐渐缩小，那些重视大局，对国内外的政治、经济政策保持密切关注，积极研究国外政策环境，善于自我调整以适应国际竞争要求的企业，才能更好地适应市场，占领市场。

（4）缺乏市场开拓能力

接受调查的企业普遍反映，当前制约企业外贸业务发展的重要因素是从业人员缺乏对产品上下游市场的开拓能力。就出口业务而言，一方面，企业缺乏对供应商的管理技能是企业出口产品存在质量问题的重要原因；另一方面，对国外市场缺乏有效的进入方式，客户渠道狭窄，是出口企业在竞争中处于不利地位的重要原因。出口企业对从业人员的市场开拓能力抱有很大的期待。就进口业务而言，大部分从业人员缺乏对国内下游产品市场的开拓能力，甚至大多数外贸企业根本不具备在国内分销产品的稳定渠道。受传统的内外贸分离体制的影响，多数外贸企业不重视内销渠道建设，最多关注一下供应链管理。伴随着中国进口潜力的逐渐释放，进口业务将成为外贸业务领域的新机遇，拥有了善于开拓国内市场的人才，企业才能在新的竞争形势下取得竞争优势。

（5）缺少文化视野

在外贸从业人员队伍中，不熟悉外语、外国文化的人员已经不多，然而在实际业务操作中，却频频出现因为文化视野狭隘而导致的问题。由于中外文化差异，不同的国家在机构设置、政策法规要求方面也会呈现不小的差异。

以上列举的冲突归根结底是国别文化的冲突。学校教育介绍的西方文化往往只停留在表面，而从事对外经贸业务更重要的是熟悉文化现象背后的规则。例如，大多数人都知道美国是自由资本主义社会，但企业、政府、社会三者的关系在美国和在中国究竟有哪些区别？能说得清楚的就不多了。在美国，企业经营自由得到了充分保障，政府对企业的干预很少，但对企业的支持也很少。例如，很多在中国由政府承担的职责在美国是由大量的社会中介机构来承担的。面对这样的文化和体制差别，业务人员不能采用想当然的态度处理业务，只能本着互相理解的精神开展合作，强求对方遵循自己习惯的做法很可能造成合作困难。如果处理不当，一些看似不重要的细节往往会导致项目失败。

## （二）毕业生对工作经历评价不高

在市场经济条件下，基于高等教育服务理念，高等教育界普遍把学生看作高等教育服务市场的需求主体。也就是说，学生是我们高等教育这个产品的需求者，需求者的需求情况会对某个学科和专业的未来发展产生巨大影响。在对现有商务英语专业毕业生的调研中，我们发现，他们在目前的就业市场中的就业状况并不是非常理想，主要表现在以下三个方面：

（1）现实与期望差距较大

在对某市商务英语专业毕业生的调查中发现，多数商务英语专业毕业生对自身的就业状况并不是非常满意。首先是性别造成的就业障碍。商务英语专业学生的性别比例悬殊。据统计，女生人数一般占到学生总人数的80%以上，而且，从实际经验来看，大部分女生的专业成绩要优于男生。然而，企业对男生特别是成绩优秀的男生的需求度相对较高些，这就不可避免地导致企业需求与商务英语人才生源不匹配的问题出现，最终影响了商务英语专业毕业生的就业率。其次是过高的期望与现实需求的差异。80%～90%的毕业生期望在大中城市工作，这部分毕业生中期望进入外企、知名民营企业和国家企业事业单位的又占到80%，而能够进入理想涉外企业的毕业生也只占到20%左右。在中小城市、西部地区、乡镇企业以及大量的小微企业同样需要商务英语人才，而且中小城市的招聘单位在待遇、发展空间等方面也给毕业生以较大的吸引，但这些单位中能够招到满意的商务英语人才的企业却不到30%。

（2）能力与现实需求差距较大

高校举办商务英语专业的历史渊源决定了该专业与生俱来的不足。设置商务英语专业的绝大多数都是各高等院校的外国语学院，归属英语语言文学学科之下。商务英语教学中普遍存在着重语言、轻商务，重理论、轻实践的现象，致使商务英语专业毕业生能力与企业需求呈现巨大的差距。毕业生所学英语语言不能与商务知识有机结合，致使语言优势无法发挥，甚至完全丧失。而实践教学的缺乏，使得毕业生不能快速适应商务工作，顺利完成商务实战任务。50%的毕业生表示自己在商务环境中的英语语言能力达不到企业的要求，40%的毕业生认为自己不能够灵活处理在职场上遇到的突发问题。

（3）人才培养同质化与企业需求多样化产生矛盾

许多接受问卷调查的学生表示在就业过程中发现不同高校培养出的商务英语人才规格大同小异，大致都是英语能力+国际贸易相关知识的人才，自己在人才竞争中缺乏与众不同的优势。这种现象是目前高校人才培养同质化倾向造成的。高校人才培养规格的基本特征是"大一统"，倾向于理论型、研究型人才培养，致使学生只注重基础理论学习，忽视实践能力的训练。而且，专业素质区分度不高，缺乏特色。在现实世界里，企业的形态与经营范围是多元的，每个地方的企业都具有自己的特色，比如河北省承德地区的干果产品以及经济作物出口就是该地区的特色，而作为省会城市的石家庄在制药以及药品出口方面是非常有实力的。人才缺乏区分度，使得毕业生进入职场并适应职场的过程被延长了。这种同质化的商务英语人才培养现状不仅导致人才结构失衡，而且造成了高等教育资源的浪费。一部分毕业生发现，如果大学教育过程中考虑了地方经济特色，能够把商务英语知识的学习与能力训练与本地区经济联系起来，毕业生在求职以及工作中就会更加得心应手，充满信心。

# 第二节　商务英语人才培养的目标定位

## 一、人才培养目标定位的概念内涵

某个专业的人才培养定位是其所在高校人才培养定位的反映。从一般意义上来讲，高校定位反映了一所高校培养什么样的人才，怎样培养人才，人才的就业去向以及学校在教育系统中、在国家或地区经济社会发展中所处的位置。目前高等教育界关于高校定位的定义有多种不同的版本。高等学校定位是指学校根据时代、社会与高等教育发展的要求，在自身条件和水平的基础上制定该校中长时期的发展目标。按照里斯与特劳特定位理论的观点，高等学校定位的定义可以表述为高等学校如何实施差异化、凸显核心优势、创造第一、做到与众不同、实现类的独特性，在社会公众心目中占据一个独特的有利的位置。事实上，高校人才培养目标定位的理论也是适用于任何一个专业的人才培养定位。

## 二、商务英语专业人才培养目标定位的重要性

中国高等教育现已进入大众化阶段，成为全世界大学生在校人数最多的高等教育大国。高等教育市场化的概念也正在深入人心，大学必须要在竞争中把握生存和发展的主动权，并在发展中形成自身的特色和优势，这是高等院校的生存之本。尽管目前就业市场对商务英语人才呈现出旺盛的需求，但是对于任何一个特定的办学主体来说，如果人才培养目标定位不够恰当、缺乏特色，不仅影响人才培养效果和毕业生就业，还会影响专业的长远发展。对于商务英语专业的人才培养而言，明确人才培养目标定位是保证毕业生在就业市场拥有竞争力的基本要求，也是学科建设的必要条件，其积极意义体现在以下几个方面：

### （一）发掘自身优势，增强专业竞争力

高等教育市场化的进程使得人才培养必须与市场需求紧密结合。如果地方院校与重点院校在人才培养目标上没有差异，各个院校都追求同一个标准，那么实力偏弱的院校必然会在市场竞争中败下阵来。在高等教育市场中，通过不断地细分市场，每个高校会找到自己区别于其他院校的定位，同时也应该找到自己的特色。特色就是优势，只有凭借特色优势，才能在激烈的市场竞争中获得较好的发展。卡内维尔认为，新型的消费者型的学习者需要高质量的教育，便捷及时的反馈，个性化的产品和服务，这些营造了高等学校的新环境。而用人单位对人才的需求构成了另一种消费者群体。

面对双重的需求，双重的竞争环境，商务英语专业办学主体必须防止模仿跟风的办学方法，要积极发掘自己的优势，也就是自己院校所拥有的各种特色元素，努力培养，倾力打造，最终变成人才在市场中的竞争优势，在市场中找到自己的份额。有的院校所在城市是沿海发达经济区，拥有众多的涉外企业，本身与涉外企业有着一定的协作关系，学校就可以利用这些资源打造自己人才突出的实践能力，实践能力就成了该校的特色优势：有的院校在管理类学科上有着突出的教学和科研成就，完全可以凭借自己的专业优势打造国际商务管理能力突出的商务人才。在自己突出优势的基础上，办学主体可以在人才培养、科学研究、社会服务、专业设置、服务面向、生源、师资要求、校园文化建设等方面做出相应的规划设计和各种制度要求，从而强化自身的整体竞争力。

### （二）为改革办学模式确定方向

总的来看，许多院校的商务英语专业办学效果并不理想，培养出来的人才在社会上认可度低，其根本原因是人才培养工作受制于传统的办学模式。我国高校传统的人才培养

模式源于苏联的高等教育体系，学科专业设置强调专而精，培养规格整齐划一，犹如工业流水线。这样的培养模式满足了新中国成立后社会主义建设初期对各类专业技术人才的需求，为当时的经济建设、社会发展做出了贡献，在我国建设和发展的前期发挥了较好的作用。但随着改革开放和社会主义市场经济制度的建立，我国的发展现状要求高等教育培养出个性鲜明、知识基础宽厚、视野开阔、具有自主学习能力和社会适应能力的多样化、复合型人才，尤其是在我国提出了建设创新型国家的目标，要求高校更加重视学生创新精神和实践能力培养的背景之下，人才培养工作面临巨大的压力。

在这样的时代背景下，我国许多高校仍在沿袭传统的专业化培养模式。在实际教学工作中，多数院校仍然没有摆脱英语语言文学教学的旧模式，可谓"穿新鞋，走老路"。只有厘清培养类型，确定人才培养目标，才能够使全体教育工作者更新理念，更加重视学生的个性发展，通过个性化人才培养模式的构建，从根本上突破我国当前本科人才培养模式僵硬划一的困局，优化人才成长的制度机制和文化环境，通过在培养理念、专业设置、课程体系、教学制度、教学管理以及隐性课程等方面开展积极和富有成效的探索，促进学生的全面、协调和可持续发展，展现本专业的人才培养优势。

就目前我国高校办学状况而言，与人才培养目标种类划分相适应的本科教育模式可以形成至少三种设计思路：一是以提高综合素质为目标的通识教育模式，重视学生的心智训练和综合能力，强调培养各行业的领军人才；二是以形成专业素养为目标的专业教育模式；三是以适应就业为目标的应用本科教育模式。随着时代的发展和社会的进步，各行业对人才的需求标准越来越高，许多行业都提出需要既具备较高专业素养又要有深厚人文素养和应用能力的人才标准，目前，国际商务相关行业对商务英语人才的需求就呈现出这样高度综合性的特征。因此，商务英语专业在建构人才培养模式时，应该考虑这种高度综合性的人才目标需求，把上述三种人才培养模式加以融合，建构独具特色的人才培养模式，也就是要综合通识教育、专业教育和应用型教育各模式的特点进行综合设计。

对于这个存在时间仅只有不到 10 年的专业来说，设计出适合其人才培养目标的人才培养模式成了当务之急。可以确定的是，为了实现新时代的教学目标，主要任务就是与传统学术形态决裂，更好地适应环境。

人才培养目标决定培养模式。确定人才培养目标定位有利于高校处理好人才培养模式制定中的九对关系，有利于设计出科学合理的人才培养模式。这九对关系分别是：

（1）人才培养与市场需求的关系

商务英语应用性本科教育的着眼点是开放的区域经济与社会发展的需要。国际化是区域经济发展的一个重要内容。所以，国际商务人才要做到"立足地市，为地方服务为主"。

专业设置和培养目标的制定要依据详细的市场调查和论证，既要有针对性，使培养的人才符合需要；也要具有一定的前瞻性和持续性，避免随着市场变化频繁调整培养计划。

（2）学科与应用的关系

"学科"与"应用"是本科教育专业和课程体系建设的两个要素。在应用性教育为主的专业建设中，要以应用为导向。以应用为导向就是以社会经济发展为导向，以市场需求为导向，以就业需要为导向。学科建设以科学研究为主要内容，是专业建设的重要基础，起支撑作用，专业要依托学科进行建设。商务英语学科是新兴的交叉学科，它的人才培养更需要学科建设为其提供理论支撑。这种现实决定了商务英语学科的建设应该以应用研究为基础，为商务英语专业应用型人才培养探索适合的教学模式。

（3）分析与综合的关系

学术性教育强调学科教育，学科教育的特点是重视分析。学科作为科学的分类可以不断细分，形成不同等级的学科，分析性课程和教学是学术性教育的重要内容，也是科学研究和工程设计所需要的基本能力。但完成一项实际工作任务不仅需要一定的分析能力，可能更需要相应的知识、技能、组织、协调等各方面的综合性应用能力，因此，应用性教育在强调分析性教学的同时，往往更强调综合性教学。确定商务英语人才培养的目标有利于商务英语综合性课程的设置和教学体系设置工作。

（4）传授与学习的关系

本科教学的重要内容是知识传授，传统的讲授法是最便捷的知识传授方式，目前依然占据重要地位，但是在商务英语人才培养过程中，知识与实践的统一才算是完整的知识。在知识的传授中要强调采用"启发式"的教学法，引导学生思考问题、主动学习。同时商务英语本科教育主要强调对实际工作的适应性和创造性，强调在实际工作平台上的经验、技能、技术和知识的协调统一性，培养重点在于应用能力和建构能力的提升。能力的培养在于学生主动学习，不是被动地接受。因此，构建商务英语人才培养模式时要考虑制订有利于培养学生主动学习精神的方案。

（5）基础课程与专业课程的关系

商务英语专业与传统的英语语言文学专业课程的内部逻辑结构有巨大差别，所以他们的学科基础应该有所差别。许多院校在商务英语专业基础课的设置上仍然采用英语语言文学类的基础课，旨在奠定学生坚实的语言基础。但是，复合型人才培养的目标使得商务英语本科教育必须建构一组新的公共基础课程。在这组公共基础课程中有些课程应与专业课程相衔接，表现出明显的为专业课程服务的性质。而专业课程与基础课程的比例也应有所调整，专业课程应占有更大的比例。

（6）理论教学与实践教学的关系

理论来自实践，又为实践服务。商务活动的实践性决定了我们的教学应着眼于培养学生的实践能力。商务英语本科教育应把实践教学课程列入专业核心课程，在实践教学中促进学生应用能力的提高和理论学习的深化。一般来说，在应用性教育的教学进程中应安排比较集中的实践教学课时和综合性的实践教学课程。理论教学应与实践教学相衔接，其内容的更新一定要与行业实践的更新、方法的改进同步进行。

（7）实验与训练的关系

实践教学是一个上位概念，包括实验、试验、实习、训练、课程设计、毕业设计等多个具体的教学环节，每个环节培养的目的不同，如实验目的侧重于验证、加强理论知识的掌握和培养学生的研究能力、设计能力。训练则是一种规范的掌握技术的实践教学环节。实验能够强化学生对知识的掌握、对问题的分析能力，训练能够增强商务实务操作能力。商务英语本科教育的实践教学应该既重视实验又重视训练，综合提高学生的实践能力。

（8）专业教育与通识教育的关系

专业教育更多地考虑生产服务一线的实际要求，突出应用能力的培养。但随着国际商务环境的复杂化和全球整体从业人员的素质提高，我们更需要具有深厚人文基础的人才应对日益复杂的商务环境。我们需要对传统的专业教育进行改革。在教育教学过程中，不仅要注重培养学生的专业能力，更要注重培养学生的职业道德、关键能力、综合素质和人格品质，使学生成长为高素质人才。

（9）学校与企业的关系

应用型人才的培养给学校增加了一项重要的任务，那就是为实践教学提供平台。商务英语本科院校要紧密依托涉外商务企业，取得当地政府支持，建立高校和产业界互利互惠的合作机制，建立校外人才培养基地和实习基地，形成产学研结合的教育形式。

## （三）为学科建设找到价值参照

商务英语学科的发展实践是其主体获得学科身份的重要基础，但是其中日益显现出来的诸多问题和矛盾也是商务英语学科主体陷入身份困境的主要原因，比如，学科定位一直存在问题：学科交叉发展的内在要求和以英语学科为导向的资源分配制度、以英语能力为核心的评价与交流机制以及以语言文学为中心的项目评审机制均存在冲突；与商务英语跨学科发展相关的学术团体和学术交流十分稀少；本学科对复合型人才的培养以及对交叉领域问题的研究深度与社会需求存在较大差距。这些客观现实使得学科主体商务英语专业的教学人员与学生，对其学科身份感到困惑，在自我认知与社会认知两个方面都存在问题。这既不利于主体在正常的学术生活中获得必要资源，也不利于其从学科身份中获得应有的情感激励和行为支持。因此，学科建设必须找到自身的价值参照点。

很显然，人才培养的恰当定位能够为本学科的建设找到价值参考点。我们可以从以下人才培养定位的三个视角为学科建设提供参照。

（1）学科的交叉性优势

学科的核心优势是指学科主体在动态发展中培养起来的一种用以实现目标的根本能力。学科的核心优势具有一种杠杆效应，能将当前与未来发展统一起来，能将各种优势整合起来，而且是主体多样化发展的基石。商务英语专业的目标是培养同时具有跨文化能力和商务能力、具有国际视野的复合型人才，研究跨文化商务领域中的现象、问题和规律。可以说交叉性就是商务英语学科的核心优势。这种交叉并非英语和某种商务知识的静态交叉，而是处于不断发展的动态之中。而只有在动态发展中将商科和英语学科进行深度交叉和融合，该学科才能在动态交叉中不断吸收新的学科营养，它不但可以将当前和未来的发展统一起来，而且可以充实商务英语学科内容，为今后实现多样化发展创造基础和条件。对于学科建设而言，人才的核心优势就是该学科的核心优势。学科建设将集中力量，以教学研究和科学研究为主要手段实现人才培养和学科建设双重目标。

（2）学科特色优势

人才的特色优势就代表了学科优势所在。特色优势是主体在与竞争对手的对比中，既区别于又优于对手的能力，它既是可持续的，又不易被模仿。商务英语人才的特色主要在于它突出人文素质教育的英语语言教育与商务学科教育结合。商务英语学科可以把自己学科所特有的跨文化特色、语言特色、人文特色与商务特色结合作为自己的优势继续发挥作用。各高校可以结合自身优势，在学科交叉的基础上找准一个具体领域作为核心优势来进行长期培育。比如，对于英语语言理论具有高深研究理论水平和理论能力的院校，学科建设可以集中于商务语言的研究，打造自己在商务语言理论研究方面的权威的地位以及培养高端商务翻译人才的优势。具有跨文化研究基础和能力的院校可以以跨文化领域为突破，在该领域进行较深入的研究。具有商务学科理论优势的院校可以以商务能力为突破，进行跨学科研究，使自己院校在培养优秀国际商务管理人才和业务人员方面呈现独有的特点。

（3）学科竞争优势

竞争优势是商业竞争领域用得最为普遍的概念，但是人们常常将其与特色优势混淆使用。竞争优势可以是一种能力，也可以是一种资源，它不易被模仿或复制，其主体因此在总体表现上比竞争对手更优秀、更出色。对于商务英语学科而言，竞争优势主要来自本学科培养出来的人才在就业市场的竞争力。人才的竞争优势保证学科在教育领域拥有一席之地。为了保证人才的竞争优势，学科会基于人才培养目标在教学工作和科研工作上加大力度，促进有关学科建设的各项工作的进程，比如加强学术和教学梯队的建设，深化学科理论的研究，营造浓厚的学术氛围，使得商务英语学科具有更强的生命力。

## 三、商务英语专业人才培养目标定位

### （一）应用型人才

高校分类为人才培养定位提供了重要的参照。通过高校的分类来指导办学定位，有利于规范、约束高校自身的管理行为，有利于提高高校在办学过程中的自我监控能力和反思能力，并能及时纠正办学实践中的失误，进而避免教育资源的配置针对性差、有效性低等问题的出现。商务英语专业的办学主体首先应该确定自己所在高校属于何种类型，承担着什么样的职能，这样才可以找准目标，集中优势，充分发挥自己的职能。

高等学校的职能包括教育职能、科学研究职能和服务社会职能，不同高等学校以及不同学科专业承担职能的侧重面是有所不同的。大学必须有所侧重地履行社会职能。大学分类办学不仅是时代的必然要求，也是高等教育发展的内在需要。

根据高等学校职能与其培养的未来人才能力状况可将大学分为创造型或创新型、研究型、研究应用型、应用研究型、应用型、职业型六个类型层次。学校职能特征与未来化人才能力特征一致，这些分类既反映不同类型层次学校的职能特征，又反映主要未来化人才的能力特征。所有大学构成一个金字塔，职业大学（学院）数量最多，位于基础层，从该层开始往上，各层次大学数量依次递减。创造（创新）型大学数量最少，位于金字塔顶层。创造（创新）型大学是研究型大学的延伸和发展。创造（创新）型大学为创新型国家服务，这是高等教育发展与国家经济建设发展相适应的需要，也是历史赋予高等教育的重大使命。

目前，中国正处在经济高速发展阶段，越来越多的企业从劳动密集型转向高科技型，要求在本科层次上培养出大批生产一线急需的、具有较强解决实际问题能力的应用型人才。同时，中小企业竞争激烈，质量和水平迅速提升，要求员工具有较强的职业竞争力。在这种形势下，商务英语专业需要摆脱传统本科教育注重学术教育的单一人才培养模式，加大应用型人才培养力度。

一些发达国家和地区，早在20世纪六七十年代就陆续开始发展应用型高等教育，迄今已经建立起符合本国特点的应用型教育人才培养模式，这些人才培养模式既体现了应用型教育的本质特征，又有各自独立的特色。其共同点主要表现为：目标一致；面向市场需求，实施专业教育；重视实践教学，校企合作紧密；以本科教育为主，形成包括研究生教育在内的应用型教育体系。

《高等学校商务英语专业本科教学要求（试行）》（以下简称《教学要求》）对商务英语本科专业的培养目标是："培养具有扎实的英语基本功、宽阔的国际化视野、合理的国际商务知识与技能，掌握经济、管理和法学等相关学科的基本知识和理论，具备较高的人文素养和跨文化交际与沟通能力，能在国际环境中用英语从事商务、经贸、管理、金融、外事等工作的复合型英语人才。"

## （二）具有特色的复合型人才

### 1. 复合英语专业的出路

复合型人才是指获得了本专业以外第二（甚至第三，但极少）个专业的基本知识和基本技能，成为能适应跨专业、跨学科工作和研究的人才。美国当代高等教育专家克拉克·克尔（2001）说过，当高等教育为社会服务时，它不仅要遵循自己内在的发展逻辑，还必须适应外部社会不断变化的环境。商务英语专业的产生也是基于原有英语语言文学专业在社会发展过程中表现出的"不适应"而对英语人才培养目标作出调整的结果。对于我国社会经济新发展对人才的需求，英语专业的"不适应"主要体现在五个方面：思想观念的不适应；人才培养方式的不适应；课程设置和教学内容的不适应；学生知识结构、能力和素质的不适应；教学管理的不适应。这五个"不适应"的根本原因在于人才培养工作与社会需求的脱节。

英语语言与商务的结合不仅促进了新型人才的出现，而且对英语和商务两种社会活动领域的未来发展都产生了较大的促进作用。在未来产业结构升级中，英语对经济实践的贡献将会更大，例如，语言认知与创新思维的关联、商务英语类语用研究与国际商务沟通、人文精神与创意产业、体验经济的关系等都将是语言推动经济的具体体现，也能够提高语言研究的现实应用价值。同时，国际商务活动属于一种跨文化的语言交际活动，这恰恰也给外国语言的研究和教学提供了丰厚土壤。全球化和经济转型的交叉进程促成了我国越来越高的经济外向度，这一客观现实决定了我国目前及今后相当长一段时间内英语教学的"复合化"道路，尤其是与经济贸易等学科的复合，这也是商务英语学科在我国逐渐兴起的原因。

### 2. 特色适应市场的选择

当前，我国高等教育面临前所未有的发展时机，国际人才大竞争、全球经济大开放、高新科技大发展、知识经济大崛起、多元文化大汇合以及经济体制大转轨的环境也为现代大学的发展提出了严峻的挑战。基于高等教育发展背景及当前我国大学办学现状的分析，形成办学特色成为大学办学的必然选择。

复合是人才培养的趋势，并不能构成人才的特色。所谓"特色"，是指"事物所表现的独特的色彩、风格等"。"特色"的三层基本含义：一是"人无我有"，即独特性或个性；二是"人有我优"，即杰出性或优质性；三是"人优我新"，即开拓性或创新性。

特色专业是高校在一定的办学思想指导下，并在长期办学实践中逐步创建得独具特色、富有个性风貌的专业。具体地说，特色专业应当是指其专业办学条件、建设水平、教学管理、教学改革成果和人才培养质量等在国内外达到一流水平或者在国内外具有影响和知名度的专业，具有人无我有，人有我优，人优我新等特征。我们在确定复合型商务人才的目标时，还需要注意的是学生的语言能力需要与哪些具体的商务知识和商务能力相结合，如何满足社会的"复合"要求，英语语言课程需要与哪种商务类课程相结合，两种学科各自的课程比例应该如何确定，商务类课程与语言类课程将以何种形式进行有机的融合等问题。我们还应该考虑由于目标过于分散而致使两种能力都不能达到预期目标的可能。这些问题和担忧的解决过程亦即专业特色的形成过程。

商务英语专业是语言与商务相结合所产生的专业，相对于英语专业来说，有一定的特色，可是，当今社会对人才的需求呈现出的综合趋势使得复合人才的培养成为潮流，英语＋商务特色将很快成为一种基本要求，而不再突出。首先，英语语言与商务学科交叉并非英语学科所特有的下属学科。经济类学科和管理类学科都在复合式人才培养方面下功夫。它们都在强化本学科与英语语言的结合，在人才培养中也在制定相应的复合式战略目标与培养策略。市场需要的是复合型人才，并不会计较人才毕业于哪个专业。真正起决定性作用的是人才的质量。其次，随着商务英语学科的发展与壮大，开办商务英语专业的院校越来越多。在商务英语学科内部也会出现各学校人才间的互相竞争。如果没有自己的特色优势，商务英语本身那种"与生俱来"的特色优势也会很快消磨殆尽。商务英语专业要想真正保持自己的特色，就需要构建与其他竞争对手生态位分离的标志，这就是专业特色建设。

关于大学办学特色的内容，许多学者从不同角度提出各自的观点。根据办学特色表现形式可以将其内容分为两大类：显性内容与隐性内容。显性内容是指那些以精神的物化产品和精神性行为为表现形式，通过视听器官能感受到的直观内容，主要包括学校的自然环境、学科环境、内部运行机制、规章制度以及学校徽标等内容。隐性内容主要包括学校的办学理念、价值取向、道德规范、学术氛围、学校精神等内容。根据办学特色的可感知程度和抽象程度可以将其划分为三个层次：完全的物化层、行为特征层和理念层。物化层主要是指学校拥有的自然环境、建筑物、教学科研设施、学科专业建设和实验室建设、机构设置、学校徽标等方面表现出的特色和优势，往往表述为先进或落后、新颖或陈旧、单一或丰富等。行为特征层是学校办学特色的主体，内容最丰富，包括组织行为特征和个体行为共性特征。理念层主要包括学校的办学理念、办学思想、价值取向、学校精神等，这是办学特色系统的核心、灵魂与原动力。

高校办学特色反映为办学思想的特色，包括办学主张的特色、办学理论的特色等；办学主体的特色，包括校长的特色、教师的特色与学生的特色等；办学模式的特色，包括目标模式特色、结构模式特色、功能模式特色、体制模式特色与运行机制特色等；办学环境的特色，包括外环境特色与内环境特色、硬环境与软环境特色等。此外，还反映在教学的特色、科研的特色、服务的特色、管理的特色等许多方面。

大学或专业都可以视作一个生物组织体，符合生态位原理。这是因为一方面，作为社会中的文化主体，一个大学或一个专业由一定的物质和精神要素所组成；另一方面，大学或专业作为由活生生的若干人所组成的有机系统，它必有一定的生命轨迹，并表现出与自然界中的生物体相似的类生物性能。大学自身独有的校风、学风、师资水平、学科专业、教学与研究方式等自然基础和所处的区域环境等社会基础，即构成了大学特有的"生态位"基础。遵循生态位理论，生态位差异大的大学，彼此之间的竞争力就小；反之，生态位越近似的大学，相互竞争就越大。并且，在生态位高度重叠的大学之间，且在高等教育社会资源有限的情况下，会面临激烈的竞争，竞争力强的大学会打败竞争力弱的大学，或者竞争力弱的大学通过寻求差异化的市场和资源梯度来避免残酷的竞争。所以，对于那些由于争夺有限资源导致生态位重叠的大学，应该利用特有的"生态位"基础找寻特有的"生态位"，寻求特色发展，通过生态位分离来降低竞争强度，实现共存。

经济和社会对商务英语专业人才的需求是多层次的，我们既要满足经济社会的一般需求，又要主动适应发展需要，为国际组织、政府部门、跨国公司和地方企业培养高素质人才。商务英语的内涵非常丰富，没有一所院校的培养目标能够涵盖所有国际商务活动所涉及的职业需求。这种现状也为各院校商务英语特色人才培养提供了绝佳的机会。开办商务英语本科专业的院系负责人应该思考如何扬长避短，办出特色，在为学生潜在的发展可能打下坚实的专业基础的同时，根据学校的办学基础、办学能力、办学传统和长期形成的办学经验，逐渐形成各自的特色，构建竞争优势。例如，对外经济贸易大学以自己严格的英语语言训练、经济贸易学科的高层次理论和实践教学塑造学生优秀的语言能力和商务实践管理能力。其商务英语专业毕业生中一部分具有较强研究能力的成员会通过更高学位的研读继续从事相关领域的研究工作，其余毕业生能够胜任绝大多数高层次商务活动的翻译、谈判和企业管理工作。这样的人才培养定位与竞争对手在生态位上形成了鲜明的分离。地方应用型院校的商务英语专业可以从自己的学科优势出发，结合学生的优势和地方经济特点确定自己的"生态位"。

## （三）国际化人才

### 1. 国际化人才的概念

智库百科对国际化人才的描述是：具有国际化意识和胸怀以及国际一流的知识结构，视野和能力达到国际化水准，在全球化竞争中善于把握机遇和争取主动的高层次人才，或者是指那些通晓专业国际惯例，能够熟练使用外语，具有较强的不同文化适应能力，具备国际视野，通过接受一定程度的专业教育，获得专门技能知识和资格的专业人才。

也有学者从高校的中心任务，即培养人才的角度来探讨，把对国际化人才的理解分为两种：一是从理想主义的维度，即主要培养学生的全球相互依赖意识，增进国际理解；二是从实用主义的维度，即主要培养学生将来在国际环境中工作所需要的一些知识和技能。而中科院院士、英国诺丁汉大学校长杨福家教授在 2001 年接受采访时表示，高等教育国际化就是要培养融通东西文化的一流人才，在经济全球化中更好地为各自国家的利益服务。

许多发达国家制定了鼓励高等教育国际化发展的法律和政策，在人才培养目标方面增加国际化内容。美国、日本、欧洲等国家和地区较早提出"高等教育国际化""国际化人才"的观念，关注"国际视野""国际合作""国际问题研究"等领域并采取了一系列措施，在一定程度上推动了本国政治、经济、文化等方面的全球化扩张。而我国迈入高等教育国际化的道路较晚，但也在努力加快高等教育国际化进程。

### 2. 商务英语专业人才国际化的重要性

当今世界知识经济加速发展，世界经济发展的动力已由物质资源转为人力资本。人才数量的多少、质量的高低和结构的优劣决定国家竞争力的强弱。能够促进国家国际竞争力提升的人才首先必须是国际化人才。

商务英语专业学生是将要参与我国对外贸易和各种涉外商务活动的未来人才。他们未来的工作内容、工作性质和工作环境决定了他们的国际化属性。商务英语人才国际化的重要性体现在三个层面：

①决策层面。全球化进程和日新月异的科技进步使得国际商务环境越发复杂，越发需要高瞻远瞩的战略眼光。知己知彼，百战不殆。只有具备了国际视野和国际化思维，才能够站在全球化的角度，以更全面、更前瞻的眼光看待问题和思考问题，制定出科学、合理

的国际商务策略，实现商务目的。

②操作层面。具体的业务操作离不开贸易规则。任何一个商务活动细节都需要遵守特定的贸易规则。作为 WTO 的成员国，中国对外贸易和其他国际商务活动必须要遵守其各项贸易规则。作为国际商务从业人员，精通贸易规则是最基本的要求，这能够保证业务的顺利进行，并且防止自己的利益受到损害。当然，WTO 贸易规则不可能约束所有的商务活动，各国的文化传统不同、习惯做法各异，有时甚至会有很大的冲突。如果不熟悉国外的商业习惯和特定国家的规则，不但达不到目的，有时甚至会给自己带来巨大的经济损失。在具体业务的操作过程中，每一个细节都体现着从业人员的国际商务操作能力和国际事务处理能力。

③交际层面。国际商务活动本质上是一种跨文化活动。在跨文化交际中，人们往往倾向于借助母语规则、交际习惯、文化背景及思维方式来表达思想。这就是民族中心意识。民族中心意识不利于国际商务活动的顺利开展。在对学生的专业教育中融入跨文化交际能力的培养，可以帮助学生克服民族中心意识，跨越障碍，将跨文化交际中的问题减到最少。可以说人才国际化的一个重要内涵就是跨文化交际能力的形成。

**3．国际化商务英语人才的构成要素**

结合理论研究和商务英语教学实际情况，国际化人才的培养主要包含三部分内容，即意识、知识和能力素质。

国际化意识包括国际理解意识、相互依存意识、和平发展意识和国际正义意识。"国际人"必须保持广阔的视野，加强对不同文化的理解，养成尊重不同文化的态度。国际化意识是指导人们正确处理跨文化交际活动的决定性因素。

在国际化知识方面，商务英语专业的学生除了要掌握英语语言知识和国际商务知识以外，还需要了解更多国际方面的知识，比如国际时事与政治、本民族在国际社会中的地位与作用、世界发展历史与趋势、东西方文化对比知识、各国宗教知识等。此外，"国际人"还必须掌握一定的世界地理知识。所有这些知识均有助于从业者了解世界、走向世界，增进他们与世界各地贸易伙伴的沟通与了解。

国际化能力包括独立思考能力、跨文化交际能力、参与竞争能力、信息处理能力、终身学习能力、创新能力、经受挫折能力等。要想在国际竞争中获得胜利，国际化思维是前提，跨文化交际能力是基础，创新是关键，也就是说，未来的国际化商务人才需要以国际化思维作为行动指导，在跨文化商务交流活动中通过自己的学习能力、信息处理能力以及耐受挫折的能力，不断创新经营方式，拓展经营领域，为行业的发展和进步做出贡献，实现自身、企业和国家的多重发展目标。

## （四）创新型人才

对于什么是创新型人才，社会各界都有自己不同的理解。在教育界，创新型人才是指具有创新、创造和创业方面的潜在能力的人才。在科学家的眼里，创新是科学发现、发明创造，创新型人才就是这些科学界的开拓者与发明家。而实业家看重的创新型人才则是具备创业能力与知识运用能力，能够创立一个实业、带动一个产业向前发展的人才，这种创新型人才往往能融知识、技术、管理为一体，具有敏锐的眼光、坚强的体魄和无限的创造力。由此看来，基于各行业自身发展的需要，往往不能在什么是创新型人才的问题上达成共识，但人们对创新人才的性质认识是一致的，即创新型人才必须具备创新的意识、精神和品质，同时又必须具备创新实践的潜质和能力。

我国传统的教育思想是以知识的继承为基础，以知识的掌握为中心的教育思想。因此，在教学中强调学生对知识的记忆、模仿和重复的练习。这些传统教育思想最大的缺点是注重知识的传授，而忽视了对学生能力和素质的培养。因此，新的培养模式就要鼓励学生独立思考，培养他们的批判精神和能力，让学生学会解决问题，而不是一味地重复标准答案。多年来，英语语言的工具性在英语教育中逐渐根深蒂固，其结果是教学过程过于注重语言知识和语言技能的训练，致使英语专业学生的能力缺陷非常突出，那就是缺乏独立思考能力，不易产生独到的见解。这样培养出来的人才缺乏个性和灵活性，很难适应新形势下的社会需求。令人感到失望的是，自商务英语专业设立以来，不少高校仍然采用英语专业传统的教学思路，注重英语语言知识和商科专业知识的学习，而忽略了学生解决实际问题的能力的训练。商务活动最大的特点就是它的"复杂性"，在复杂多变的商务领域，从业人员的创新能力显得尤为可贵，因为这种能力可以帮助他们应对各种不可预测的复杂问题。

创新体现在"新"字上。"新"意味着不同，就是与旧的、传统的思维或方法的不同。在某种程度上，创新型人才培养就是强调人的个性发展，是一个人独特性的表现和张扬。个性的充分发展是创造性思维的基础，而独特的个性则是创新型人才的特征。所以，我们的人才培养方案需要保证学生个性的充分发展。个性的发展和发挥当然需要有相对的环境和氛围。在学制、课程设置、教学活动设计、教学评价体系设计中应该保证创造宽松的、自由的、追求真理的学习环境和学习氛围。只有在有利于创新的制度下，学生才能真正地发挥出自己的个性，才不会泯灭创新意识、创新精神，才能充分挖掘自身的创新潜能。归根结底，办学主体在商务英语人才培养方案的制订中一定要融入创新能力的培养理念。

## （五）地方性人才

### 1. 人才培养国际化与区域化的关系

教育发展的外部规律告诉我们，教育总会努力适应社会经济发展的需要，与经济发展趋势保持一致。目前，世界经济发展日益呈现出两大趋势，即全球化与区域化。经济全球化与区域化既是空间的两极，是整体与局部的关系，也是时间的两端，是未来和现在的关系。经济全球化以区域经济为起点，待区域经济实力壮大后再通过融合，并经由区域经济集团化达到全球经济一体化。

这种趋势反映在高等教育领域中就是人才培养国际化与区域化同时并存的特征。今天为地方经济服务的人才将是未来参与国际经济活动的国际化人才。人才培养的国际化是为了让学生形成国际化视野，以便更好地参与到全球化进程中去。而人才培养的区域化是为了培养学生为本国、本地区经济发展服务的能力。教育的国际化与区域化是远景与现实的关系。商务英语人才是将要参与国际商务活动的人才，但是离开了地方经济的发展与繁荣，国际化商务活动就无从谈起，国际化人才也将面临无用武之地的尴尬处境。教育实践证明，区域化是不可回避的话题，服务于地方经济是商务英语人才的立足点。

目前，我国人才培养国际化与区域化呈现出既矛盾又统一的关系。经济发展落后地区急需大量区域化人才以满足区域经济建设的需要，对于国际化人才的需求似乎不太迫切，而且教育资源的不足也阻碍了国际化人才目标的实现。由于我国不同地区在自然条件、经济基础和文化传统等方面存在极大的差异，各地区高等教育的数量、资金投入、规模与质量差异较为明显。其表现为高等教育在东、中、西部的区域布局极不均衡；全国重点大学、重点学科、重点实验室和研究基地大部分集中在东部发达地区；高等教育的投入差距也比较明显；师资水平上也存在区域差异。在一些地区，人才培养的国际化与区域化似乎无法统一起来。

然而，不能否认的是，国际化人才培养的需求可以给我国许多地方院校的商务英语教育发展带来机遇与有利条件。我们可以通过越来越多的国际交流活动引进国际先进的办学理念和管理经验、吸引优质的资源和资金、聘用国外高水平大学的高级管理人才和高水平学者为我们带来先进的办学理念。通过派遣留学生和学者互访、参与国际会议和学术交流以及合作办学等都可以提高所培养人才的国际视野。具有国际化视野的人才是帮助地方经济实现飞跃的原动力。地方经济的发展会进一步推动高校在培养人才方面的综合能力。

参照国际人才培养标准能够提升地方人才的素质。商务英语人才培养要立足地方经济，在分析国家和社会对人才需求的同时，认真研究国际上同类学校的人才培养标准、发展现状与趋势，并按照高等教育发展规律与本区域特点确定合理的高校发展定位。只有这样，才能全面提高办学水平，提高人才培养质量，才能拓展与深化国际交流，并为区域经济社会发展服务。

### 2. 商务英语专业人才培养与地方经济发展的关系

从世界范围来讲，高等教育区域化是国际高等教育发展的一种趋势。西方发达国家高等教育发展的历程更能证明这一点。从英国1826年伦敦大学的创立到美国1861年颁布赠地法案创建起大批的赠地学院，再到20世纪美国社区学院的发展以及原联邦德国采取的由地方承担高等教育发展的主要职责等一系列措施，这些高等教育发展实践表明，高等教育区域化道路在促进区域经济发展和社会进步中起到了相当积极的作用，而且区域化也是经济和高等教育相互促进的极为有效的方式。

在我国，地方高校人才培养的任务主要是为地方经济建设输送人才。区域经济是指在社会劳动地域分工的基础上，随着经济发展而逐步形成的各具特色、联系紧密的区域经济综合体。区域产业结构是社会劳动分工的具体体现。区域产业结构决定着人才需求的类型和规格，即社会专业化分工产生人才的分类，不同行业对人才的需求也各不相同。由于企业规模和产品结构的不同，同一技术管理岗位所需人才的特性也有所不同。地方经济对人才需求的特性决定着什么类型的人才受社会青睐，因此，地方高校的人才培养要结合区域经济的发展状况，找准自己的定位。地方高校作为国家高等教育体系的重要组成部分，必须有自己明确的人才培养定位，否则便失去了其作为地方高校的意义，同时也会极大地弱化其在地方经济社会发展中的作用。

目前，我国开设商务英语专业的64所本科院校多数都是归属地方管理的应用研究型或应用型大学。地方高校承担着为区域输送人才、满足区域经济对人才需求的任务。一方面人才供给总量要满足区域经济增长的需要，另一方面人才供给的结构要与产业结构相匹配。从商务英语人才供给总量看，由于近年来地方高校招生规模增长，实现了高等教育的历史性跨越，基本上满足了人才增长的数量需求。但从人才供给的结构看，存在人才供给结构与地方人才需求结构错位的现象，许多涉外企业在英语人才方面存在缺口，而一些毕业生却找不到理想的职业。改变人才培养与社会需求脱节的问题，需要地方高校对人才培养的定位进行反思。

### 3. 地方性商务英语人才特征

在制订人才培养目标时，地方特色的体现也是人才区别于其他院校的有力证明，可以从三个方面突出人才的地方性：

①面向地方经济。与部属高校相比，地方高校更接近经济发展一线地带，是面向地方的人才输出主体，它的质量越高，地方经济社会发展的造血机制就越强，发展的后劲和活

力就越充足，也就越能实现经济发展的各项目标。经济全球化影响着我国各个角落。地方经济的发展越来越离不开国际商务活动。地方需要成为商务英语人才主要的市场所在。作为一个有着巨大市场需求的办学主体，设立商务英语专业的地方高校要有效履行自身社会责任，确保人才适应地方经济发展需要的意识。要从根本上改变人才培养与实际需求不相适应的状况，地方高校必须对地方的有关经济社会发展长远规划有科学的认识和把握，在人才培养方面与地方经济发展同步。这也正是在大力实施科教兴国战略的今天，地方政府和人民对地方高校发展寄予厚望、着力支持地方高校发展的重要原因。

②依托地方经济优势。面向地方、依托地方不仅是地方高校专业建设的立足点，也是地方高校专业发展的着力点。首先，地方高校对地方社会资源具有绝对的独占性，因此，依托区域资源开展专业建设，既体现了地方高校的本质属性，又有别于重点大学，彻底改变"千校一面""人云亦云"的专业建设状况。也只有根据学校的办学条件与所在地区经济的优势，才能培养出其他院校所不能匹敌的、适应本地经济需要的商务人才。其次，地方优势产业的发展必然会聚集一大批优秀的行业经营管理人才。这无疑是十分可贵的教育资源。将这些企业的成功经验和市场竞争的实际案例带进课堂，对拓展学生的知识面、掌握企业经营和管理所需要的知识和技能、培养学生参与和适应社会竞争的健康心态都是非常有帮助的。

③服务地方企业。地方企业是地方经济发展的主要推动力，决定着地方经济的发达程度。科技和人才是一个行业前进和发展的源泉，因此，人才的培养主要应服务于当地企业的需要，在定位方面就应考虑当地行业的特点。如河北省秦皇岛是一个外向型经济较发达的城市，当地可以偏向国际会展、国际合作方向的商务英语人才培养。内陆地区外向型经济还不太发达，可以突出本地需要来培养人才，比如招商引资方面、本地土特产出口方面、当地特色旅游方面的商务英语人才。

### （六）通才+专才型人才

通才教育是为了培养具有高尚情操、高深学问、高级思维，能自我激励、自我发展的人才。通才教育重视知识综合性和广泛性，注重理智的培养和情感的陶冶。而专才教育比较注重学生实际工作能力的培养，专才教育专业划分详细，重理论学习和基础知识，培养的人才短期内具有不可替代性。但两种培养模式都各自有着不容忽视的缺陷。通才教育模式下人才往往由于涉猎过分广博，学科的深入发展受到影响，以至于专业知识欠缺，无法迅速胜任工作。而专才教育模式在专业划分过细的情况下，片面强调职业教育，会造成学生知识面狭窄、后期发展无力的后果。我国教育模式是沿袭20世纪50年代苏联模式演变而来的，其优点是专业划分细、注重理论学习、学生基础知识扎实，但存在能力培养不足，综合性、应用性不够等弱点，而且不符合学生就业的实际市场需求。

第二次世界大战以后，由于科学技术的发展突飞猛进，日新月异，社会对人才的需求呈现高度分化与高度综合的特征。一方面要求专业教育继续培养"专门人才"以适应工业化大生产和社会分工的需要；另一方面则要求教育培养出适应科学技术综合化发展，并能有效解决社会问题的"通才"，要求人们不仅要懂技术，有科学素养，还要懂得如何处理人与人、人与社会、人与自然、人与国家、国家与国家的关系，要有人文精神，并且要用人文精神来驾驭科学精神，避免人成为"机器化的人"，成为"技术的奴隶"，使科学技术与人类文明同向发展，以实现人类社会的可持续发展。通识教育因此被再次推上了历史的舞台。

专才与通才不应对立起来，专才教育不是对通才教育的否定。商务英语人才的培养正面临着复杂的人才需求环境。国际商务活动涉及不同国家的政治、经济、文化、宗教、哲学等多个领域，需要从业人员不仅要具有扎实的商务专业知识、熟练的商务技能，还要具有综合的人文素质来应对这种复杂的从业环境。多数涉外企业对于人才的需求中明确地提出了"具有较高的人文素质"这样的要求。较高的人文素养也是构成国际化人才的必要素质。没有宽广的知识面，也不可能形成国际化的思维方式和国际化视野。这些内外因素决定了商务英语的人才培养方案中必须考虑通才教育与专才教育的结合。在人才培养方案的制订中，我们可以通过课程设置、教学体系和教学评价体系等方面的科学设计，体现专才与通才培养相结合的教育理念。

# 第五章

# 应用型本科院校商务英语专业人才培养思路

## 第一节　商务英语人才培养模式

### 一、专业设置

20 世纪 80 年代，部分外语类院校开启了复合型人才培养的尝试。到了 90 年代，培养复合型人才的呼声日益高涨。2000 年制定的《高等学校英语专业英语教学大纲》对英语专业的培养目标做出明确规定："高等学校英语专业培养具有扎实的英语语言基础和广博的文化知识并能熟练地运用英语在外事、教育、经贸、文化、科技、军事等部门从事翻译、教学、管理、研究等工作的复合型英语人才。"目的就是要提高学生的综合素质和就业竞争力。但由于近十几年来英语专业过度膨胀，加之对"复合型英语人才"理解的片面性，暴露出了很多问题，例如，由于忽略了全国高校英语专业的差异性，相当多高校的英语专业学生无法通过辅修、副修或第二学位的方式完成相关专业课程的学习，而高校本身的师资条件有限，结果是既削弱了相关专业的学科性，也牺牲了英语专业的学科性，两败俱伤。由于过分强调英语的"工具性"技能训练，学生思辨能力缺失，与社会对高端英语专业人才的需求不相适应。外语界对此进行了激烈的讨论，普遍认为，英语专业（英语语言文学）应回归其人文学科本位，不能过分强调英语的"工具性"技能训练，而应加强思辨能力和人文素质的培养。另外，人才培养模式要多元化：层次多元，目标多元，从"校本位"出发，根据各自学校的办学特色、师资力量以及区域性经济发展需要，制订人才培养方案，培养英语应用型人才，以适应社会多元化需求。

在所有的复合型英语人才培养模式中，"英语＋商务"人才培养模式的历史最悠久，并且取得了良好效果。相比于传统的英语专业人才培养在教育理念上偏重专业的学术性，商务英语专业或方向的毕业生竞争优势明显。但是，由于受限于英语语言文学专业的学科属性，商务英语以前一直作为英语专业的分支方向存在，而随着学科自身的不断发展，其独特的研究对象和丰富的研究内容需要更加专门、深入、系统的研究。为消除专业区分模糊不清的弊端，主动适应中国经济国际化对高层次外语人才的需求，将商务英语从英语专业中独立出来，设立商务英语本科专业就成了必然。商务英语专业 2007 年经教育部批准设立（目录外专业），对外经贸大学为全国唯一一所经教育部批准开设此专业的大学。2008 年广东外语外贸大学和上海对外贸易大学成功设立商务英语本科专业。随后几年，商务英语本科专业大致以每年翻一番的速度在发展壮大（2009 年 4 所高校；2010 年 8 所；2011 年 17 所；2012 年 30 所；2013 年 83 所），截至 2019 年 7 月，全国共有 393 所高校开设了商务英语专业。2012 年 9 月，教育部正式下发《普通高等学校本科专业目录（2012 年）》，批准商务英语本科专业为目录内专业，专业代码 050262。从 2012 年起，各高校报省教育厅批准、经教育部备案后可自设商务英语专业。在研究生层次，国内部分高校从 20 世纪 80 年代初开始招收商务英语方向的硕士生，已培养出近万名研究生，近年来成为热门专业，每年报考人数过千人。从 2012 年起，商务英语的博士点开始试点招生，商务英语已形成了从专科、本科到硕士、博士较为完整的人才培养体系。

根据《普通高等学校本科专业目录（2012 年）》，在文学学科门类下设 3 个专业类，共 76 个专业，其中涉及英语的专业为外国语言文学专业类下的英语、翻译和商务英语三个专业，统称为英语类专业。作为复合型、应用型专业，商务英语专业是商务和英语结合的复合型专业，其基本定位是外国语言文学专业类下的英语类专业。《普通高等学校本科专业类教学质量国家标准（2019）》（以下简称《国标》）及《商务英语专业本科教学指南（2020）》（以下简称《指南》）给出的定义如下：商务英语专业（business english program，BEP）是由教育部批准开设的英语类本科专业（english majors）之一，是英语与商务复合的人才培养模式。

## 二、培养目标与培养规格

参照国内外专业认证标准，专业培养目标是对毕业生在毕业后 5 年左右能够达到的职业和专业成就的总体描述。培养目标定位要符合高校办学宗旨，满足社会需求，服务于国家和区域发展战略，体现一定的前瞻性和引领性。培养目标的确立还要依据《国标》和《指南》。《国标》由教育部发布，适用于所有外语类本科专业，是一份国家级的标准。《指南》是依据《国标》精神编写的内容更为详尽、操作性更强的实施方案。《国标》是方向和统领，《指南》是方法和实操。《指南》对商务英语专业复合型人才培养目标的描述："培养具有扎实的英语语言基本功和相关商务专业知识，拥有良好的人文素养、中国情怀与国际视野，熟悉文学、经济学、管理学和法学等相关理论知识，掌握国际商务的基础理论与实务，具备较强的跨文化能力、商务沟通能力与创新创业能力，能适应国家与地方经济社会发展、对外交流与合作需要，能熟练使用英语从事国际商务、国际贸易、国际会计、国际金融、跨境电子商务等涉外领域工作的国际化复合型人才。"除《国标》要求应具备的素质、知识和能力之外，《指南》还提出了要培养六种商务素质（合作精神、创新精神、学科基本素养、良好的职业精神、商业伦理意识、社会责任感）、三类商务知识（学科知识、商务知识、实务知识）和三类商务能力（语言能力、学习能力、商务能力）。

比较英语类三大专业的人才培养目标、专业知识要求、专业能力要求等方面，不难看出国际商务知识与技能、管理学和法学理论知识、国际商务通行规则与惯例、跨文化商务交际能力是商务英语专业人才区别于英语专业和翻译专业人才的知识和能力要求。同时，不同于英语专业和翻译专业，商务英语专业的人才目标更加明确了人才培养类型，即应用型而非研究型人才；与国际经济与贸易专业相比，商务英语的优势是语言应用能力和跨文化沟通能力。据此，刘法公提出国际商务领域中的跨文化交际能力，即建立在国际商务基本知识的基础上，通过英语"听、说、读、写、译"等手段，开展商务英语领域专业工作的交际能力，这是商务英语专业要培养的核心能力。

培养规格或毕业要求包括知识、能力和素养，是对学生毕业时应该掌握和具备的知识、能力和素养的具体描述。《指南》从素质要求、知识要求、能力要求三个层面描述了培养规格。

（1）素质要求

学生需要具有正确的世界观、人生观、价值观，良好的道德品质，中国情怀与国际视野，人文与科学素养，合作精神，创新精神，创业意识和学科基本素养；具备良好的职业精神、商业伦理意识和社会责任感。

（2）知识要求

学生需要熟练掌握英语语言、文学、翻译、英语国家社会文化、跨文化研究等基本理论和基础知识；掌握商务活动的基本工作内容和运行机制；熟悉商务组织治理结构、战略规划、运营管理等方面的基本理论和基础知识；了解经济学、管理学、法学等相关学科基础知识；了解我国对外经贸政策法规、国际商务领域的规则和惯例，以及国际商务活动中的相关环境因素。

（3）能力要求

学生需要具有良好的商务英语运用能力和跨文化商务沟通能力；具有良好的思辨能力、量化思维能力、数字化信息素养；具备基本的商务分析、决策和实践能力；具有良好的团队合作能力，较强的领导、管理、协调和沟通能力；具有终身学习能力；具有良好的汉语表达能力和一定的第二外语运用能力。

# 三、个案研究

## （一）广东外语外贸大学商务英语专业建设与实践

### 1. 专业概况

广东外语外贸大学（以下简称"广外"）是 1995 年原广州外国语学院和原广州对外贸易学院合并组建的广东省国际化特色鲜明的重点大学。早在 1989 年，原广州外国语学院就开办了专门用途英语（国际贸易方向）专业，原广州对外贸易学院也于成立之初开设了"英语＋商科"的复合型专业。两校的合并，整合了两校在外语和外贸两大学科领域的优质资源，为培养复合型人才奠定了坚实雄厚的基础。2001 年，广外成立国际商务英语学院（以下简称"商英学院"），整合了所有"英语＋商务"方向的专业，形成了目前学院商务英语专业的四个特色方向：国际商务管理、国际贸易、国际金融和国际经济法。商英学院以建设国际化特色鲜明的高水平学院为愿景，以"自强不息、追求卓越"为院训，以致力于培养具有国际视野，能够直接参与国际合作与竞争并具有高度社会责任感的高素质国际商务人才为使命，形成了以"复合培养、学科交叉、实践创新、国际认证"为特色的人才培养模式。

### 2. 人才培养思路

为解决商务英语专业在国际化商务人才培养方面存在的三个主要教学问题，即外语教学与专业教学"两张皮"的问题、理论教学与实践教学脱节的问题、本土教育与境外教育难以深度融合的问题，广外商英学院在本科教学方面实现了三个"深度融合"：英语教育与商科教育的深度融合、理论教学与实践教学的深度融合、本土教育与境外教育的深度融合。

（1）"沉浸式"教学理念下英语教育与商科教育的深度融合

推行全英教学，促进英语教学与商科教学的深度融合，英语教学在夯实学生英语基本功的同时，注重商务理念和基础商务知识的学习；商科教学基本实现全英教学，在"沉浸式"商务知识与技能学习中巩固和提升学生的英语运用水平。目前，商英学院商科类课程中，基本实现全英教学。全英教学充分体现了商科教学与英语教学的深度融合，不仅使用专业的英文版教材，而且授课、课堂讨论、作业、考试和论文写作等环节均使用英语，"沉浸式"的教学环境，使学生在掌握扎实专业知识的同时，也具备了较强的英语综合运用能力。

（2）以能力为导向的人才培养方案促进理论教学与实践教学的深度融合

人才培养方案设计的总体理念：实施跨学科的国际化复合型人才培养模式（商务英语＋国际商务）改革；培养方案与培养过程突出英语运用能力、商务实践能力、跨文化商务交流能力、思辨与创新能力、自主学习能力等五种能力的培养；突出全英教学在培养学生英语运用能力和实现专业教学与国际接轨等方面的作用；推行"课程内容国际化＋强化英语语言能力＋加强国际交流"的"三位一体"的国际化视野模式和"校内实验＋企业实践"的多样化实战型人才培养模式；坚持以课外创新创业实践、专业实践和学生团体活动为教学拓展，通过生动、逼真的企业实践活动形式，检验学生所学知识的深度和广度，提高学生的兴趣，并提高学生解决实际问题的能力，通过指导学生申报各级创新创业项目，将创新创业思维的培养贯穿于复合型人才培养的全过程；注重培养学生的自主学习能力，结合多媒体和网络技术为学生搭建多模态学习平台，开设以课程为单位的网络课堂和微课。

在具体实践中，把知识传授与能力培养融为一体，构建包括课内实践、综合实践、专业实习、论文设计、创新活动以及社会实践在内的一体化实践教学体系，以培养学生的实践能力和创新创业能力。

① 改革教学管理机制。专设实践教学部，推动实习实践基地建设；组织学生申报省级、国家级创新创业及创业训练项目；组织教师指导学生申报项目，淬炼学生的创新创业思维和实践能力。

② 加强政校企合作。实施多层次、分类型的实践教学改革，培养师生的实践创新能力。通过以下措施促进理论与实践教学的深度融合：校企共建实习实践基地，淬炼学生的

实践能力，建成国家级实习基地——中国对外贸易中心（广交会）和法律英语省级实习基地等十几个稳定的校外基地；共建创新创业基地，聘任业界导师，培养学生的创新创业能力，例如，与校友企业广东盈浩工艺制品有限公司共建大学生创新创业基地，设立创业基金；举办校友职业论坛，引领学生走上创业道路；通过移动课堂和聘请企业高管担任任课教师等方式，促进理论与实践的融合；通过校政企合作，开展横向课题研究，提升教师的教学和研究能力，促使科研成果转化成生产力。

（3）以本土国际化教育为目标推进本土教育与境外教育的深度融合

以"国家标准"和"国际标准"的"双标"建设为抓手，促进本土教育和境外教育的深度融合。借助颁布的本科专业教学国家标准以及 CIMA 等国际行业协会标准，推动教学改革，优化人才培养模式；以教师国际化促进本科教学的内涵发展；升级人才培养方案，构建国际化课程体系；采用国际化教学方法，实施本土国际化教育；建设全英商务课程教材体系，促进本土和国际化知识体系的融合；多层次开发国（境）外合作项目，以学生国际化开拓本科教学视野。

## （二）郑州商学院商务英语专业建设与实践

### 1. 专业概况

郑州商学院（郑州成功财经学院）商务英语本科专业 2012 年获批（全国第七批，河南省第二批），2013 年 9 月正式开始招生，是河南省乃至全国较早设置商务英语本科专业的民办院校。自 2013 年以来，商务英语专业每个年级的在校生规模逐步增长，成为外国语学院第一大专业，目前在校生达 831 人。商务英语专业共有专兼任教师 24 名，其中，拥有高级职称的共 9 人，拥有中级职称的共 9 人，具有在英国、美国、澳大利亚长期留学经历的教师 7 人，其中 4 人学历背景为管理学硕士。2013 年 11 月，商务英语专业被学校评为校级特色专业，2018 年 6 月，商务英语专业获批河南省品牌专业建设点。

### 2. 人才培养思路

学院紧跟国家和区域经济发展战略，立足学校办学定位，坚持"面向地方、突出应用、质量提升"的发展思路，深入推进产学协同育人，完善应用型人才培养体系，培养地方外向型经济发展需要的高素质商务外语人才。学校办学定位为扎根巩义、立足郑州、面向全国，服务地方经济社会发展，建设高水平有特色的商科类应用型大学。商务英语专业的定位是以培养高素质的国际商务人才为目标，坚持"面向地方、突出应用、质量提升、特色发展"的学科专业定位，深化校企合作和实践教学，构建应用型专业课程体系。

商务英语专业人才培养思路是对接"一带一路"倡议下河南省三区一群战略发展需求，秉承"厚基础、强听说、懂经贸、重实践"的培养理念，聚焦学生语言交际能力、商务实践能力、自主学习能力和创新精神的培养，满足经济社会发展对高素质应用型商务外语人才的需求。

### 3．教学体系

对应商务英语专业人才核心能力的培养，合理设置课程体系（图5-1）。

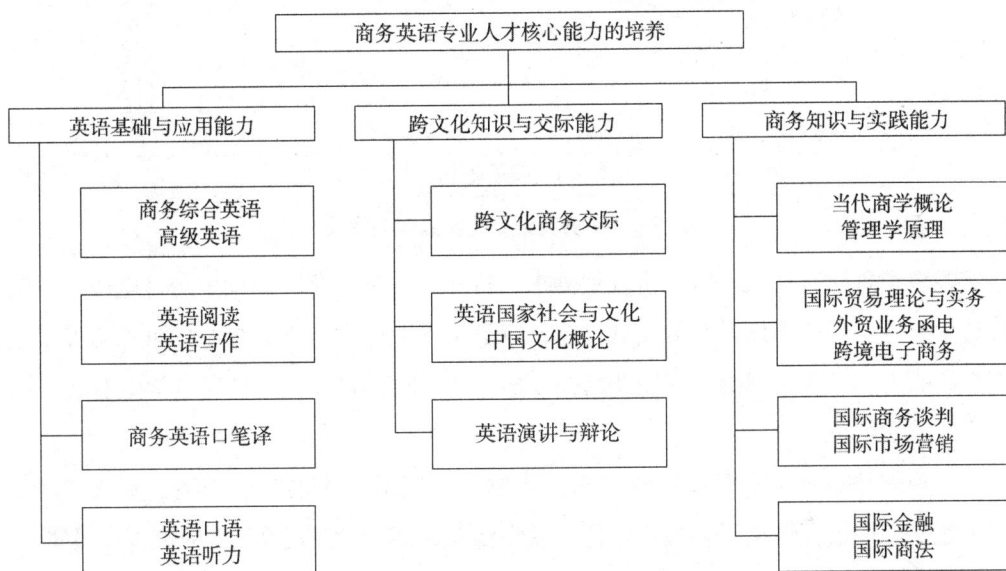

图5-1　商务英语专业核心课程体系

学院坚持"引建结合、分类建设、重在应用"的课程建设思路，鼓励教师依托优质在线慕课资源开展混合式教学探索，持续打造"高阶性、创新性和挑战度"的应用型课程，建成了一批具有校本特色的课程。

商务外语实验中心始建于2009年6月，该中心拥有国际商务谈判、同声传译、多元文化交流厅等8间实训室、3间文化主题教室、12间翻转课堂教室、1间智慧教室、18间语音教室，能同时满足1934名学生专业实训和实践的需求。该中心倡导在"做中学"的理念下，着力培养学生的语言交际能力、商务实践能力和创新创业能力，构建"五位一体"的课堂内外、校内校外结合的育人体系，全方位服务应用型商务外语人才的培养目标。学院依托商务外语实验中心，构建了较为完备的实践教学体系（图5-2）。

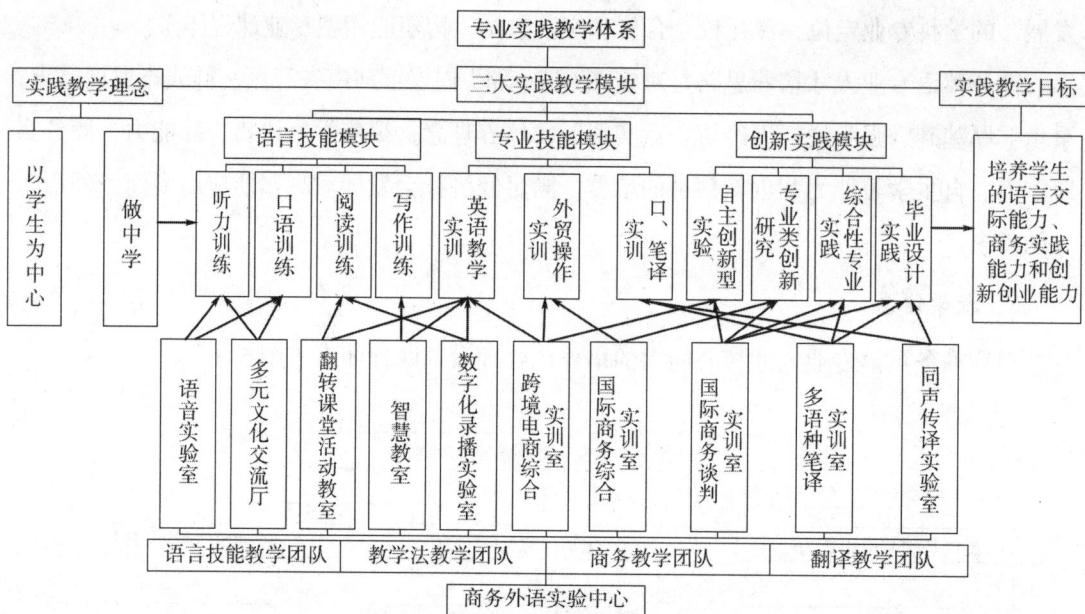

图 5-2　商务英语专业实践教学体系

实践教学理念：对接区域经济发展需求，抢抓"一带一路"建设中跨境电子商务的发展机遇；坚持"外语＋商科"的发展理念，以学生专业能力培养为核心；重点培养学生的语言交际能力、商务实践能力和创新精神；多平台、阶梯式、全方位促进学生发展。

实践教学特色：

①多模态语言任务教学。突破"重语言输入、轻语言输出"的传统，实施"情景创设—主题探究—语言输出"多模态的任务教学活动，培养学生的语言交际能力，营造良好的语言学习环境；

②多维交互教学模式。依托交互式课程主题资源，采用"课堂导学—网络自主—项目驱动—实践促学"的多维交互模式，运用数据改善教学决策，实现个性化指导、科学化评价、精细化管理；

③体系化的实践教学结构。以培养服务应用型人才为目标，坚持"分级、分任务、分类型、分难度、分项目"的原则，建立完善的专业实践教学体系。

**4．产教融合**

（1）扎根巩义

充分挖掘学校所在地——巩义市的行业、企业资源，坚持"面向地方、突出应用、质量提升、特色发展"的专业定位，深化校企合作。巩义市目前注册的企业有 4000 家左右，实际存活且有业务的大概有 1000 家。主流是机械行业，占比 80%（蓝天、百信等）。典型行业有回郭镇的电缆和铝板行业（人民电缆、明泰铝业）；西村的管道行业（华源管道）；

英峪的实验仪器行业（长城科、予华仪器）；北山口、南河渡的耐材行业（华西耐材）。全市进出口总量超平顶山、鹤壁、商丘、驻马店、信阳等5个省辖市，出口总量超平顶山、安阳、鹤壁、濮阳、三门峡、商丘、驻马店、信阳、济源等9个省辖市。

（2）立足郑州，面向河南

商务英语专业的特色之一是服务地方经济建设的发展。在郑州航港综合试验区建设的背景下，河南外向型经济发展势头迅猛，学院通过积极调研社会需求，与巩义市20家企业签订了校企合作协议，为地方经济建设输送适需人才。为保障实习实训效果，实习指导教师定期到企业调研学生的实习情况，及时沟通问题，并反馈到教学中进行改革。由于实习工作和质量得到了保障，毕业生论文的实践性选题也得到了有效保障，学生就业能力提升，应用型人才培养初见成效。

（3）创建跨境电商行业学院

为提升学校服务地方经济建设的能力，深入推进产学协同育人，促进巩义跨境电商行业的发展，外国语学院特倡议与巩义市跨境电商龙头企业合作成立"跨境电商行业学院"，力争打造集"人才培养、协同创新、创业孵化、咨政服务"为一体的产学研合作平台。跨境电商行业学院整合地方和高校的优质资源，以行业岗位能力为导向进行跨境电商专门人才的培养，有助于缩减跨境电商人才培养的"时间差"，满足巩义外贸行业对于高素质应用型跨境电商人才的需求。跨境电商学院的成立，搭建了跨境电商行业人才培养更专业的平台，为巩义跨境电子商务发展提供了强有力的人才支撑，为巩义的对外贸易的蓬勃发展奠定了良好基础。外国语学院依托跨境电商行业学院，定期开展相关的企业家讲堂、课程共建、跨境电商师资培训等活动，从而深化产教融合，推进产学研协同育人。

（4）举办商务英语创新创业实践大赛

该比赛是郑州商学院外国语学院倾力打造的专业赛事。大赛坚持"理论与实践"和"语言与行业"相结合的原则，以院地合作企业为对象，引导学生深入企业调研，梳理和总结企业经营、管理的经验，研究企业、行业发展中的问题，提出可行的创新型解决方案；或由老师带队考察市场做创新创业项目等，以此锻炼提高学生的商务实践能力，使其养成敏锐的观察力和迅速准确的行动力，助力学生成长为高素质的应用型国际商务人才。目前该比赛已成功举办两届，初步实现了以赛促学、以赛促用、以赛促创、以赛促教、以赛养赛的可持续发展模式。

跨境电商行业学院的建立及商务英语创新创业实践大赛的成功举办，体现了郑州商学院商务英语专业"扎根巩义、立足郑州、服务河南"的服务面向定位，是学校深入推进校地合作的新尝试，开启了产教融合、协同育人的新篇章，也为巩义跨境电商行业和对外贸易的发展增添了新的动力。

### 5．师资队伍建设

以专业带头人为引领，以骨干教师为重点培养对象，以学术交流、名校观摩助力青年教师发展，打造优秀教学团队，以举办教法研修班和教师技能竞赛为载体，推进新理念、新方法和新技能的应用，不断提升教师的教学能力和水平，提高教育教学质量。

# 第二节　商务英语教学创新模式研究

## 一、SPOC 模式及其商务英语教学

通晓商务知识、善于跨文化交际及熟悉国际商务环境的人才必须熟练掌握商务英语。由于商务英语教学涉及的内容较多，要想提升教学质量，就必须找出更有效的教学方式。在 MOOC 颠覆传统教学的形势下，开辟了 SPOC（小规模限制性在线课程）教学模式，该种教学模式更有效地解决了 MOOC 模式与传统教学模式的问题，实现了与商务英语教学的高度融合。

### （一）SPOC 模式的发展及特点

基于对国内外教学模式的分析，可以发现，在 MOOC 模式掀起线上教学狂潮后，该种教学模式也暴露出了相应的问题。此后，提出了多种在线教育新样式，其中 SPOC 就是一种，即小规模限制性在线课程，于 2013 年被提出，国内外多所高校都以 SPOC 为支持进行了教学实验，同时取得了较为理想的教学效果。设置申请学员准入条件、申请人数，使得 SPOC 更加精致。学生可以利用 SPOC 进行课前自学，此时，学生可以利用课前时间学习基础知识点，从而为课堂教学留出更多答疑解惑的时间，让学生对知识点理解得更加深入。SPOC 模式在借助网络技术优势的同时，也为教师收集作业与进行作业评分提供了有力支持，让教师能够有效利用作业修改时间来进行其他教学研究工作。总而言之，在不断发展的背景下，SPOC 成了一种个性化的教学新形式。

SPOC 具有以下几方面特点：一是 small 的特点，与 MOOC 相比，SPOC 更加注重学生以及教师对精准化知识的诉求，因而，其不仅在规模上更小，通常 SPOC 每次的教育对象不会超出 500 人，而且其在内容上更小，主要是指每一个线上视频都较为精致、精准；二

是 private 的特点，其私密性主要体现在线上线下的针对性指导上，通过分析学生个人数据，进而实现因材施教；三是 online 与 open 的特点，其在拥有私密性特点的基础上，同时也具有开放性，但是该开放性具有一定的相对性，主要针对拥有一定知识储备且愿意学习相关知识的人员，对于尚未达到申请标准的人，无法接受线上以及线下的辅导，但是可以采取旁听形式来学习。正是因为 SPOC 具有上述特点，其教学效果与教学质量才明显高于 MOOC 模式。

## （二）商务英语与 SPOC 模式融合的优势

从商务英语教学特点上看，其更强调教学工具的使用与教学的人文性，商务英语具有较为深厚的文化底蕴，学生在学习过程中往往存在着一定的疑惑，若学生不了解、不理解英语文化，就会导致学生长期陷于商务英语学习的困境之中。而实现商务英语与 SPOC 的融合，则可以让学生借助线上线下的方式来获取更多英语文化知识，促使学生在拥有深厚文化底蕴的基础上，掌握外国文化，进而为商务英语学习打下坚实基础。

有助于提高教学互动性，语言类学科本身具有交际性特点且商务英语交际性更强，要想让学生能够透彻掌握商务英语知识，教师就需要让学生使用商务英语进行沟通与互动。使用 SPOC 模式，既会实现师生之间的交流，同时也会实现学生之间的交流，进而增加学生利用商务英语进行交流的机会，在模拟真实场景后，真正提高学生的交际能力。

促使商务英语教学模式与教学方法更加多样化，在一定程度上使得学生对商务英语课堂教学更感兴趣，进而让学生愿意主动学习商务英语知识，加强学生与教师之间的配合，使商务英语教学效果更加理想，为学生日后发展打下坚实的基础。例如，教师可以以"我赞成"这个为主题，让学生用多种英语表达方式表示出"我赞成"这个意思，从而调动学生对商务英语的学习兴趣。

## （三）SPOC 与商务英语教学的融合性研究

### 1. 课前引导学生借助 SPOC 进行线上自主学习

利用 SPOC 设计与发放教学资源。在利用 SPOC 进行商务英语教学时，第一步需要为学生提供线上自主学习资源，只有让学生利用课前时间进行有效自主学习，才能够使得学生对商务英语知识有更为深入的了解，学生也才能在主动探究过程中，扎实与深入地记忆商务英语知识。基于对 SPOC 模式以及商务英语教学内容的分析，建议在设计线上自主学习资源时包含导学案、小视频以及课前小测验几方面内容，借助导学案，学生能够确定自己在课前预习过程中需要达到的学习目标、应该掌握的知识点，以及必须完成的教学任务，在导学案学习任务、实习指南以及教学目的的引导下，促使学生找到预习思路以及学习重点，进而使得学生能够更为透彻地分析本节课教学内容。小视频是 SPOC 线上教学环节中最为核心的部分，其主要是指教师通过录像的方式来细致讲解本节课中一个或者某几个知识点，通过控制与缩短视频时间，让视频内容更加精准与精细，进而让学生可以利用商务英语教材以及教师所呈现的视频，掌握本节课内容。为了给线下课内教学提供有效支持，商务英语教师还需要通过课前小测验的方式了解学生自主学习的效果。通过将以上设计好的课件教学资源整合并发放给学生，让学生能够借助 SPOC 模式进行线上自主学习。例如，可以针对某个话题让学生展开深入的在线视频讲说。

尊重学生主体，引导学生主动学习。学生的学习主动性不仅会影响其课件学习效果，同时，也会影响学生对商务知识的理解程度，为此在促使学生进行课前线上自主学习时，商务英语教师就需要在尊重学生主体地位的基础上，引导学生使用多种形式，利用 SPOC 平台进行学习。

一方面，商务英语教师需要让学生获取相关互联网工具，像手机、平板以及电脑等，有条件的学生，他们既可以选择在学校内使用互联网工具访问SPOC平台，也可以选择在家中进行自主学习。针对尚未拥有互联网工具的学生，商务英语教师则需要在与学校进行沟通的基础上，让其使用校内电脑访问SPOC平台；另一方面，商务英语教师也需要为学生讲授规范的教学流程，通过让学生先阅读自己所发放的导学案，促使学生了解自己在本节课学习中需要解决哪些问题，完成哪些任务，进而让学生能够制定出更为清晰的学习思路。随后，引导学生进行自主学习时，则应通过让学生观看与分析小视频，更清楚地确定教学要点与本节课的学习重点。真正让学生成为商务英语教学中的主人，促使其可以在自主学习过程中，掌控自己的学习进度以及学习效率，进而在更为轻松的环境中，主动构建商务英语知识框架，为后期课内教学打下基础。例如，教师可以以"业务范围介绍"为主题，让学生想象自己的业务范围，并用商务英语对自身的业务范围进行介绍，在突出学生主体性的同时，为了更全面地保证表达方式的有效性，可以通过一段视频的引导，让学生掌握如何用商务英语介绍业务范围。教师在调动学生学习商务英语的积极性的同时，应充分发挥学生的主体性。

**2. 课内利用 SPOC 开展线下商务英语教学**

基于学生线上学习情况，帮助学生答疑解惑。由于商务英语教师采用 SPOC 教学模式为学生发放资料时布设了小测验，因而，教师通过 SPOC 学习平台就可以获取学生的小测验结果，此时，通过分析学生观看视频情况以及测验情况，则可以了解每一位学生在自主学习过程中存在的问题，以及自主学习达到的最终成果，这就为后期课内教学，提供了更有价值的参考信息。当教师获取到学生的线上学习信息后，首先，应将学生的学习疑惑以及整体学习情况进行统计与演示，在课内利用 SPOC 开展教学时，则应为学生呈现出他们在自主学习过程中出现的问题，这样不仅可以保证教学的整体性，同时，也可以帮助学生了解自己的不足，让学习更全面；其次，商务英语教师则应以学生的学习疑惑为核心，重点更正学生的错误，并为学生解决其所提出的问题，在防止学生积累错误知识的同时，让学生获取到超出自己知识水平的商务英语知识。例如，学生在线上会咨询某些句子或词在商务英语中的使用情况，这时如果单纯地为学生讲这个词的意思很难帮助学生解答疑惑，可以通过将词应用到具体的语句中来让学生理解相应的词汇，从而有效帮助学生答疑解惑。

总结梳理教学知识点，丰富课堂教学内容。由于商务英语教学内容本身较为复杂、多样，因而，在一节课中往往需要为学生呈现多方面知识，虽然知识之间具有一定的联系，但是学生的整体把握效果并不理想，基于此，为了提升商务英语教学质量与效果，在使用 SPOC 平台开展课内线下教育过程中，还应该借助互联网设备，为学生总结本节课知识点、梳理教学思路，在丰富课堂教学内容的基础上，形成更为有效的教学模式，促使学生在扎实掌握基础知识后，能够在课堂中学习到商务英语教材以外的知识。

①商务英语教师需要根据学生在答疑过程中的表现以及学生的测验结果，确定商务英语教学难点以及教学重点，为了避免学生产生商务英语课堂教学枯燥乏味的不良想法，教师在总结梳理教学知识点时，需要避免选择以往呈现过的教学视频，此时教师可以采用黑板加粉笔以及 SPOC 平台的方式呈现出知识点框架，让学生能够直观了解到本节课的知识点，进而能够从整体上掌握本节课商务英语教学的重点。

②为了让学生拥有更高的商务英语水平，教师需要在课堂中为学生呈现更为丰富的教学内容，此时教师可以选择 SPOC 平台上与本节课有关的内容，通过音频、图片以及视频的呈现方式，让学生将本节课知识点与课外知识有效联系起来，进而拓宽学生学习视野，丰富商务英语课堂的教学内容。

总而言之，教育信息化已是"互联网＋教育"时代的必然趋势，而 SPOC 模式给当代教育带来机遇的同时，也带来了诸多的挑战。当下，SPOC 与商务英语教学的融合已经进入初步发展阶段，但尚存在 SPOC 平台开发不足、融合不完善等一系列问题，在此背景之下，亟待高校继续努力，以更加开放的心态推动 SPOC 模式在商务英语教学中实现新的发展。

## 二、基于任务驱动的商务英语教学

在传统商务英语教学过程中，老师侧重于机械、重复地单向跟学生讲解单词和语法规则，没有互动的模拟场景练习，注重考点知识的传授；而学生仅靠记忆来掌握这些知识，自己没有进行深入的思考，导致英语教学效果较差。另外，教学材料和教学任务缺乏真实性，目前，商务英语教材大多出自原版的英文报纸、杂志，选题单一或过于专业化，让人难以理解。商务英语课堂教学没有创造和真实商务活动相吻合的场景，学生没有参与积极性，也难以胜任以后的工作。许多商务英语教师把商务英语课程简单看作一门英语语言课程，过分强调语言的学习，忽视了沟通交流、表达技巧、心理素质等解决和处理商务问题能力的培养。

## （一）任务驱动法与商务英语教学相结合的优势

与传统商务英语教学法不同，任务驱动教学法具有以下几个方面的优势。

其一，任务驱动教学法以学生为中心，师生互动，边学边实践，激发学生的积极性和热情，强调学生个性的成长与发展。所以，任务驱动教学法，以语言学习者为中心，符合语言学习的规律，能提高学生的学习主动性，培养其发现、解决问题的能力，学生能获得巨大成就感，传统教学模式无法达到这样的效果。

其二，任务驱动教学法更具实用性、真实性。商务英语被广泛用于商务活动各环节之中，如电话、传真、谈判、合同等，实用性是它最大的特点。任务驱动教学法不但能提高学生的学习积极性，还能激发其主动参与意识。教师设定一个真实的商务场景，引导学生完成具体任务，让学生自由发挥并提出对策。此时，学生可以更好地掌握教学内容，更好地把实用性落到实处。在商务英语教学过程中不能只停留在"传道、授业、解惑"层面上，还应该侧重于实践练习。任务驱动教学法，让学生在模拟场景中学习，学生不仅很好地掌握了教学内容，增强了自信心，分析、解决问题的能力也得到了提高。

其三，任务驱动教学法有助于培养学生的创新意识。采用任务驱动教学法，便于培养学生的创新意识。商务英语具有较强的实践性，需要应对各种商务场合，为了顺利完成具体任务，单靠课堂上学习的专业知识肯定是不行的，还需要学生不断扩大视野，多方面获取更多信息来解决问题，培养创新精神和缜密的逻辑思维。

此外，与传统基础英语教学不同，商务英语教学更加侧重让学生掌握商务活动各领域的专业词汇，熟练运用各项英语技能，参与商业谈判。这些特征决定了商务英语课程不再侧重于对单词、词句和语法的讲解，完成真实场景的具体任务更为重要。

## （二）商务英语任务驱动教学的设计建议

任务目标要清晰明确，可操作性强。任务型教学的重点在于设计合理、有可行性的任务目标。教师在实施任务驱动教学设计时首先要制定总体目标，然后将总体目标细分成一个个小目标。而且每个任务必须具有可操作性、扩展性、实用性、意义性等，比如在学习求职简历写作时，可以设置这样一个任务，让学生去图书馆或网上了解英文求职信的写作方法，根据自身情况向各自中意的公司写一封完整的求职信。然后把学生分成若干小组，模拟公司各人事部门讨论收到的求职信，评选出最优秀的相互学习借鉴。教师应该明确不同阶段不同的任务要求，创造条件让学生主动地尝试解决问题，还应注意"因材施教"的原则，每个学生的认知水平不同，要及时调整教学目标和任务要求，保证学生有效地掌握商务活动的技能。

任务分工要科学合理，注重交叉评价。教师可以根据学生的性格、能力、学习水平等差异，并根据"组间同质，组内异质，优质互补"的原则，将学生分成若干个小组，使各小组、学生之间良性互动。比如在进行商务谈判时可设定生产商、经销商、供应商等角色，学生熟悉各自的职责后再互换角色，这样小组成员就都可以掌握商务谈判技巧了。各小组在课堂上完成指定的任务后，可由其他小组进行点评，这会增强学生的团队合作意识。同时针对有待提高的方面，师生一起深入探讨，加深学生对商务英语教学的理解，有效锻炼商务英语交际能力。

任务设计要体现实践性和趣味性。商务英语是一门实用性非常强的课程，只有任务驱动教学法才能使学生更好地学习这门课程。比如在学习产品询盘时，教师可以先让学生讨论日常生活中购买商品的询价经验和技巧，再把学生带到商务活动场景中对产品进行询价。采用任务驱动教学法时，若设计的具体任务枯燥、呆板，学生没有兴趣参与，就无法达到预期的效果，所以选择日常商务活动中学生感兴趣的话题，是非常有效的教学手段。比如让学生组织一场商品展销会，提前告知展销会的目的和产品范围，学生收集自己感兴趣的产品信息做准备，这样为了在展销会上胜出，学生便会认真选择商品、在产品介绍上进行创新，并积极参与进来。

## 三、跨境电子商务活动中的商务英语教学

随着第三次科技革命的不断深入，尤其在现代信息技术、国际货币体系和国际物流不断发展和完善，经济全球化不断加深的背景下，跨境电子商务应运而生，并在极短的时间内完成了由产生到成长再到相对完善的历程。作为国际商业用语中占据支配地位的语言——英语，其在跨境电子商务中发挥着不可替代的作用。我国跨境电子商务英语应用的水平直接关系到我国在跨境电子商务领域的发展，但是高校对于该类人才的培养很难满足现实对人才质量的需求。跨境电子商务英语教学改革迫在眉睫。

### （一）发展跨境电子商务英语教学的必要性

跨境电子商务英语的发展，加快了国际贸易的速度，大大节约了国际贸易成本。对于传统的外贸企业来说，这是一把"双刃剑"。一方面，这为传统的外贸企业转型提供了很大的契机，跨境电子商务将现代信息技术与传统的外贸企业紧密地结合起来，是外贸企业发展的重要助推器；另一方面，跨境电子商务的发展，也加剧了传统外贸企业的竞争，传统的外贸企业如果不进军电子商务领域不仅可能会损失潜在的市场，还有可能会面临被淘汰的风险。因此，我国大量的外贸企业在国家的扶持下，纷纷进军跨境电子商务领域，力求抢先抓住跨境电子商务的发展契机。企业的发展离不开人才的支撑，我国跨境电子商务的迅猛发展，需要大量优秀的跨境电子商务英语人才。因此，如何培养优秀的跨境电子商务英语人才，是高校电子商务英语教学面临的重要课题。

### （二）跨境电子商务英语教学存在的问题

培养目标不明确，课程设置不科学。电子商务英语的教学注重的是学生综合素质的提升，培养适应现代激烈的市场竞争的复合型高素质人才是电子商务英语教学的核心内容。在现代高校商务英语教学的过程中语言的学习和外贸理论的灌输仍然占据主要位置，互联网思维缺失，课程设计与市场脱节，教学内容相对单一是现代电子商务英语教学的主要问题。尤其在跨境电子商务英语方面，具有针对性的课程十分少，有些学校开设了跨境电子商务英语课程，但是课程教学内容较少，而且缺少整体设计。在较短的时间内，学生一方面需要学习相关的理论知识；另一方面又要针对现代市场的需求对学习的知识进行模拟训练。学生很难对知识进行深刻的应用和掌握。而且，跨境电子商务英语涉及许多领域的课程，这导致设计课程十分困难。面面俱到的后果往往是杂而不精。学生在从事跨境电商业务时往往要从头学习，这违背了课程设置的初衷。

师资力量薄弱。"师者，所以传道授业解惑也。"从事跨境电子商务英语教学的教师通常具备扎实的英语基础技能和外贸理论知识。但是，跨境电子商务是一种十分年轻的外贸模式。教师不仅需要有良好的英语功底，还要掌握跨境电子商务的具体流程，比如法律法规和运营手段。这是在短期内很难培养出来的。因此，一些高校选择外聘一些"兼职教师"进行授课，这就产生了另一个问题，这些"教师"往往不具备教育背景，教授的往往是从业过程中的经验而不是知识，这样往往会导致知识片面化或者学生难以听懂。所以，跨境电商英语教师队伍中往往存在"会教得不懂，懂的不会教"的尴尬问题。

理论教学与实践教学严重脱节。跨境电子商务英语教学面临的另一个巨大问题就是，高校教学如何走进市场，让学生在市场的打磨下，完成质的提升。尽管一些高校会与企业进行合作，但是合作的方式往往是表面化或者参观化的。一方面学校不希望受到电商企业的太多约束；另一方面由于对学生的水平不了解，电商企业往往采取不信任的态度，而且现在大规模的跨境电商企业较少，很难满足学生对锻炼的需求，再者由于资金的原因学生也很难进行实际的电商操作，学生的操作能力很难获得质的发展。

### （三）如何提升跨境电子商务英语教学水平

明确目标，建立以职业需求为导向的课程体系。跨境电子商务英语教学，需要以市场为导向，建立完整科学的课程体系。在知识教学方面，依旧要重视语言教学和贸易理论教学，与此同时加入现代电商运营规则的教学。在能力方面，注重学生语言运用能力的提升和商务英语实战能力的提升。学校是学生有利的保护伞，通过模拟实战的方式，学生尽管会面临许多的失败，但是在捶打的过程中学生并不会有实质上的损失，学生在训练的过程中还能够不断地成长，因此，模拟训练是学生重要的提升方式，应该充分发挥学校的作用，为学生尽可能地提供发展的平台。在情感态度与价值观方面，应该着重培养学生的国际视野和创新意识，大学不仅需要培养学生技能，更需要培养思维方式，课程的设置需要满足学生长远发展的需要。

优化教师队伍。教师是教学活动的主导者，优秀的跨境电子商务英语教师队伍是高校教学的核心保障。关于教师的培养应该从两方面入手，一方面要注重该类教师的培养，积极打造专业的教师团队，鼓励教师主动学习相关知识，积极地提升自身的跨境电子商务英语教学水平，学校应积极提供资金和渠道支撑，帮助教师去提升，比如支持教师去企业锻炼，或者积极地与企业联系让教师去参观学习；另一方面，学校要注重专业人才的引进，通过讲座、经验交流等方式，将一线的专业人员带入课堂当中，让学生近距离接触优秀的从业人员，以优秀的人为师，树立积极的职业理想。

深化校企合作，培养实用型人才。校企合作，对于跨境电商来说是一种有效的双赢合作方式。学校要积极地提升自身的硬件水平，比如建立培训基地，让企业看到学校的实力和诚意，以更加专业的身份，与企业进行更加深入的交流。学校是人才的孵化器，与企业积极沟通能够获得更加丰厚的发展资源，要让电商企业看到学校人才的潜力。校企合作的方式有两种，一种是"节流"，即充分利用现有企业，对学生进行培养；另一种是"开源"，即通过学生自己造血的方式帮助学生实现能力的提升，学校可以给学生更多的创业支持，让学生自己培养、发展自己。在校企合作的过程中，要积极地进行经验总结，在合作的过程中完善合作的方式。

注重学生交际能力的提升。跨境电商是一种贸易的交流，也是一种文化的交流，尽管电子商务的交流方式更加便捷，但是实际的交流过程仍然是文化的碰撞。培养核心仍然是交际能力，语言和科技仅仅是手段，是交际的载体。在培养过程中要十分注重学生交际能力的提升，通过多种方式培养学生的交际能力。

跨境电子商务英语教学是我国跨境电子商务发展过程中的重要支撑环节，是人才供给的主要渠道，跨境电子商务英语教学对我国外贸企业的转型具有很强的积极意义，对我国实现"引进来""走出去"的战略提供了重要的支撑力量。跨境电子商务英语教学需要认清现实对人才质量的需求，紧跟时代的步伐，契合经济发展的需要，设置科学的课程，深化校企合作，促进学生专业素质的有效提升。

## 四、商务英语教学中的思辨能力多维训练模式

近年来，我国教育体制不断改革，以逐步提升教学质量，促进学生综合素质的提升。在商务英语教学中，教育部注重对学生思辨能力的训练，旨在通过增强学生的思辨能力，让学生养成良好的英语学习习惯，有效优化教学质量，为学生后续学习及工作打下良好的基础。本部分将围绕提升学生思辨能力的多维训练模式进行探讨。

### （一）在商务英语教学中培养思辨能力的意义

契合商务英语人才培养目标。商务英语具有极强的指向性和专业性，贯彻落实思辨能力多维训练模式，符合商务英语的教学目标，有助于提升课堂教学质量，让学生养成良好的商务英语学习习惯。培养学生的思辨能力虽然在之前的商务英语教学模式中得到了体现，但并不受重视，在具体落实方面略显不足。商务英语专业不仅对学生的英语能力具有较高要求，还要求学生具备经济、管理等方面的知识，具有综合性。所以，单一的教学目标不能满足商务英语人才培养的要求。为此，商务英语教学要围绕培养学生的思辨能力，完善教学目标及教学规划。

有助于提升学生的综合能力。纵观当前商务英语教学现状，绝大多数院校均开设了商务英语课程，教学重点集中在如何提升学生的英语应用能力上，整体课程设置的专业性和针对性有待加强。不少学生具备较为完善的英语语言能力，但缺乏经济、管理等与商务有关的知识。鉴于这一情况，商务英语教学要根据专业特点将经济、管理等与商务相关的内容科学融入商务英语教学之中，适当降低英语语言基础知识在整体课程体系中的比重，注重对学生思辨能力的培养，从而促进学生综合能力的提升，增强学生的岗位适应能力。

### （二）在商务英语教学中基于思辨能力创建多维训练模式

在专业教学中贯彻就业导向。在商务英语教学中，要将就业导向有效融入教育教学之中，让学生尽早明确未来的职业发展方向，切实提升学生的就业率。在商务英语教学中，

为提升学生的就业实力，院校在设置商务英语课程体系时，不仅要设置有效提升学生语言应用技能及相关知识的学科，还要增加商务知识、相关背景知识等内容，逐步提升学生应用所学知识解决实际问题的能力。此外，在商务英语教学中，教师要突出学生的主体地位，采用灵活多变的教学形式，开展契合教学目标的教学活动，以激发学生的学习兴趣及自主操作能力，逐步提升学生对所学知识的应用能力，致力于培养学生的思辨能力，促进学生综合素质的提升和全面发展。

调整技能训练在教学中的比例。就商务英语专业而言，学生必须具备良好的英语交流能力，能够妥善处理商务方面的问题，这样才能尽快适应工作岗位。为此，商务英语教学要贯彻落实理论联合实践的教学理念，适当增加技能训练在教学中所占的比例，并以此为中心，开展相应的技能培训活动，让学生在实践操作中提升团队合作能力、分析和探究能力等，以增强学生的综合能力，提高学生的岗位适应能力，从而有效提高学生就业率，改善就业即失业的难题。在商务英语教学中，教师可以根据教学内容，设计主题活动，创建适宜的课堂情境，让学生根据客户需求，完成相应的操作训练，以增强学生的实践操作能力，让学生通过分析问题、解决问题，增强思辨能力。此外，学校可以挖掘社会资源，拓展实践教学平台，寻找优质企业构建良好的合作关系，组织学生参加教育实训，从而锻炼学生的思辨能力。

完善相应的教育评价机制。考核评价是教育教学中的重要环节，为提高评价体系的科学性，改变以期末考试为主的评价模式，学校要推进形成性评价建设。专业英语四级及专业英语八级考试是考察英语专业学生专业能力的重要考试，BEC 是考查学生商务英语水平的重要考试。在商务英语评价体系中，不仅需要举行关于理论知识的期末考试，还要根据学生的实践能力开展对应的考试，并将学生的课堂表现、作业完成情况等内容按比值计算到综合成绩之中，以完善教学评价体系，让学生不仅关注期末考试成绩，还重视平时表现。另外，教师可以根据学生在课堂上的表现，对教学情况进行总结和反思，从而逐步提升课堂教学质量，构建良好的师生关系，给学生提供及时有效的指导，促进学生综合能力的提升。

将思辨能力训练与专业教学有效结合。我国不少院校并未开设专业的思辨能力训练课程。为此，在商务英语教学中，院校应基于学科内容，构建科学有效的思辨能力训练体系，在注重培养学生语言应用能力的同时，将引入话题、研究问题、以问题为导向等的教学活动应用到专业教学之中，以促进学生思辨能力的提升。另外，教师要合理利用互联网科技，通过多媒体设施展示相应的教学课件，丰富课堂教学内容，拓展学生的知识面，并顺应时代发展要求，开展微课教学，将教学中的重难点等内容以微课的形式上传至学习平台，锻炼学生的自主学习能力，进而促进学生综合能力的提升。

在信息技术水平日新月异及社会经济蓬勃发展的当下，社会对人才的要求也逐步提升。伴随着高等教育的发展，每年都有大量的高校毕业生涌入人才市场，存在较大的竞争压力。因此，在商务英语教学中，学校要基于思辨能力，综合多个要素，构建科学完善的训练模式，切实调动学生的积极性和主动性，从而促进学生综合能力的提升和全面发展。

## 五、CBI 教学理念融入商务英语教学的有效性

CBI 也被称为内容教学，将语言教学模式和教学内容融合在一起，是一种较为直观化的教学理念，在教学过程中，需要对教学内容进行全面分析和理解，从而实施针对性教学。CBI 教学模型依托语言输出输入理论以及教育功能理论，并且，在教学体系建立过程中，也充分融合了建构主义的相关特征。也就是说，在 CBI 教学模型中，学科知识是教学核心，教师主要借助语言材料和新信息，建构初始化教学结构，在课程设置方面也是完全围绕学科特征展开教学。在商务英语教学模型中融入 CBI 教学理念，能为学生提供更加优化且具有专业性价值的语言学习环境，并且能有效优化学生的语言技巧能力，实现专业知识水平以及社会认知能力的双向升级，从根本上优化整体教学模型的实效性。另外，在商务英语结合 CBI 教学模型的过程中，学生除了能在日常交流中提升英语应用能力，也能实现学术研究的目标。其中，CBI 教学模式中，主题依托、保护依托以及辅助式依托和变体依托等是十分常见的依托方式，能在提高整体效果的同时，保证教学模式和教学理念的最优化。另外，在课堂教学模式中，教师并不需要刻意进行语法学习以及语言功能训练，只需要结合语言知识本身的特征，转向语言教学方式，借助语言工具提高学生的使用能力。

### （一）CBI 教学理念融入商务英语教学的时代价值

在商务英语教学结构中，由于其本身并不是单一化的英语教学模式，采取的是英语模式＋商务专业模式的教学方式，对于学生的要求就不仅在于英语能力的培养，更加注重实践水平和语言功能的处理效果。也就是说，在商务英语教学理念中，教师要将语言技能和商务专业内容有效统筹，从而形成系统化的教学模型和教学维度。在商务英语中，语言知识、沟通技能和专业知识是三个必要的学习模块，是将理论知识和实践知识融合在一起的教学体系，更加适用 CBI 教学理念。CBI 教学机制能将语言教学或专业知识教学融合在一起，形成统筹分析的教学模型和教学框架，实现语言教学模型的综合化升级，确保教学维度能得到有效实现。

## （二）CBI教学理念融入商务英语教学的路径

在CBI教学模型建立和落实过程中，要结合商务英语的实际运行需求，积极落实更加系统化的教学机制，将语言和内容进行综合化分析，利用不同的教学操作方法提高整体教学机制的实效性。其一，沉浸式教学法，主要是将教学内容作为教学依托，是CBI教学模式的核心教学体系，要求教师在教学机制和教学主题设计时，充分将教学内容落实到其中；其二，语言主题教学法，即对教学内容进行深度分析后，借助不同的语言主题提高商务英语的价值性和直观性；其三，将沉浸式教学法和语言主题教学法揉捏在一起，利用辅助教学机制提高整体教学水平。在CBI教学机制开展过程中，将语言内容和教学任务进行捆绑，能助力学生在相关教学活动中体会探索式学习的乐趣，并且能引导学生在完成任务的过程中认真思考，从而实现信息交流的教学目标，能在提高学生综合素质的基础上，为学生的交流能力提升奠定坚实基础。

另外，在商务英语教学体系中应用CBI教学模式，教师并不是一味地传递商务语言知识，而是要结合不同的商务教学任务，寻找生活式教学的贴合点，并且提高语言模型和教学互动的实践性价值，从而进一步有效吸引学生获得教学引导，通过协作式学习模式完成基本的教学任务。正是基于此，教师利用CBI教学模式才能有效落实教学任务和教学目标，引导学生进行对话式互动学习，从而习得语言知识。同时，学生能在真实的商务活动场景中体会商务英语的真实性任务，内化英语知识，也能着重培养学生运用英语的能力。

## （三）CBI教学理念融入商务英语的有效性研究分析

CBI教学模式的实际价值和教学效果需要借助课堂教学效果进行全方位验证，因此，有必要建立相关教学模型，对CBI教学模式的有效性进行总结和分析。下面选取某高校商务英语选修课程的学生作为研究对象，结合相关对比分析机制，进行细化研究。

### 1. 研究项目概述

要想从根本上提高CBI教学模式的使用效果，就要对其有效性进行集中分析和综合管理，借助相关教学研究了解CBI教学模式和传统教学规律之间的差异。

在研究项目中，将传统教学机制和CBI教学模式列为两种不同的学习环境和学习基准，并且选取开设商务英语的两个班级进行对比试验分析。在选取学生前，要对学生的学习能力进行初步了解，确保学生能力的均等性，减少智力因素的影响，将其分为对照组和实验组，进行一个学期的试验教学，每周4课时，共18周。实验组利用CBI教学模式，课堂教学互动主要围绕商务主题展开，课堂中教师的讲解和学生陈述都按照CBI教学流程有序开展，并且结合小组教学模式和任务教学模式进行。而对照组利用传统教学机制，主要是以"听说读写"为主，每堂课就是"教师翻译、学生练习"的形式，教师沿袭传统教学机制对课程进行全面讲解。并且，在实验进行过程中，要针对学生开展学习态度以及学习成果的调研分析，动态化观察学生的变化，建立具有针对性的成长档案。

### 2. 确定研究对象

研究对象选取商务英语专业一年级学生，两个平行班级均开设了商务英语相关课程，每个班级 40 人。在研究开始前，对其成考英语成绩以及入学后的模拟考试成绩进行了分析，并且对其智力等因素进行了综合对比，实验组班级和对照组班级学生并没有明显差异，将其列为相似研究群体，从而有效开展 CBI 教学模式和传统教学模式的对比分析。值得一提的是，在实验项目建立和落实的过程中，为了进一步提高控制变因的能力和水平，研究体系中，对于 CBI 教学分组和传统教学分组采取相同的教学目标和教学内容，且教师也是同一个，尽量减少外界硬性因素对对比结果的影响。基于此，建立健全系统化的教学对比分析，从而确保教学维度和教学基础参数符合标准化实验要求。

### 3. 主要研究依据

在研究体系中，设计了两份检验工具，其一是英语水平测试试卷，主要采用剑桥商务英语 BEC 中级证书试卷，考查学生在学期中和学期后的整体水平以及综合能力。在测试中，不仅仅对学生的"听说读写"能力进行检测，也对学生的商务水平进行全面考核，在试卷中，只包括听力和阅读两大部分，前者 30 题，占据 30 分，后者 40 题，占据 40 分，测试时间控制在 100 分钟。其二是学习态度和学习效果的调研问卷，在问卷设计过程中，将 CBI 教学效果和教学模型实效性作为主要研究对象，主要根据英语学习动机调查表中的学习态度量表制订，共 10 题，正向题目为 6 题，负向题目为 4 题。值得一提的是，正向题目和负向题目会以分散的形式排列，不仅包括学生对于英语课程的态度，也包括其兴趣点和学习动机。在量表中，选项设计也较为细化，分别设置"无意见""十分同意""比较同意""十分不同意""比较不同意"五个选项，利用柯能毕曲 $\alpha$ 系数，各个题目的 $\alpha$ 系数控制在 $0.65 \sim 0.75$，保证充足的信度，也能有效证明量表的可行性和可靠性。

### 4. 数据分析

在数据分析机制中，主要选取以下三种方式。

①配对样本检验机制，主要是对 CBI 教学单一组或者是传统教学单一组学习态度前后变化以及差异进行测试，对分数和变量进行高度相关性测试。在实验中，利用配对样本检验机制，能有效排除误差，提高设计程序的实效性，还能对不同独立检验方式进行统筹分析。

②独立样本检验机制，比较 CBI 教学班级和传统教学班级成绩前后的差异，对标准化差异数值进行综合分析，标准差差值越大，则表示两组的差异越大，当其显著性数值在 0.05 以下时，能对差异性进行综合意义分析，具有统计学意义，也能对 CBI 教学和传统教学差异有直观的表述。

③单因素方差分析检验机制，主要是检验 CBI 教学和传统教学两种方式学生学习态度的差异，数值越大，差异越大。

### 5．结果分析

对两个班级进行全面测试和分析后，对其相关参数进行差异化对比。第一，CBI 教学班级和传统教学班级的英语水平测试，由于是大一学生，在进入大学前并没有商务英语的基础，在第一次期中测试中，对两个班级的商务英语水平进行了初步测试。实验组中，听力平均分数 22.32、标准差 2.96；阅读平均分数 34.17、标准差 3.84；总分平均分 56.49、标准差 6.30。对照组中，听力平均分数 21.59、标准差 3.17；阅读平均分数 34.46、标准差 4.78；总分平均分 56.05、标准差 7.41。在成绩方面，两者并没有显著性的差异。而在第二次期末测试中，实验组中，听力平均分数 24.41、标准差 2.76；阅读平均分数 38.71、标准差 4.55；总分平均分 63.12、标准差 6.97。对照组中，听力平均分数 21.95、标准差 2.36；阅读平均分数 36.67、标准差 4.47；总分平均分 58.62、标准差 6.37。成绩差异较为明显。第二，学习态度测试，实验组中，学生的学习态度明显好转，而对照组中，学生的学习态度并没有明显变化。这就直接导致学生的整体成绩出现了变化，并且，从单因素方差的角度分析，学生更加乐于接受 CBI 教学机制，证明其教学有效性较好。

总而言之，对于学生来说，CBI 教学机制能在提高其自主学习能力的基础上，优化其学习水平，尽管最开始会存在适应性问题，但是，只要学生充分认可 CBI 教学机制的内涵，再配合教师教学工作，就能实现商务英语能力的综合化提升，有效提升自身的商务英语水平，该教学机制值得高校大面积推广。

## 六、高校商务英语教学中的模块教学

高校商务英语教学在培养英语人才中起着重要的作用，但长期以来，高校商务英语教学一直没有突破传统教学的束缚，依然以语法为主，教学过程中忽略了学生的主体作用，忽略了学生应用能力、交际能力的培养，忽略了文化差异，所培养出来的学生与社会发展需求必然存在一定的差异。近年来，模块教学的应用越来越广泛且取得了较好的成效，模块教学是一种以能力为基础，以培养技术型人才为目的的教学，在高校商务英语教学中，教育工作者应善于推行模块教学。

### （一）模块教学的概述

模块教学是一种以现场教学为主，以技能培训为核心的教学模式。在这种模式下，通过将学习方式要求和与教学目标相近的教学内容整合构成小型模块课程，使其整体功能大于部分之和。相比传统的教学模式，模块教学的优势比较明显。首先，在模块教学下学生的主体作用得到了体现，学生在教师的指导下可以更好地发散思维，发挥自己的能动性，从而达到学习目标，实现高效教学；其次，在模块教学模式下实行"尊重差异，追求个性"的现代教学理念，有利于培养学生的个性和优良品质；最后，模块教学模式下一个模块可以是一个单元，也可以是几个单元的组合，大模块由小模块组成，大的模块可以组成更大的模块，这样的教学比较灵活。

### （二）模块教学的内容

①理论教学模块。学生只有具备扎实的理论基础，在商务英语的应用中才能实现准确的交流与沟通。基于高校商务英语的理论部分，教育工作者应根据学科特点以及人才培养目标，将其分为绪论、跨文化交际、人力资源、市场营销、国际贸易、管理学、金融学等若干模块。而在这些模块中又可以有若干小模块，如跨文化交际这一模块可划分为商务问候、商务礼仪、跨文化交际的策略、商务谈判等。针对这些模块，教师可以有针对性地指导学生学习，使学生掌握相关理论知识。

②实践教学模块。理论与实践是组成高校商务英语的两大主要模块，在划分好理论模块后，要确认高校商务英语的实践模块，包括商务英语学习方法介绍、人在职场、商务酒店、商务通信等模块，以这些模块为基础，将相关内容归纳到相应的模块，从而系统地开展教学，提升学生的能力。

### （三）高校商务英语教学中模块教学的实施

①划分小组。在高校商务英语教学中，划分小组是实施模块教学的重要途径。作为教师，在分组的时候要确保分组合理。在划分小组时，要考虑到学生的学习成绩、知识结构、认知能力、兴趣爱好等因素，根据学生的这些情况来分组。一般而言，教师可采取互补的方式来组合，如成绩好的学生与成绩差的学生搭配、不同知识结构的学生搭配等，从而达到相互促进、共同成长的目的。在划分小组时，要确保每组人数和基本情况相一致，每组选出发言人。

②创设情境进行角色表演。基于商务英语课程的特点，只进行理论知识教育是无法调动学生的学习积极性和主动性的，模块教学目标难以实现。英语属于一门外语，要想学好

英语，必须创设英语表演情境。在模块教学中，教师可以结合教学内容设计相应的情境，让小组进行角色表演，通过表演引导学生具备专业的商务英语能力。如教师可以模拟现场招聘，将教室布置成一个招聘现场，由学生扮演考官和应聘者，通过这种角色表演来增进学生的体验，让学生在这样一个环境中提升英语应用能力。

③布置任务。模块教学就是将一项或者几项具体的任务融入教学过程中，通过任务明确教学目标和教学内容，激发学生的学习欲望，促使学生积极参与到教学中，从而实现高效教学。因此，在高校商务英语教学中，教师要根据模块教学内容合理布置任务，从而更好地引导学生全面发展。

综上所述，高校商务英语教学中模块教学有着较大的应用价值，实施模块教学可以更好地培养学生的能力，促进学生个性发展。因此，在高校商务英语教学中，教师要善于开展模块教学，要根据商务英语课程以及学生的特点合理设计模块。在模块教学中，要积极推进小组学习，发挥学生的能动性，合理布置任务，做好教学评价，进而有针对性地培养学生的能力，促进学生的全面发展。

# 第三节　应用型本科院校商务英语专业设置的思路

## 一、明确学科定位与理论基础

学科定位决定人才培养目标，人才培养目标决定课程设置和教学模式。学术界对商务英语的界定和学科定位始终存在争议，而商务英语的内涵愈加丰富。根据王立非的定义，商务英语指在经济全球化的环境下，围绕贸易、投资开展的各类经济、公务和社会活动中所使用的语言，具体包括贸易、管理、金融、营销、旅游、新闻、法律等。学术界对商务英语的共识有以下几点：①商务英语是专门用途英语的一种变体；②商务英语是在商务环境中应用的英语，该环境包括与商业相关的一切领域，如经济、管理、法律、政治、外交、媒体、社交等；③商务英语是一种专门化的语言，表现在商务英语词汇、句法和语义等方面；④商务英语研究在国际商务背景下使用英语的规律。可见，商务英语是一个新的应用型交叉学科。它是应用语言学与国际商务、国际贸易和世界经济等学科相交叉产生的新学科。与英语专业学生相比，商务英语专业学生具备专业商务基本理论、基础知识和业务技能；与国际商务学生相比，具有英语应用水平高、跨文化交际能力强、中外文化素养好、外国国情知识广的优势。

## 二、从校本位出发，探索适合自己的人才培养模式

目前，国内商务英语本科人才培养模式大致有三种：

①英语（商务方向）ESP拓展模式。依据《高等学校英语专业英语教学大纲》的建议设置课程，学时百分比总体为英语专业技能课程67%、英语专业知识课程15%、相关专业知识课程18%，BE教学限制在相关专业知识课程中。一二年级基础阶段为英语基础教学，开设听说读写分项技能训练课程；三四年级的少数课程进行ESP教学（外贸函电、国际贸易实务、金融英语等），且语言教学与商务知识在同一课程中的比例为6∶4。弊端：GE教学阶段较长；BE语言技能训练不足；商务方向专业知识欠缺；

②全英仿商科教育模式。在开设四年英语专业主干课程（不包含语言学和文学类课程）的同时，增加全英教学的经济/管理类课程。全英教学的经济/管理类课程占专业总学时的31.5%。用英语开设两个专业规定的主干课程。缺点：BE教学不足，商科专业方向课程难以深化；成本高，学生负担重；师资要求高，大部分地方本科院校无法做到；

③商务英语专业学科课程模式。商务英语专业成为独立学科，不再纠缠于姓"商"还是姓"英"。依据《高等学校商务英语专业本科教学要求（试行）》，BE专业学制四年，颁发BE本科毕业证书，授予文学学士学位。基础阶段不再以（文史类）GE技能训练为中心，而是采用商务主题教学法，以商务内容为依托，不再单纯开展英语技能教学，而是将听说读写的技能与商务专业知识相结合，开设综合商务英语、商务英语视听说、商务英语阅读、商务英语写作、商务英语翻译（口译、笔译）等课程。高年级在继续提高BE水平的同时，重点提高商务专业知识，选择性学习经济/管理类课程，提高跨文化交际能力。商务知识及商务技能占专业学时的20%~30%，保证商务类相关知识课程的相对系统性。比较三种模式的优劣，从学校和院系实际出发，我们认为第三种选择是可取的。

设置商务英语本科专业是郑州升达经贸管理学院谋求转型发展的必然选择，商务英语学科的快速发展与完善、升达学院的办学定位和办学特色、地方经济发展对商务英语人才的需求以及地方高校转型发展要求都为商务英语专业的设置奠定了理论和物质基础。如何通过课程群建设、在课程中嵌入职业资格证书核心课程、毕业论文的改革与创新、实习实训环节、师资队伍建设与转型、商务专业课程建设等途径，实现商务英语专业的人才培养

目标，还需要进一步的探索和实践。

# 第四节  应用型本科院校商务英语专业学生 "双创"能力培养

为提升商务英语专业学生所需具备的专业素养及创新创业能力，高校有必要对商务英语教学模式进行优化。在对"双创"背景下高校商务英语教学模式做出分析的基础上，针对当前高校商务英语专业教学模式中存在的问题提出改进建议，以期能够有效提高高校商务英语教学效果，并实现学生专业素养与创新创业能力的协同提升。

"大众创业、万众创新"号召的提出，对高校商务英语教学模式提出了更高的要求，在此背景下，商务英语专业教学工作者不仅需要关注学生专业素养的提升，而且需要关注学生创新创业能力的培养。为此，针对当前英语教学模式中存在的问题对教学模式的改进与优化路径作出探索，成了商务英语专业教学工作者面临的重要课题。

## 一、"双创"背景下的高校商务英语教学模式

商务英语作为高校英语教学中一门比较实用的学科，在提高学生语言交流能力，帮助学生走向社会，承担商务英语交流重任方面，有着极大的意义。并且在教育事业大力鼓励增强学生的创新创业能力的背景之下，学生未来在创新创业领域，对于商务英语的应用会更加广泛。正是这一趋势的推进，许多高校已经意识到了改革商务英语教学模式的重要性，并且积极地开展教学模式改进工作。

### （一）未能通过教学来激发大学生的创新创业意识

创新创业能力培养对于提升学生未来的就业竞争力有着极大的帮助，通过创新创业能力培养，可以让大学生在众多的竞争者中脱颖而出，有更多的机会展示自己的能力。目前，高校商务英语教学已经开始有意识地培养大学生的创新思维和创造能力。大学生的自主意识、创新意识较强，同时，对于创新创业也有一定了解，并且有着强烈的求知欲望，想要积极地去追寻创新创业领域的专业知识和能力。然而，由于高校在商务英语教学模式中的局限性，对于大学生的创新创业意识的挖掘还不够深入，很多大学生虽然自己有很好

的想法，但不愿意及时地与教师或其他同学进行交流，也未能将其付诸到实践中去。另外，因为大学生对于商务英语专业知识的掌握不够充分，在实际交流中的应用不够熟练，也就无法运用自己的专业知识去解决实际中的问题。

### （二）高校教育观念陈旧落后

在创新创业能力培养的大背景之下，高校的教育观念应当进行积极的转变，努力培养学生的创业精神和创新能力。这就需要在商务英语教学活动中突出学生的主体地位，鼓励学生积极地发散思维，将自己的创新性思想和建议表达出来，并与商务英语专业课程教学相结合，从而在培养大学生专业能力的同时，促进大学生创新创业能力的培养。然而，当前部分高校教师在开展商务英语课堂教学时，采用的是传统教学方式。在教学活动中，教师占据着主导地位，而学生只能跟着教师的节奏学习相关知识，不利于学生创新创业能力的培养。

### （三）商务英语专业课未能与创新创业教学有效结合

在"双创"教育环境之下，商务英语专业课程的教学，应当融入创新创业能力培养中去，两者是不可分割的。但是由于高校还未能认清两者之间的关系，专业课程教学和创新创业能力培养依旧各为其政，未能良好地融合，这种相互分离的教学模式，使得实际的教学效果并不理想。一方面，商务英语专业课的教学，只注重英语知识的教学，教学过程中并未体现出创新创业能力培养的元素，学生只能死板地学习英语知识，与未来投入社会开展创新创业活动脱离开来，另一方面，创新创业能力培养中没有突出商务英语专业课程的重要性。大学生在学习过程中，感受不到这种创新创业理论的实际可行性，对自身的创新创业能力提升信心不足，缺乏参与创新创业实践的勇气。

### （四）缺乏良好的教学氛围

在商务英语教学活动中，教学情境的创设，有利于学生从更为真实的创新创业情境中，感受到浓厚的学习与创新氛围，从而激发学生对知识的渴求，刺激学生的创新思维，使其以更为活跃的思想意识，加入浓烈的学习氛围中去。但如今高校在商务英语教学过程中，教学氛围的营造不足，学生在学习的过程中，缺乏积极性，对于知识的学习提不起兴趣，不愿意主动地思考，这不但不利于商务英语专业知识的传授，也很难激发大学生的创新创业思想，无法提升学生的创新能力。

### （五）考核机制与教学要求不符

为了加快"双创"背景下的商务英语教学效果的提升，尽快转变教学模式，高校应当制订与教学要求和教学目标相符合的考核机制。但当前高校还未能实现教学考核机制方面的完善。高校对于师生的教学考核依旧是看重最终的考试分数，对于大学生在运用商务英语进行交流方面的考核不足，并且也未能将提升大学生的创新创业能力加入考核的内容中，使得考核机制不利于教学目标的实现，无法发挥教学考核的引导和规范作用。

## 二、"双创"背景下高校商务英语教学模式改进建议

### （一）创新商务英语教学理念

树立并且创新商务英语教学理念，是革新教学模式的基本要求，有助于教师改变以往教授词句、语法等基础知识的形式，注重学生整体英语交流能力的提升，并且将创新创业能力培养理念融入商务英语课程教学当中，让学生积极主动地参与平时的教学活动。同时，开展创新创业竞赛活动等，让学生通过解决创新创业中遇到的问题，切实提升创新创业思维活跃度，使其获得在实践中解决问题的能力。新的教学理念的指引，能够保证教师始终按照新时代双创背景之下的教学要求开展教学活动，以专业化的知识和教学经验，培养学生在创新创业实践中处理问题的能力。

### （二）以"双创"教育为背景，完善高校商务英语课程体系

加强大学生创新创业能力的培养，商务英语教学已经不单单是一门课程的教学，为了实现创新创业教育和商务英语教学的融合，必须完善专业课程体系的设置。要实现课程体系的完善，就必须选择合适的载体来实现商务英语教学内容的优化，将创新创业思想融入专业课教学中，将课程学习根据每个时期不同的教学目标划分为具体的学习领域，同时使不同学科之间相辅相成，实现综合性教学，将教学过程中的重点和难点进行总结，采用科学的手段教学。另外课程设置还应当注意，理论教学和实践教学要同时开展，以理论保障实践的开展，以实践来验证和完善理论。

### （三）建立健全"双创"教育商务英语教学平台

现如今，信息技术的飞速发展，已经对教育教学工作产生了极为明显的影响，传统的商务英语教学模式已经不再适用于当前的教育要求。为了提高运用商务英语教学提升大学生创新创业能力的效率，实现商务英语教学模式的根本转变，高校应当建立以双创教育为支撑的商务英语教学平台。通过运用网络获取更多的资讯，并在教学平台上展示给学生，让学生自主地通过教学平台选择适合自己的学习内容。教学平台建立起来的实践环境，可以让学生将自己的创新创业设想通过虚拟的环境展示出来，并与其他师生积极地交

流，互相借鉴、互相补充，既能够提升学生参与的积极性，又能够让学生学习到更多有用的知识。

### （四）完善商务英语教学评价体系

确立评价体系的原则。首先，教学评价体系的构建应当遵循科学合理性原则。这一原则指的是高校在对商务英语教学效果进行评价时，应当真实、全面地反映学生在实际能力提升方面的情况。因此，在构建评价体系的时候，不能只凭构建人员的主观印象，而是要对教学过程中所涉及的每一项指标都进行合理的统计，按其重要程度设定不同的评估占比，从而为教学工作提供更为可靠的参考依据；其次，要遵循层次分明的原则，在创新创业教育背景之下，商务英语教学涉及内容、方式、结果等多个层次的指标。因此在构建教学评价体系的时候，应当针对教学中所涉及的这些方面，进行层次分明的考核，这样才能更为清晰地反映教学效果；最后，要遵循可操作性原则。教学评价体系如果设置得过于繁杂或者考核难度大，那么将会大大影响考核的效率，因此，构建教学评价体系必须要考虑其可行性的问题，让教学评价更贴近事实，便利可行。

### （五）评价体系构建过程

其一，要建立对商务英语教学师资队伍的考核体系，对当前教师的水平进行考量，从而保障教师具备一定的创新创业能力培养的技能，保障教学工作顺利开展；其二，要建立对教学内容进行考核的体系，监督教学内容是否符合教学目标的要求，是否有助于提高学生的实际专业能力和创新创业能力，教学课时是否合理，是否能够被学生接受等；其三，要建立对教学方法进行考核的体系，教学方法是否符合教学理念，是否有助于教学模式的更新，是否能够提高教学效率，都是考核过程中应当重点关注的内容；其四，要建立对教学效果进行考核的体系。其中包括学生的商务英语专业技能是否能够得到提升，学生参与专业课程教学的积极性，学生创新创业能力的提升等。

### （六）完善商务英语教学动态反馈机制

高校应当建立健全商务英语教学动态反馈机制，从而能让师生将教学中的实际情况及时、准确地反馈出来，并对教学中遇到的问题进行分析，找出合适的解决策略。同时，依据动态反馈机制，还能够检验教学评价体系中不合理的成分，从而进行适时的调整，让高校商务英语教学正常、有序开展。在动态反馈机制中，涉及的主体包括参与教学活动的教师和学生，以及负责教学评价的相关人员。在进行教学反馈时，学生可以选择向教师反馈自己在学习中遇到的问题，如商务英语专业知识的难点等；教师得到反馈之后，通过对学生进行合理的引导，帮助其解决问题。另外，教师也可以向学生进行教学方面的反馈，将自己在教学工作中总结出来的经验传授给学生，帮助学生掌握更为适合自己的学习方法，提升学生的学习效率。

"双创"背景下，陈旧的教学模式已经无法满足当前教学工作的需要，不利于实现培养大学生创新创业能力的目标。为了提高教学效率，将大学生培养成具备创新创业能力的高素质人才，高校商务英语的教学模式也应当根据当前教育工作的要求进行相应的改进。通过创新商务英语教学理念、完善课程体系、建立教学平台、构建教学评价体系、建立动态反馈机制等方式，从根本上实现教学模式的转变，最终实现培养大学生创新创业能力的目标。

# 第六章

# 应用型本科院校商务英语教学课程体系构建

商务英语课程的出现是英语语言自身发展的必然趋势，同时也是经济社会发展的必然结果。二十多年以来，商务英语在我国高校已经从一两门单独的课程发展成了一个自成体系的学科。在经济全球化的今天，为了培养出更多、更优秀的商务英语应用型，为了使我国更好地融入世界，更好地应对各方面的挑战，就必须加强对商务英语课程的体系构建。本章主要从商务英语教学课程体系的建设现状、构成要素、原则以及依据等方面进行分析。

## 第一节　商务英语教学课程体系的建设现状

### 一、缺乏实践环节

学生缺乏实践环节，以至于实际解决问题的能力较差，不能将所学应用于实际当中，遇到实际问题不知如何着手。尽管大多数应用型本科院校都设有实习环节，但在实施过程中出现的问题不少。首先，在主观认识上，部分院校对实践或实习重视不够，"重知识，轻能力"的观念顽固。其次，在客观条件上，院校对实践实习的投入有限，过程管理难度颇大，致使实习实践通常流于形式。课程设置也是多以理论为主，实践为辅。最后的课程评估也是以理论成绩为主要参数，实践项目作为附加部分，可有可无。这种安排不利于学生知行合一。

对商务英语的定位不明确，使得商务英语在课程设置上偏重理论性，忽视了实践性，教学课程过于注重学生的理论学习。虽然文本学习和研究是教师和学生开展商务英语学习的基本方式和主要途径，但是这种模式却无法提高学生的实践能力。从具体课程设置来看，基本上都是一些理论型的教学模式，很少有具体的实践课程，说明学校在课程设置上对学生技能训练的重视度还不够。对商务英语这样一门从经济发展实践中衍生出的实用型课程来说，理论型教学模式和课程安排无法达到预期目的。从对院校和社会教学的对比分析来看，院校教学偏重理论，社会教学偏重实践。之所以出现这种差别，主要可以归结于两方面的原因。

### （一）师资水平

由于院校教师除了教学以外还要从事一定的科研工作，具备较高的理论素质，因而基本上偏重于理论教育；而社会培训机构的教师大多都是将基本的理论知识结合自身的实践经验，因此必然会注重实际工作经验的传递，尤其是能满足职业发展的需要，但是这种实践性的理论基础不够扎实，实践经验的知识体系不够系统和完整。因此，目前我国高校的师资的特点就决定了很难达到商务英语中"实践"的要求。

### （二）教学效果的评判标准

众所周知，目前对学生学习效果和教师教学效果的评价大多数还是以书面成绩为主，很少能够以学生对商务英语的掌握和运用程度为评价标准。传统的评价模式具有简单、明了的特点，能够对学生的理论知识掌握程度有较好的追踪和判断，且具有一定的说服力，能够减少争议。事实上，这种评价模式对大多数的基础学科非常适合和有效，但是对于商务英语这类处在时代发展前沿的复合型、实用型学科来说，存在一定的问题。比如，对于学生来说，能力（实际动手能力、学习能力、适应能力等）培养的重要性要远远高于知识的掌握，而用理论知识的评价方式来判断一个学生的能力水平，实际上还存在欠缺。为了解决这个问题，有些应用型本科院校已经采取了"平时成绩＋期末成绩"的方式来减少书面考试可能带来的不合理现象，部分院校则用"口试＋笔试"的方式来判断学生对商务英语的掌握程度，尽量对学生的能力进行综合判断。当前我国要更加注重商务英语学生实践能力的训练，不仅能够提高学生在职业生涯中的竞争力，而且对日后从事商务英语学科的科研工作也是很好的实践基础，能够全面、系统地推进商务英语学科的发展。

## 二、核心课程不突出

目前很多学校普遍存在商务英语专业核心课程不突出的问题，大部分商务英语专业课程仅是英语专业课程和一些与商务知识相关的课程（如国际贸易、管理、经济学等）的叠加，核心课程不明显，该专业的毕业生缺乏能独当一面的本领和技能，在实际工作中发挥不出特色优势。例如，一些外贸工作，商务英语专业的学生能做，国贸专业的学生也可以做，但如果遇到一些专业性更强的工作，后者依然能够胜任，而前者却不一定能坦然面对。商务知识与语言知识课程比例失调。商务课程开设时间极其有限，且缺乏连续性，有些高校的商务课程只开设了一个学期，且内容笼统，方向不明确，针对性不强。学术性课程过多，职业导向性课程少，商务知识和英语知识结合度不够，商务理论与技能课程同英语脱节。这些现象导致该专业毕业生缺乏优势，实际工作中体现不出特色。例如，商务岗位上的工作，商务英语专业毕业生能做，国际贸易或电子商务专业的毕业生同样能够胜任。而国际贸易专业毕业生承担的工作，商务英语专业的毕业生却未必能胜任。核心课程的不突出导致学生缺乏核心竞争力。

## 三、专业课程设置不全面

首先，商务英语学科的课程类型设置、性质划分和学时安排不尽合理。其次，部分科目的设置顺序颠倒，各课程之间无紧密的关联性和承启性。课程的设置在整体上缺乏科学、严谨的规划。

## 四、课程设置与学生需求不符

商务英语是一门发展的课程，要能与时代发展保持一致的态势，而现在商务英语学科中有些课程已经远远不能满足学生的学习需求。商务英语课程的时效性问题一方面是由于课程没有及时进行调整，有些课程已经不能适应当今国际商务的发展状况，而一些亟须开设的课程则没有开设，造成了学生的知识和技能储备不能满足社会的要求。除此之外，某些院校即使开设了商务英语相关的课程，但是在师资配备和教材储备方面仍存在很多不足。比如，教师水平不足或者综合素质尚未达到既定要求，或者教师根据个人的兴趣爱好或个人对培养目标的理解来设计课程。学校语言教师注重的往往是英语，是语言知识，而学生注重的是专业业务知识和技能。

## 五、商务英语教材编写与实际脱离

当前市场上的商务英语教材大致分为两类：一类是国内出版社直接从国外引进的经济学、金融学和 MBA 系列英文影印版书籍；另一类是国内学者根据原版教材改编或自编的教材。各类教材的选择基本是各随己便。商务英语没有统编教材和明确的课程大纲，教师自编的讲义往往缺乏系统性，导致培训专业不对口，不切合实际，各门课程之间无法统一，更谈不上相互配合，也就无法做到各课程之间相辅相成、相互促进。教材因素的滞后性是造成商务英语时效性不足的重要原因。对物理、化学以及数学等基础学科而言，其自身学科多年的发展特点使其知识更新速度相对较慢，即使出现某些前沿课题也仅仅是其中很小的分支部分，所以对课程时效性的要求不会那么高。

商务英语是一门发展中的学科，它的知识体系随着社会的发展而发展，很多知识和技能会随时被取代甚至消失。例如，过去电报是国际商务间非常重要的一种传送方式，在外贸函电课程中，如何写电报、发电报是比重很大的内容。而随着互联网的兴起，电报在国际商务中的重要性逐渐降低，近乎消亡，而电子邮件作为主要的通信工具和传送载体正在成为主流的通信方式。这种发展变化正在不断地改变商务英语从业人员的交往方式和工作内容，所以相应地，商务英语专业学生必须熟练掌握并运用这些技能，从而更好地适应并推动社会发展。

自 20 世纪 90 年代初英国剑桥大学出版社进入中国商务英语教材市场以来，BEC（business english certificate）初、中、高级考试及培训类教材越来越火爆。BEC 考试以其科学性、客观性、权威性和时代感而得到世界各国的广泛赞同和接受，是商务工作人员或英语学习者英语水平的验证，对即将进入就业领域的在校学生来说，它更是就业、求职的重要砝码，这种时效性正是诸多考生和企业所认同的价值所在。

# 第二节　商务英语教学课程体系的构成要素

## 一、对课程的理解

"课程"一词在我国始见于唐宋期间。唐朝孔颖达为《诗经》中"奕奕寝庙，君子作之"一句作疏："维护课程，必君子监之，乃依法制。"但这里课程的含义与我们今天所用之意相去甚远。宋代朱熹在《朱子全书·论学》中多次提及课程，如"宽着期限，紧着课程""小立课程，大作工夫"等。虽然他对这里的"课程"没有明确界定，但含义很清楚，即指功课及其进程。这里的"课程"仅仅指学习内容的安排次序和规定，没有涉及教学上的要求，因此称为"学程"更为准确。到了近代，由于班级授课制的施行以及赫尔巴特学派"五段教学法"的引入，人们开始关注教学的程序及设计，于是课程的含义从"学程"变成了"教程"。中华人民共和国成立以后，受凯洛夫教育学的影响，20世纪80年代中期以前，"课程"一词很少出现。

在美国课程论范式中，"课程"一词的含义十分多样，没有形成定论，但是从"课程"一词的词源来分析，课程（curriculum）一词最早出现在英国教育家斯宾塞（Spenser）的《什么知识最有价值？》（1859）一文中。从词源上来说，curriculum同有名词和动词两种词性。作为名词，其侧重点在"跑道"的"道"上，主要是学程的意思。根据这个词源，最常见的课程定义是"学习的进程"（course of study），简称学程。这一解释在各种英文词典中很普遍，英国牛津字典、美国韦氏字典、国际教育字典都是这样解释的，但这种解释在当今的课程文献中受到越来越多的质疑，专家学者们对课程的拉丁文词源有了新的理解。currere一词的名词形式意为"跑道"，由此课程就是为不同学生设计的不同轨道，从而引出了一种传统的课程体系；而currere的动词形式是"奔跑"，理解课程的着眼点就会放在个体认识的独特性和经验的自我建构上，从而得出一种完全不同的课程体系。

人们对课程的内涵一般有三种认识。

## （一）课程即教材

课程内容在传统上历来被作为学生习得的知识来对待，重点在于向学生传递知识，而知识的传递是以教材为依据的。所以，课程内容被理所当然地认为是上课所用的教材。教材取向以知识体系为基点，认为课程内容就是学生要学习的知识，而知识的载体就是教材。这是一种以学科为中心的教育目的观，这种观点的代表人物是夸美纽斯。

## （二）课程即活动

把课程界定为活动或进程是一种生成性的课程观，这种观点认为课程不是静止的"跑道"，也不仅是需要贯彻的课程计划或需要遵循的教学指南，而是个体生活经验的改造和构建。把课程视为活动或进程，意味着课程观应当发生如下变化：课程不再只是特定知识的载体，而是师生共同探索新知识的过程；课程发展的过程不再是完全预定的和不可更改的，而是具有开放性和灵活性；课程不再是控制教学行为和学习活动的工具和手段，而是能有效地弥合个体与课程之间的断裂，成为师生追求意义和价值、获得解放与自由的过程；课程形态不再是在教育情境之外固定的、物化的、静态的知识文本，而是在教育情境中师生共同创造的一系列"事件"，是师生开放的、动态的、生成的生命体验。由于注重开放、动态和生成，这就对教师的能力和素养提出了更高的要求。在实践中，如果把握不好，活动有可能沦为无序、躁动和粗浅的体验，过程也可能意味着美好时光的白白流逝。

## （三）课程即经验

在泰勒（R.W.Tyler）看来，课程内容即学习经验，而学习经验是指学生与外部环境的相互作用。他认为，"教育的基本手段是提供学习经验，而不是向学生展示各种事物"。这种观点强调学生是学习活动的主动参与者，是学习活动的主体，学习的质和量取决于学生而不是课程，强调学生与外部环境的互相作用。教师的职责是构建适合学生能力与兴趣的各种情境，以便为每个学生提供有意义的经验。

回顾课程发展的历史，课程概念的内涵一直在教师、学生、知识经验间摇摆，不同时代的价值要求决定了孰轻孰重。新人类教育以生存教育为主题，将深谙人类文化轨迹教师的隐性引导与启发以及学生生存性探索活动而形成的生态性知识经验有机结合在一起，使人类文化在发现中继承，在发现中创新，这是课程历史文化的继承，更是课程历史文化的超越。

# 二、课程的分类

课程类型是指课程的组织方式或设计课程的种类，主要有下面几类划分。

## （一）分科课程与活动课程

分科课程也称文化课程，是一种主张以学科为中心而编订的课程。主张课程要分科设置，分别从相应科学领域中选取知识，根据教育教学需要分科编排课程进行教学。20世纪60年代以来关于学科课程的理论主要有美国教育心理学家布鲁纳（J.S.Bruner）的结构主义课程论、德国教育学家瓦根舍因（M.Wagenschein）的范例方式课程论、苏联教育学家兼心理学家赞科夫（J.B.Bahkob）的发展主义课程论。

### 1. 布鲁纳的结构主义课程论

该理论的基本观点是：首先，主张课程内容以各门学科的基本结构为中心，学科的基本结构是各学科知识的基本概念、基本原理所构成的；其次，在课程设计上，主张根据儿童智力发展阶段的特点安排学科的基本结构；最后，提倡发现法学习。布鲁纳的很多思想体现了很强的时代精神，对当前学校教育仍具有很强的现实意义。不足之处在于片面强调内容的学术性，致使教学内容过于抽象；且将学生定位太高，好像要把每一个学生都培养成这门学科的专家；同时在处理知识、技能和智力的关系上也不是很成功。但布鲁纳的思想对今天我们的课程研究仍具有重要的借鉴意义。

### 2. 瓦根舍因的范例方式课程论

对于瓦根舍因的范例方式课程论，值得关注的是：它强调课程的基本性、基础性、范例性，主张应教给学生基本知识、概念和基本科学规律，教学内容应适合学生智力发展水平和已有的生活经验，教材应精选具有典型性和范例性的内容。该理论的主要特色在于：

①以范例性的知识结构理论进行取材，其内容既精炼又具体，易于举一反三，触类旁通。

②范例性是理论同实际自然的结合。

③能解决实际问题的内容都是综合的，不是单一的。

④范例教学能更典型、更具体、更实际的培养学生分析问题和解决问题的能力。

### 3．赞科夫的发展主义课程论

赞科夫把"一般发展"作为其课程理论的出发点和归宿，因此，他的课程理论被称为"发展主义课程论"。"一般发展"是指智力、情感、意志、品质、性格等的发展。赞科夫的发展主义课程论主要强调以下几点：第一，课程内容要有必要的难度。难度有两个含义，一是指教材要有需要克服的障碍，有一定的复杂性；二是学生学习教材时要做出一定的努力，把学生的精神力量调动起来。这一主张要求在"有分寸"的"高难度"水平上选择一些现代科学技术知识编进教材，删除那些肤浅、狭窄的内容，加强知识的系统性和知识的联系性。第二，课程内容要有必要的广度。即课程内容不能搞重复，而要不断地向学生展现事物的新貌，用各方面的内容来充实学生的头脑，为学生越来越深入地理解所学的知识创造条件，揭示知识之间的本质联系，使学生从有机联系中掌握越来越多的系统知识。第三，理论知识要在课程内容中起主导作用。赞科夫认为，学生只有掌握了理论知识，才能认识事物的本质和规律，并以此去认识新的事物，促进他们的一般发展，并为他们进一步掌握知识和技巧提供可靠保证。因此，他主张把理论知识放在教材的重要地位，尽早教给学生规律性的知识，教给学生解释现象、事实的一般原则。

## （二）核心课程与外围课程

由于学生在校学习时间和资源等的限制，不可能将所有学科纳入学校课程体系之中。于是，必然出现这个问题：所有学习者都应该学习的共同知识核心是什么？美国著名课程论专家泰勒为了回答这个问题曾指出，学校课程体系开始被视为由两部分构成：核心课程和外围课程。

核心课程（core curriculum）可以看作分科课程的反动，它一反分科课程将各门学科进行切分的做法，而是在若干科目中选择若干重要的学科合并起来，形成一个范围广阔的科目，规定为每一名学生所必修，同时尽量使其他学科与之配合。核心课程在一定程度上也可被看作是对儿童中心课程的反动，它在产生之初，尤其反对课程只从学生个人兴趣、需要动机出发的做法。它提醒教育者注意，儿童并非生活在真空里，而是在一个特定的时间、地点和特定的社会环境里成长的，课程需要反映儿童所赖以生活的社会的需求。因此，核心课程在产生之初，其显要特征就是注重社会需求以及以生活为中心。及至后来，核心课程在此立场上稍有改变，其实是也吸纳了活动课程的一些成分。

核心课程产生于 20 世纪二三十年代的社会动荡时期，改造主义功不可没。改造主义自称"危机时代的哲学"，宣称社会文明已面临毁灭的可能，必须改造社会，使人们能够共同生活。这种改造不只通过政治行动，更通过社会成员的教育去实现人们共同的生活目标。因此，在他们看来，教育必须专心致志于创造一种新的社会秩序，在人们的心灵中引起一场意义深远的变革。于是他们倡导一种"以未来为中心"的教育纲领，其目的是通过说服而不是强制的办法来实现"社会改造"，以"社会改造"为核心来构建核心课程，打破原有分科课程的界限。有人认为，核心课程的真正特点是注重社会需要及以生活为中心。

核心课程的特点除了学科间的综合并构成一个"核心"之外，它还有另一显著特征，即这种课程是要每个学生都掌握的，是需所有学生共同学习的。这样就带来一些问题：一是社会生活的需要是多种多样的，那么哪部分课程需纳入"核心课程"；二是随着新学科的不断涌现，这些学科的拥护者都极力希望纳入课程中来，并且，有的学科也的确需要在核心课程中得到反映。这就又使得课程选择与设计中的古老问题——时间和可利用资源——反映了出来。在这种情况下，如同分科课程自身的缺失造就了活动课程一样，与核心课程互补的外围课程也就应运而生了。

外围课程（peripheral curriculum）是为不同的学习对象而准备的，它不同于照顾大多数学生、面向所有学生的核心课程，而是以学生存在的差异为出发点；它也不像核心课程那样稳定，而是随着环境条件的改变、年代的不同及其他差异而做出相应的变化。核心课程与外围课程，如同一般与特殊、抽象与具体的对立，是相辅相成的。

## （三）显性课程与隐性课程

显性课程也称公开课程，是指在学校情境中以直接的、明显的方式呈现的课程。这类课程是根据国家或地方教育行政部门所颁布的教育计划、教学大纲而规定的。显性课程的主要特征是计划性，这是区分显性课程和隐性课程的主要标志。美国著名教育学家、课程论专家杰克逊（P.W.Jackson）于 1968 年出版了《班级生活》一书，并首次提出"隐性课程"这一概念。隐性课程包括除上述课程之外的一切有利于学生发展的资源、环境、学校文化建设、家校社会一体化等，是指学生在学习环境（包括物质环境、社会环境和文化体系）中所学到的知识、价值观念、规范和态度。研究中有很多类似的名称，如隐蔽课程

（hidden curriculum）、潜在课程（laten curriculum）、非正规课程（informal curriculum）、未研究的课程（unstudied curriculum）和未预期的课程（unanticipated curriculum）。隐性课程指学生在学校情境中无意识地获得经验、价值观、理想等意识形态内容和文化影响。也可以说它是学校情境中以间接、内隐的方式呈现的课程，具有非预期性、潜在性、多样性和不易觉察性。这类课程是学术性与非学术性内容的统一综合体。

隐性课程与显性课程有三方面的区别：一是在学生学习的结果上，学生在隐性课程中得到的主要是非学术性知识，而在显性课程中获得的主要是学术性知识；二是在计划性上，隐性课程是无计划的学习活动，学生在学习过程中大多是无意接触隐含于其中的经验的，而显性课程则是有计划、有组织的学习活动，学生有意参与的成分很大；三是在学习环境上，隐性课程是通过学校的自然环境和社会环境进行的，而显性课程则主要是通过课题教学来进行的。

隐性课程也被称为非正式课程、非官方课程、潜在课程、隐蔽课程和无形课程等，是不在课程计划中反映的、不通过正式教学进行的。对学生的知识、情感、意志和行为等方面起到潜移默化的作用，促进或干扰教育目标的实现。这类课程主要是通过校园文化、校园生活、校风、人际关系、集体活动等潜移默化地影响学生的课程，它是教学计划以外的课程，是以间接的内隐的方式呈现的，是无计划的。这类课程主要是通过学校的自然环境和社会环境进行的，学生通过这类课程的学习所获得的主要是非学术性的知识，比如，学校的文化，包括物质文化、制度文化和精神文化，这些都是隐性课程的内容。

隐性课程的特点主要有：

①隐性课程的影响具有弥散性、普遍性和持久性；②隐性课程的影响既可能是积极的，也可能是消极的；③隐性课程的影响是学术性与非学术性的统一；④隐性课程对学生的影响是有意识性与无意识性的辩证统一；⑤隐性课程是非预期性与可预期性的统一；⑥隐性课程存在于学校、家庭和社会教育中。

正是由于隐性课程的这些特点，我们在实施过程中应该注意：首先，优化学校的整体育人环境；其次，特别重视学习过程；最后，通过隐性课程的实施，塑造与完善学生的人格结构。

## （四）国家课程、地方课程与学校课程

从课程开发的主体来看，可以将课程分为国家课程、地方课程与学校课程。国家课程也称"国家统一课程"，它是自上而下由中央政府负责编制、实施和评价的课程，其管理权属于中央级教育机关。国家课程是一级课程。地方课程介于国家课程与学校课程之间，指由国家授权，省、自治区、直辖市教育行政机构和教育科研机构根据自身发展编订开发

的课程，属于二级课程。学校课程是在具体实施国家课程和地方课程的前提下，通过本校学生的需求评估，利用当地资源，由学校全体教师、部分教师或个别教师编制、实施和评价的多样性的可供学生选择的课程。

国家课程是从宏观方面反映国家对人才素质的要求，是国家意志的体现，是所有学校教学的出发点，具有普适性、强制性和权威性的特征。国家课程体现的形式在各个国家是不一样的。在澳大利亚、美国等实施教育地方分权的国家，国家课程由各州政府负责编制、实施和评价。通常，学校教师在国家课程的编制和评价方面没有或者几乎没有发言权或自主权，但他们必须成为国家课程的实施者。在实施国家课程的过程中，学生往往需要参加国家统一考试。

学校课程是相对国家课程而言的，它是一个比较笼统和宽泛的概念，并不局限于本校教师编制的课程，可能还包括其他学校教师编制的课程或校际教师合作编制的课程，甚至包括某些地区学校教师合作编制的课程。与国家课程相比，在学校课程的开发过程中，课程编制、课程实施和课程评价呈"三位一体"的态势，形成统一的三个阶段，并由同一批教师负责承担。

一般来说，中央集权的国家会强制规定课程的统一性，较多地推广国家课程，而地方分权的国家比较强调课程的多样性，较多地推广地方课程、学校课程。现在，越来越多的国家政府已经认识到，虽然国家课程与地方课程、学校课程是不同的课程形式，但它们之间是相辅相成、互为补充的关系。在推广国家课程的同时，应该允许开发一定比例的地方课程、学校课程，而推行地方课程、学校课程的学校，也不应该贬低或排斥国家课程。

## （五）基础型课程、拓展型课程和研究型课程

这三种课程是根据课程任务不同所做的区分。基础型课程注重学生基础学习能力的培养，即培养学生以"三基"（读、写、算）为中心的基础教养，是中小学课程的主要组成部分。拓展型课程注重拓展学生的知识与能力，开阔学生的知识视野，发展学生各项特殊能力，并迁移到其他方面的学习中去。研究型课程模式的核心在于改变学生的学习方式，强调学生的主体作用和参与性，要求学生能从多种渠道寻找信息，能对各种资料进行分析、归纳、整理、提炼并从中发现有价值的信息，能熟练使用各种信息工具，体验科研的过程和方法，准确表达自己的观点。

研究型课程有以下几个特点。

①就课程目标而言，研究型课程表现为目标的开放性。课程目标不仅指向某种知识内容，而且指向各种知识的综合探究过程，在这个探究过程中，学生所发展的探究意识、探究精神和探究能力，学生对各种知识的情感体验。并且这些目标指向在不同的课题探究过

程中有不同的侧重，除探究能力和探究精神外，学生所达到的知识目标是开放的。

②就课程内容来说，研究型课程在内容上呈现出综合、开放、弹性的特点。其中综合性与弹性是体现其生命力的重要因素。此类课程的内容弹性非常强，在保证一定学习量的前提下，学习所探究的内容和主题，不同地区、学校、班级，甚至不同的学习小组，都可以进行不同的选择。

③就课程组织来说，研究型课程以开展合作性的、综合探究性的课题活动为主要学习方式。教师在组织形式的选择上，应体现出合作性与独立性相结合的特点。学生的探究过程既有个体的活动，也有学习者之间的合作和交流。因此，在课程的组织形式上，既有体现独立性的个体活动和体现合作的小组活动，也有体现集体性的全班交流活动。在某一个课题的探究过程中，这几种形式都会出现。

④就课程评价来说，由于研究型课程在课程目标和内容上具有开放性的特点，因此，在课程评价中，不宜采用目标评价方式，而应该采用过程性评价方式。这样，研究型课程的评价就具有了过程性的特点。

研究型课程作为一种开放性的课程，为学校课程的开发提供了很好的契机，使学校课程的开发有了一定的载体。各个学校可以根据"以学习者、以社会发展中心"的原则，开发适合学校实际教育条件和具体特点的课程。在研究课程中，进程的设计者除课程方面的专家、专门的课程设计者、教育行政部门人员之外，还有学校和教师，这是研究型课程的一个最典型的特点。

## 三、课程体系建设研究

课程体系指在一定的教育价值理念指导下，将课程的各个构成要素加以排列组合，使各个课程要素在动态过程中统一指向课程体系目标实现的系统。简言之，一个专业所设置的课程相互间的分工与配合，构成课程体系。课程体系是高等学校人才培养的主要载体，是教育思想和教育观念付诸实践的桥梁。应用型本科院校人才培养目标是对受教育者的知识、能力和素质方面做出的理想预期，课程体系则在很大程度上决定了受教育者所能达到的理想程度，课程体系是否合理直接关系着人才的质量。因此，课程体系的建设是大学教育的核心。

目前国内各高校，无论是研究型还是教学型，无论是师范类、综合类还是艺术类，其专业课程体系的结构类型，大致都是基础课与选修课的二级制结构模式，在开设一系列专业基础课的基础上，再开设一系列专业选修课。这种基础课加选修课的二级结构专业课程体系至少存在着两个方面的不足与局限性。

首先，这种二级制的专业课程体系在课程类型以及课程内容的层次划分上不够准确细密，难以充分体现和落实不同学校、不同专业的不同培养目标。这种情况下，大多数专业，特别是一些办学历史悠久、学科发展成熟的专业，在专业基础课与专业选修课之间存在着很大的专业知识与技能空间，也就是设课、开课的空间。而对于如此大的设课空间，仅粗略地确定专业基础课与专业选修课两级课程类型与模式，势必导致课程设置及具体课程内容上相当的不确定性；也就是说，必定出现有的选修课可能较为贴近专业基础课，有的选修课则因具有相当大的专业深度、精度而接近专业学术前沿，二者之间可能差距甚大。而教师资源以及相应的可能开课门数都是有限的，所以面对如此广泛的课程选择空间，除了专业基础课的设定之外，在所谓的专业选修课的设置上，容易出现以下两种倾向。第一，课程的设立具有不确定性，即需要开设的选修课可能没有教师开设，已有的课程也可能由于教师的原因而时有时无。由于教师知识、能力、态度、情感、价值观的多元取向，导致不能用统一的规格、标准评价学生。第二，选修课在专业深度上具有无序性。课程引渡困难多，因而很难构成真正具有系统性的专业课程体系。

其次，这种二级制的专业课程体系在专业选修课的建设上必然导致"因人设课"的倾向。"因人设课"主要是指在专业选修课的设置及具体授课内容的安排上不是完全依照专业培养目标的需要来考虑专业选修课的设置及内容的安排，而更多的是根据教师的研究方向、水平或者兴趣等来考虑选修课的设置及内容。专业基础课与专业选修课之间存在相当大的课程选择空间，这就势必使开课教师具有很大的设课以及课程内容安排自由。虽然教师在考虑开设怎样的专业选修课程时，也会相当程度地考虑专业培养目标的贯彻和落实。但是，教师个人的考虑不能代替专业培养要求的体制性设计和制度性安排。专业选修课的开设必须符合专业培养目标的要求。这不应仅仅是教师自由设课后的一种考虑，而必须是专业课程体系建设的一项基本前提和原则，是对教师设课自由的限定。此外，"因人设课"还必然产生的另一个后果是，专业选修课的兴衰存亡往往与教师个人的选择与去留有紧密的联系，常常是人在课在，人走课无，课程设置的随机性和偶然性很大，这不利于课程体系的建设。而且，这种给予教师个人较大选择的、自主的设课体制，也直接有悖于以学生为主体的教育教学理念。

# 第三节　商务英语教学课程体系的构建原则

对于商务英语专业的课程设置，除了分析课程设置现状和依据外，还要对商务英语课程设置原则进行分析，从而更加深入地分析如何设置商务英语课程。课程设置的依据主要是指课程设置的出发点、落脚点和参照标准。相对地，课程设置的原则是在课程设置的原理下遵循的标准和框架。课程设置不是凭空想象和主观臆断来确定的，它是有其科学理论依据的。课程设置必须依据一定的社会经济、政治和科学技术的发展水平和需要，还必须受到教育方针、教育目的以及教育规律的制约。

在对商务英语课程设置原则进行分析之前，首先，应当从专门用途英语的角度进行分析，更加宽泛地把握课程设置原则。在对 ESP 的分析中，应该避免一种现象，即课件、网络的使用只是更换教学媒体而已，而未对教学产生任何实质性的影响。多媒体的使用的确使教学信息更为直观和形象，也为学习者提供了前所未有的巨大信息量。而一些课件的制作、授课的方式仍以教师为中心。在整个教学过程中，教师仅利用多媒体教学设备的便利，通过多媒体设备（取代以前的粉笔）向全体学生传授知识，学生仍是被动的接受者，整个学习的过程仍在教师控制下进行。这样，网络的教学特性就没有体现出来，而且网络的多种教学功能也就很难发挥出来。其次，ESP 的课程设置原则中"课件的制作应考虑学生的兴趣"。应以学习者为中心，并给学习者留有余地，也就是并非一味地详尽陈述某一章节的全部内容，而是结合每一课的不同特点，给学生留出提问、思考、讨论和查找更多更详细相关资料的时间和机会，将课堂教学变为以多媒体教学设备为辅助手段的师生间、学生间互动的动态过程。再次，专门用途英语要"对教材进行合理的选择"，目的在于建立完善的 ESP 语料。最后，专门用途英语要"明确 ESP 课程的学习目的"。

专门用途英语课程设置原则的研究阐明了明确专业用途英语课程的目的性、选择合理教材、以学生为中心以及如何对待互联网等多媒体教学手段的重要性，论证了要从以上四个方面出发来设置专门用途英语的课程。同样，对从属于专门用途英语的商务英语，也应该按照上述原则来设置具体的课程体系。商务英语在课程设置上应遵循以下几项原则。

## 一、理论和应用并重原则

商务英语是一门理论和应用并重的学科，理论性和应用性相辅相成。对于理论研究来说，其任务是要找出商务英语的发展规律和学科特点。因为商务英语是一个概括性很强的功能语体，它包含许多次语体。按语场的变化可以区分为商业英语、贸易英语、财经英语、会计英语、金融英语、法律英语等次语体；按语旨的变化可以区分为邀请、问讯、报价、还盘、谈判、投诉、索赔等次语体；按语式的变化又可区分为电话、传真、函电、电子邮件等次语体。应用文体学的研究方法可以对商务英语的及物性结构特征、语气结构特征、主位结构特征及字系结构特征进行定量研究，从而得出与商务英语有关的语义特征、词汇语法特征，即字系特征方面的较为科学的结论。这有别于传统印象直觉分析法得出的结论，二者是定量与定性研究之分。

商务英语是应用语言学与经济学科和管理学科应社会发展的需要而相互交叉，相互融合产生出来的一门新兴的交叉型应用学科，除了要按照理论研究进行课程设置外，还应当注重商务英语的应用研究。应用性是商务英语最重要的一个特点，必须在具体的课程设置过程中注重学生应用能力的提高，也要提高学科在现实生活中的应用程度。应用研究主要解决与商务英语教学有关的一系列问题，如教学大纲的制定、课程设置、教材编写、语言技能的培训、测量和评估以及教学法的应用等。商务英语教学还必须注意应用语言学的复杂性和多学科性。语言教学是一个涉及诸多因素的系统工程，这些因素相互影响、互为补充，但由于教学目标不同，各个因素在教学过程中所起的作用不一致，所以必须因地制宜、因时制宜地制订不同的教学方案。应用语言学是把相关学科的理论、科研成果应用到外语教学的学科，它涉及语言学科和一些与语言学相关的边缘学科（心理语言学、社会语言学、计算语言学、语用学、神经语言学等）以及与外语教学相关的学科（教育理论、教育测量、计算机科学、统计学等）。应用语言学本身具有多学科性，而商务英语也具有交叉性、多学科性。应用并非完全强调实践。商务英语应用研究并非仅限于搞好教学，商务英语应用研究也有理论研究的责任，即建立一个与商务英语学习者相关的商务英语语言模型。

商务英语课程的设置原则大体上要遵循理论研究和应用研究的发展需要，根据理论和应用的研究可以确认要开设的课程，确定相对应的课程范畴和标准，从而再确定与课程相关的教学材料、教学手段和教学方法等。所以，无论是在何种状况下，要对商务英语课程进行设置，必须要考虑到商务英语理论和应用并重的特点。按照马克思主义的基本观点，实践是理论的源泉，也是检验理论正确与否的唯一标准，而理论也能反作用于具体实践。科学、合理的理论能够推进实践的发展，而不科学、不合理的理论则会对实践发展造成一定的负面影响。因此在设置商务英语课程时，除了要设置理论和应用的课程外，更重要的是如何安排理论课程和实践课程，以及这两者之间的权重关系。

## 二、时效性、前瞻性原则

课程设置受制于生产力的发展水平，生产力越发达，对劳动者的素质要求越高。国际商务英语作为一门与社会经济生产紧密相关的课程，也应该顺应高等教育课程现代化的国际潮流，形成鲜明的时代特色。商务英语是一门与社会经济发展紧密相连的学科，适应社会发展需要是商务英语课程设置的最基本要求。时效性是指信息的新旧程度、行情的最新动态和进展。比如新闻节目，今天听是新闻，明天听就是旧闻。决策的时效性很大程度上制约着决策的客观效果。

从商务英语的起源可以看出，该学科本身就是从国外的商务实际发展过来的，因此从发展的实际情况来看西方国家远远领先于发展中国家。对于我国这样的发展中国家，尽管在商务英语领域取得了飞速发展，但是就总体层面而言还是比较落后的。这种落后主要表现在我国国民整体的外语语言能力、我国在对外经济贸易（尤其是在国际资本市场上的交易）以及在WTO中的商务谈判地位（包括反倾销、反关税补贴等）。这种落后在具体的商务英语学科课程设置中主要表现为很多教学内容已经过时，与培养目标脱离。例如：外贸英语函电，很多教材版本中的不少内容还是计划经济时的外贸进出口情况，严重落后于时代的发展，内容覆盖也不够广。还有许多国际商务课程或内容，在西方英语国家是普遍开设或涵盖的，但在我国还是空白，如国际结算、国际物流等内容。这些课程是近年来才开设出来的，这些新的课程或内容都是西方发达国家在市场经济和社会发展过程中为适应需求而开设的，具有较强的合理性、科学性和前瞻性。

课程设置的落后和不合理，必将会使所培养学生的知识储备和技能训练远远落后于时代需求。实践课时比例太小，而且安排不合理。在四年的学习中，真正的实践教学课时数严重不足。在时效性的问题上，我们要做的就是充分借鉴国际上的先进经验，结合现实国情和校情，并将这些经验用来对当前的课程进行重新组合和安排，确保能够在最大限度内发挥该学科的教育和科研功用。具体到如何吸收国际先进经验，设计新的课程体系时，国外成熟的课程内容可以为我所用，这对建构国际商务英语课程内容和体系具有很大的启示与帮助。因此应认真学习和借鉴西方英语国家国际商务英语教学的经验，汲取他们先进的课程设置思想、方法、课程内容等。这样，涉及的课程体系与内容可以站在较高的起点上，而且内容更地道、更具实用性。

毋庸置疑，吸取西方发达国家的先进经验一定要结合自身的实际情况，将国外的先进经验纳入我国的实际发展背景中，实现"中国化"。正如马克思主义从西方国家传递到我国，也必须经历一系列与我国实际国情相结合的"中国化"过程，形成有中国特色的社会主义理论，才能指导我国的社会主义建设。若是全盘吸收，完全照抄其理论，恐怕很难取得成功。针对教材编写，教材要适应我国使用者的情况。目前，从国外引进了许多类型的被称作商务英语的教材。这些教材假设了一个通用的商务模式，以西欧和北美的商业文化为背景，但这其中的商务活动和业务未必是中国的学习者所需要的。因此，有必要对这些国外教材进行改编，或重新编写适合中国学习者的商务英语教材。关于课程设置的"全盘西化"问题，不仅是教材可能有这方面的问题，在具体课程、教学方法上也均存在此类问题。总之，在研究商务英语课程的时效性时，必须明确这种研究在我国这样的环境下所进行的商务英语教学和科研活动，要能结合并反映我国的特色，能够将中西方文化进行有效结合。

前瞻性是我国商务英语课程设置的另一个重要原则。前瞻性研究就是选定研究对象，预定好研究方案，再根据预定方案去对入选受试者进行研究。在这些条件下，去做持续的追踪研究，分析判断，最后在计划的时间内做出评估，符合原来设计方法的所有例子都要列入统计（这个阶段，不只是选有效的例子来统计），全部结果都要呈现。最终，选择的结果经过计算，纳入统计范围中，相关影响波动的有效因素构成重点目标，继而对这些因素进行深入研究，这就是前瞻性研究。前瞻性研究注重对研究对象的牵连性、影响性、可发展性的把握，对研究对象的本质（潜在性）的挖掘。在当今社会科技迅猛发展下，提前把握具有潜力的对象非常重要。在研究过程中，研究人员通过加强对该对象动态的理解，从而延伸出一些新的理论，再作用在该对象上，形成一个新的体系。

商务英语课程设置所要求的前瞻性，主要表现在以下两方面。

一是要能预测并适应时代变化，进行不断调整。在设计课程体系时，我们需要注意课程的前瞻性。由于国际社会、国际市场经济和国际商务社会的情况是在不断变化的，随之带来需求的不断变化。所以，我们应该以一种开放的姿态应对这种变化，不断完善课程体系，推陈出新，这样才能建立起科学的、反映时代发展需求的课程体系。高等教育必须随时代的发展而变化，人才需求的层次也会发生变化，这些变数都会直接影响到课程体系和课程设置。面对这些变化，我们要不断调整和完善课程体系。另外，国际商务英语学科框架内有各种层次，调整课程设置时，我们还应考虑各学校的特点和层次。从中可以看出，社会发展所带来的变化是商务英语课程变化最重要的原因。除了根据社会的发展调整自身的课程设置外，还要对未来的发展趋势进行预期，对某些课程进行削减或者增加。正如在20世纪末，很多人都没有预期到互联网会发展得如此迅速，会对商务英语这个领域起到如此大的变革作用。因此商务英语的教师和科研人员必须预测这些变化发展趋势，从而得以提前设置相关课程或者预先对某些课程内容进行调整，使我国应用型本科院校的商务英语学生在未来的国际竞争中有较强的综合竞争力。

二是要对社会经济发展起到引领作用。虽然商务英语是一门随着时代发展而发展的应用型学科，但是商务英语学科（尤其是理论创新）不仅可以指导具体的工作实践，同时能够通过总结商务英语学科的发展特点和规律，结合全球化的实际情况和变化发展，对商务英语学科进行创新研究，起到引领社会经济发展的作用。在此前提下，商务英语学科开设的课程除了要教授学生相关的知识和技能外，还要教会学生"学习"和"创新"的能力。良好的学习、思考和行为习惯的养成有助于实现教育和教学的目的和目标。尊重习惯形成的规律，围绕良好习惯的内容，在课堂上进行"问题式学习"的教学，有助于对学生问题意识和问题解决能力的培养，从而提高学生的学习能力和创新能力。这种"学习"和"创新"的能力绝对不是凭空而来的，而是要在相关知识和技能的基础上，通过开展相关原理和案例的分析课程，来提高学生在商务英语领域的"学习"和"创新"能力。由此可以看出，商务英语学生不仅要对自身学科进行预测和适应，从而对商务英语课程进行调整；同时也要通过自身对商务英语学科的学习和创新，推动商务英语学科的发展，引领国际商务乃至社会经济的发展。

## 三、层次性原则

根据知识维度理论，对外经济贸易大学、广东外语外贸大学、上海对外贸易学院的课程设置中事实知识、概念知识、程序知识和元认知知识的学分设置各有不同：广东外语外贸大学在事实知识和元认知知识方面的课程占有很大的比例，远远高于其他两所院校；对外经济贸易大学注重事实知识与程序知识的传递；上海对外贸易学院侧重于概念知识和程序知识。从中可以看出，三所院校在课程设置上对学生培养的侧重点不同：对外经济贸易大学注重培养学生的语言基本功以及商务特殊技能；广东外语外贸大学注重培养学生的语言基本功，以及最终将商务知识付诸真正的商务实践的能力；上海对外贸易学院注重学生对商务理论的理解和商务特殊技能知识的掌握。

就层次性而言，商务英语课程设置中还应该加入人文素养方面的课程，包括许多中国元素也应该融入商务英语的课程中。中国文化底蕴深厚，不仅影响着一代代中国人，而且也正在被全世界所接受和认可。北京奥运会向世人展示了几千年优秀的中华文明，也在全世界掀起了一股"学习汉语热"。孔子学院的设立、"汉语桥"活动的开展、汉语能力考试的兴起等无不证明了这一点。学习外语以及毕业后从事涉外工作的学生更应该了解自己的文化，因此教师应该引导和帮助学生做到"知己"。

第一，从思想上让学生意识到在外语学习中以及今后从事涉外工作时中国文化的重要性，学习中国文化的知识并掌握用英语表达中国文化的技能，做到"知彼更要知己"。因为语言交流有输入也有输出，要教会学生用英语表达中国文化，以体现出中国的文化软实力。通过举办各种有关中国文化的讲座和读书活动，让学生自觉、自愿地学习本民族文化，热爱本民族文化，为自己的文化感到骄傲，而不是一味地崇洋媚外。

第二，专业课教师应该自觉学习中国文化，提高自身文化修养，注意中国文化的英语表达方式，并在教学过程中向学生传授中国的文化。在传统的英语教学中，大部分英语教师平时的教学重点一直是英语语言知识点的讲解和传授，忽略或无暇顾及中国文化知识的传播和用英语表达中国文化知识能力的提高。要改变这种现象，日常累积是最重要的。英语专业多会开设"英美文化概况"等课程，可是中国文化的课程大多被列为全校公选课，课程时间短，考评较随意。其结果就是英语专业的学生能对西方文化略知一二，可对本土文化却知之甚少。另外，由于目前很少有系统论述中国文化的英语教材，也为教师熟悉中国特有文化的英文译法造成了一些困难，这就需要教师平时多积累。

第三，鼓励教师开设关于中国文化的公共选修课，为学生创造良好的学习环境和氛围。中国文化教学内容应体现哲学、历史、宗教、社会、教育、文学、艺术等中国文化内容的综合。通过这些选修课程，可以进一步开阔学生视野，使他们更加熟悉本民族文化。

除了上述原则，还应注意以下几点。一是商务英语专业的课程应该是英语专业主干课程和商务专业主干课程的有机结合，而不是简单的相加。二是在商务英语专业下分设不同方向时，专业方向课应该更加具有针对性，更加体现方向性。三是商务英语专业课程要避免蜻蜓点水，课程开设应该具有广度和深度，并且注重精品课程的开发。四是商务英语专业的课程设置应该走出"因人设课"的尴尬局面，注重复合型教师的引进和培养。在符合商务英语设置依据的前提下，通过分析商务英语的原则，设置更加科学、合理的课程体系。课程设置原则的科学合理，是商务英语学科发展最为主要的准则和框架，即所设置的具体课程是否满足以上原则成为学科发展的重要因素。由此可见，科学合理的课程设置是商务英语学科发展最为重要的因素之一。

# 第四节　商务英语教学课程体系的构建依据

语言是随着社会的发展而发展的。商务英语作为英语语言的一种功能变体，其出现和发展有一定的社会历史渊源。第二次世界大战以后，经济的迅猛发展使全球范围内的各种交往空前频繁。这种社会发展的新形势自然而然地需要一种能在国际上通用的语言来反映、沟通世界各国人们在科技和经济发展中的思想和活动，以此来进行学术交流和推广研究成果。

在对商务英语学科发展过程的研究中，可以发现众多学者已经就商务英语所能涉及的各个方面提出了相关建议，对商务英语学科的发展做出了重要贡献。就目前的科研人员来看，有学者、教师、商务从业人员，也有非商务的英语领域人员，他们基本上都是从自身的科研角度出发来对商务英语这门学科未来的发展特点进行总结，提出相关方案，并结合实际情况对商务英语的发展进行更加科学、合理的规划。总的来说，商务英语这门学科是随着社会经济的发展而不断发展，但是人们对商务英语及其教学的理解还不到位，存在一定的认识偏差和滞后。很多人还是停留在二十世纪八九十年代的思维模式里，将商务英语等同于外贸英语或者国际贸易英语。这种偏差造成的后果是学生不能全面、系统地把握商务英语学科的学习脉络，以至于对商务英语的知识和技能掌握程度不高，在整体的竞争中处于劣势地位。同时这种偏差也使得部分用人单位对商务英语学科把握不准，对商务英语专业毕业生的水平无法进行准确的衡量，往往认为商务英语专业的学生与普通英语专业的学生相比在语言技能上存在不足，而对商务知识和技能的把握也不如商务专业的学生，这就使得商务英语专业的学生在就业方面存在一定的障碍，最后影响到了商务英语这门复合型专业的发展。同时，随着我国改革开放进入新一轮发展阶段，商务英语的学科建设也进入了一个新阶段。由于加入WTO，我国国际商务英语各个领域都将有极大的发展，这也推动商务英语的学科建设。按照WTO的规则，国际贸易涵盖了货物贸易、服务贸易和知识贸易的各个领域，势必对我国的商务英语教学提出新的要求，也提供了新的发展空间。其中特别是与服务贸易相关的商务英语课程，许多内容还处于空白，有待我们积极加强建设。

为了改变这种现状，让商务英语学科有更良好的发展空间，我们必须将商务英语学科的一个主要功能——培养国际化高端人才与商务英语的课程体系建设直接关联起来，从而更好地发挥商务英语专业的这一特有功能，使得社会对商务英语的认知度和认同度都有所提升，而且关键是能够使商务英语专业在就业率，尤其是国际化高端层次的就业率上有所突破，最终能使社会更加认可商务英语专业的学生。为了达到这一目标，商务英语专业的学生无论是在商务层面还是英语层面都应有更为突出的提升，形成更强的综合竞争力。近年来人才市场反馈回来的信息表明，全社会对高素质的对外经贸人才的需求急剧增加，其中各大院校的商务英语专业的毕业生备受对外经贸企业的欢迎。我国各大院校应如何面对形势，培养好社会急需的不同层次的商务英语复合型人才，来迎接挑战呢？除加大商务英语教学改革力度外，还要从多方面加强对商务英语人才培养的措施。

由于我国商务英语学科的发展时间较短，因此虽然发展速度较快，也已取得了一定的成绩，但是在系统性方面还有一定的欠缺。目前商务英语学科最为迫切的是，完善最基本的课程体系，充分发挥商务英语专业在培养国际化高端人才中所起到的作用，能够培养更多符合社会发展需要又充满竞争力的人才。由此，商务英语的课程体系建设是否完善、科学、合理，将直接制约我国高端人才的培养计划。

2009年由对外经济贸易大学牵头，依托教育部人文社会科学研究项目所起草的《高等学校商务英语专业本科教学要求（试行）》明确把商务英语本科课程划分为四大模块：语言知识与技能、商务知识与技能、跨文化交际能力和人文素养。《高等学校商务英语专业本科教学要求（试行）》建议开设12门核心课程和其他选修课程。核心课程如语言知识与技能模块中的语言学概论、综合英语、英语听说、英语阅读、英语写作、英语翻译等课程，商务知识与技能模块中的经济学导论、管理学导论、国际商法导论等基础课程，跨文化交际模块中的跨文化交际导论和商务交际实践，人文素养模块中的英美文学通论。在此基础上，各院校需要根据自身特色、市场需求、学生兴趣等开设相关的专业选修课。在重视理论学习的同时，绝不能忽视实践教学。

四个模块涵盖了商务英语教学的各个方面，比之前学者提出的模块更全面科学，尤其是注重学生的人文素养。人文素养指学生应具备良好的政治思想素质、较强的创新意识和能力、熟悉中外文化传统、有扎实的汉语基本功和语言表达能力以及熟悉英语国家的人文、历史、地理等。这样的体系设置使学生不仅具备扎实的综合语言知识与能力，还具备在不同文化背景和商务环境中运用英语进行沟通的能力。

在讨论如何制定商务英语的课程体系之前，首先应当对商务英语的课程体系建设进行详实、具体的论述。商务英语课程体系建设之所以重要，是因为其面向的对象不仅仅是商务英语专业的学生，还会涉及其他非商务英语专业的学生，比如，许多在校的非商务英语专业的学生都在学习国际商务英语。特别是随着我国加入世界贸易组织以来，商务英语将愈来愈重要。一方面对普通非英语专业的学生来说，掌握英语知识和技能已经成为非常基础的要求。从未来的发展趋势上看，商务英语在整个英语体系中的比重会越来越大，这是由于社会对大学生的英语要求更多体现在实际的操作层面，而不仅是对英语词汇和语法的掌握。商务英语的实践性特点以及自身的发展历史和特点决定了商务英语必将是今后英语学习的主要方向之一，因此建立并健全商务英语自身专业的课程体系，不仅有助于本专业学生能力的提高，同时也能提高非英语专业学生的英语能力。另一方面对商务英语专业来说，它本身就是一门发展中的复合型学科，整体的定位和发展仍在不断地探索之中。如果将商务英语比作一座大厦，课程体系就是这座大厦的"地基"，只有将这"地基"建设得扎实、稳健，才能让这座大厦更加稳固。另外，由于商务英语和其他学科存在一定的交叉，譬如，商务英语涵盖了金融英语这门课程，而在金融学的课程中也常开设金融英语这门课程。无论对金融学的学生还是对商务英语的学生来说，金融英语都属于商务英语的范畴。因此，从发展商务英语专业、培养国际化高端人才的角度来看，非常有必要从商务英语的课程体系建设出发，从而达到学科建设的目的。课程体系改革和课程建设历来是外语专业教学改革的重点和难点。要从 21 世纪对外语人才的需求、培养目标和复合型人才的培养模式出发，重新规划和设计新的教学内容和课程体系。

从我们对商务英语的定义分析可以看出，商务英语包括哪些具体内容是很难罗列清楚的，因为商务英语所涵盖的内容本身就在不断发展变化，所以商务英语具体内容的描述基本上很难实现。但是商务英语的本质范畴还是可以确定的。尽管从商务英语的课程设置来看，各个院校对商务英语的判断不一致，课程设置也存在不一致的现象，但要了解商务英语应该包括什么课程，以及课程之间的比重如何协调，就应该从商务英语这门学科的本质出发，将发挥这门学科对社会和院校的积极作用作为课程设置的落脚点，从而在课程设置上形成从商务英语出发再回到商务英语的发展逻辑，使得课程设置能够更加科学、合理。

学科课程设置方面，除了要研究其出发点和落脚点以外，还要掌握其具体的课程设置依据。因为只有在"合理"的设置依据下，才能设置"合理"的课程、教学模式和教学方式等。为了更好地分析商务英语的课程设置依据，众多专家、学者依据自身对商务英语学科的研究，提出了几点课程设置的依据。比较有代表性的有以下几点。

有学者指出：ESP 课程的设置不应是简单地按照某些理论专家的观点，而是要基于观察和实践。只谈论行动研究的理论是不够的，我们需要表明对于我们所倡导的理论是如何实践的，否则，想法只会停留在想象中而不会变为现实。行动研究的优势之一是开始于实践，人们通过实践产生自己的理论。行动研究是在真实情况下以真实的人所进行的研究，这需要大量的案例研究来证明研究者是如何改进学习者的学习和状况，并给他们自己和他人带来了利益。同时，行动研究也构成了一种学习的形式，为社会的未来产生了深远的影响。ESP 教师在规划、实施和评估该类课程过程中的观点和实际举措的关键是要坚持以学习者为中心，设计出专门用途英语的课程和大纲。强调"由于 ESP 课程的特殊性，在设置的过程中除了一些普遍要素外，还应着重考虑 ESP 课程的特殊要求以及 ESP 课程的特殊属性。但 ESP 课程的设置还应当以一定的理论为基础、为指导，遵循一定的设计原则，从而设置出适合 ESP 教学发展的课程体系"。2004 年 1 月，教育部颁发的新制定的《大学英语课程教学要求（试行）》就明确规定：各高等学校应根据自身的条件和学生情况，设计出适合本校情况的基于单机或局域网以及校园网的多媒体听说教学模式，有条件的学校也可直接在互联网上进行听说教学和训练。此外，莫莉莉认为，基于网络的 ESP 课程设计首先要以建构主义理论为基础，主要是由于建构主义理论是"认知学习理论的一个重要分支，强调认知主体的内部心理过程，并把学习者当作信息加工的主体，网络化教学方式为学生创造了发现式学习环境和方法，充分发挥了网络信息量大、交互性强、多媒体传递信息等功能，能提高学生学习的积极性，增强学生学习的自信心，并有助于学生按照自己的实际情况安排学习内容和进度。在整个学习过程中，教师和学生平等地参与教学活动。教师只是教学活动中的管理者和指导者，整个教学活动大多是在学生控制的情况下进行，学生利用网上信息探究和学生之间系统学习交替进行，学生在教学活动中的主体作用得到充分发挥"。关于建构主义学习理论的基本论点，主要是学习者不是信息的被动接受者，而是知识意义的主动建构者；学习过程是新旧经验之间的双向作用过程；参与式学习是其重要的学习形式，师生及学习者之间的沟通与合作在知识建构中愈加重要。同时建构主义理论比较注重学习环境的设计，学习必须处于丰富的情景中，因为学习是在一定的情景中，借助人与人之间的协助活动而实现的意义构建过程，所以提出了学习环境中情景、协作、会话和意义建构是建构主义学习过程中的4个基本要素。建构主义是认知主义的进一步发展，建构主义学习理论强调学习过程中学习者的主动性、建构性，提出了自上而下的教学设计及知识结构的网络概念的思想以及改变教学脱离实际情况的情景性教学等。而交互性网络不仅为学习者提供丰富多彩的学习资料，为其学习的主动性提供必要的支持，而且为学习者之间的合作与交流提供了方便，加强了学习过程中学习者之间的协助性以及老师与学生之间的互动性（interaction），从而提高了学习者的认知能力和语用能力。课程是教师和学生交流的主要场所，是教师控制学生情感因素、协调学生学习行为、保证语言输入质量的地方。

从以上学者对专门用途英语课程设置依据的分析，可以发现其要求在设置过程中除了考虑常规因素外，还要考虑商务英语自身的独有特点，其中最突出的就是要以"实践"也就是具体的工作经验和要求作为出发点，保证学生能够满足职业的需要。另外则是要基于建构学习理论的原理，以互联网教学为载体，充分发挥学生在学习过程中的主体作用，真正实现以学习者为中心的教学原理。从逻辑的角度看，我们知道商务英语是专门用途英语的一个分支，专门用途英语的设置依据也是商务英语的设置依据。由此，遵循"实践性"和"学习者为中心"的理论原理，就形成了商务英语的设置依据。

从专门用途英语这个角度出发来分析商务英语的设置原理，具有覆盖范围广的优点，但是考虑到商务英语有突出、明显的自身特点，因此可以直接从商务英语的角度出发来分析。有学者在对商务英语课程体系设置依据的分析中提出：

①以需求分析为依据。"需求分析"是ESP一个重要概念，是ESP课程设置的基础阶段。

②以专业协会与团体意见为依据。鲍文对此特别强调"商务英语是一门应用性更强、与社会经济发展更紧密相连的学科。因此，专业协会性质的组织和体制对国际商务英语学科具有更为重要的意义"。

近年来，我国国际商务活动发展极为乐观，尤其是我国加入世界贸易组织后，国际商务活动增多，随着外国投资大量进入中国，进而出现了新的企业管理模式。理念层出不穷。通过需求分析和对专业协会及团体意见的分析，得出结论：在专业委员会或学科协会建议、意见的指导下，设计的国际商务英语课程内容和体系更趋合理化，更能适应和满足社会、行业的发展。在国际商务英语专业委员会或学科协会咨询课程设置之后，院校把所听取和吸收的委员会意见与建议补充到国际商务英语课程设置的需求分析中，得出的结果是国际商务英语课程设置的可靠依据，也是促进国际商务英语专业科学发展的重要保证。

通过商务英语的设置依据来看，无论是从专门用途英语还是商务英语的角度出发进行分析，都是根据各自的研究重点而提出相关的商务英语课程设置依据。笔者认为应当从整体出发研究商务英语的课程设置依据，从而加强商务英语课程体系的系统性。从当前的学科形势和对未来发展趋势的展望看，商务英语课程体系建设的依据还要包括以下几方面。

（1）要以政府部门的发展规划为商务英语课程设置依据的出发点

这里的政府部门主要是指人才发展规划部门和教育部门，其对商务英语学科的发展规划是进行课程体系建设的主要依据。无论哪门学科，若要发展并取得一定进展，必须纳入政府部门的发展规划当中。可以毫不夸张地说，在21世纪全球化激烈竞争的发展态势下，国与国之间的竞争就是人才之间的竞争，具备国际化竞争力的高端人才则是国家最为重要的战略资源。为此，我国就如何推动人才发展制定了相关的战略规划。近几年，全国各院校就如何从应试教育向素质教育转轨，加强实用性英语教学，努力提高大学生英语综合能力这个课题进行着探索。目前，教育部已下发了《大学英语课程教学要求（试行）》，这就为我们在新形势下进行大学英语教学改革提供了非常重要的指导原则。教育部颁布的《大学英语教学改革工程草案》提出大学英语教学一定要"加强实用性英语教学，提高学生的英语综合应用能力"，它要求对"英语教学的层次、规格、课程标准进行重新定义，避免重复性教学，加强实用英语的训练。将大学英语教学与专业课教学相结合，培养学生的专业英语应用能力"。因此，商务英语的学科发展必须同国家未来关于人才的发展规划保持一致。将政府部门对人才培养的发展规划作为学科课程体系建设的指导纲要，并通过具体的课程建设来贯彻落实发展规划的精神。课程体系建设作为学科建设最为基础的部分，是整座商务英语"大厦"的"根基"。按照我国人才发展的规划和教育部门的教育大纲，可以保证所开设的课程符合政府部门对人才尤其是国际化高素质人才的需要。

（2）要以提高学生综合素质为商务英语课程设置依据的落脚点

要使学生具备足够强劲的竞争力，并将其作为开展课程设置的最终目的。对于学生的竞争力，可以从两方面出发进行分析：理论和技能。理论知识方面，应当包括普通英语专业知识和商务英语知识，所设置的课程必须兼顾这两方面，同时还要能培养学生一定的科研能力。对于学生的技能方面，则要加强商务英语实际工作能力的培养，提高商务英语学生的实践能力。开设的课程必须满足理论和实践两方面的需求。

理论和技能只是商务英语学生综合素质最基础的部分。所谓素质不是空洞的概念，是人的心理特点（观察、注意、语言、记忆、想象、思维、创造等能力）、知识系统和操作技能的综合，其中专业知识和技能是不同岗位的基本素质要求。大学教育具有专业性的特点，学生专业素质的培养应当是大学教育的重点。人的创造性活动与专业素质关系密切，并通常在专业活动中表现出来。没有专业素质，何来专业操作能力和创造性？培养目标与社会需求密切相关，不同的工作领域对复合型人才有不同的要求。从事国际商务工作的人才当然需要英语知识和技能，但是这些岗位更需要系统的商科知识和技能。复合型人才的概念不能排斥专业素质。如果我们的学生没有专长，那么他们的竞争力将会减弱。在强调专业素质的同时我们并不否认其他素质，除了专业课程，学生可以选修别的课程，例如，文化或者艺术，还有第二课堂活动等，这些课程都有助于学生全面素质的提高。

商务英语学生的综合素质要求是全方位的素质，而不仅强调专业素质。要从专业素质开始发展到全面素质的提高，很重要的一点是要加强文化建设，要将"文化"作为两者之间的桥梁。对于商务英语专业的学生来说，由于要面临国际化的商务事宜，接触的多是他国人员，因此文化素质的重要性甚至要高于专业素质。只有让学生精通国际化的文化，从而运用国际化的"思维方式"，才能用他们所熟练掌握的专业知识和技能来指导具体的工作实践。正如某位学者所指出的，"谈判者来自不同的国度，因此带有不同的文化烙印。而不同的文化因素影响谈判者的行为举止，文化不只是艺术或人们的生活方式，它也包含人们的交流方式"。文化是社会学和人类学的一个基本概念。文化概念有狭义和广义之分，广义的文化是指人类创造的一切物质产品和精神产品的总和；狭义的文化专指包括语言、文学、艺术及一切意识形态在内的精神产品。文化是平等的，要让学生认识到民族文化优越感是不对的，文化实际上没有好坏之分。文化差异并不意味着一种文化是对的，其他文化是错的。所有文化的人都有人类的基本需求，如房子、食物以至尊重等。文化是对这些需求的不同方式的解答。文化差异使人类的交际变得既困难又有趣。文化素质能够架起国与国之间的沟通交流，对于学生来说要具有国内和国外的文化知识储备。文化既反映在物质层面（人们通过思想和劳动创造出来的物质财富），也反映在人们的思维方式和日常行为中。

就具体的课程设置来看，我们要加强商务英语学生在文化素质方面的知识和能力储备。事实上，从普通英语专业开设至今，我国的高校教学很早就开始注重这方面的培养，开设了英美文学选读、英美文化等课程，来加强对西方文化的理解，但是针对西方商务文化的课程则开设得不够充分。同时关于中国传统文化的课程更是凤毛麟角，学生对中国传统文化的掌握不够到位，更做不到在英语环境下理解并宣传中国传统文化。只有将中国传统文化和西方文化融会贯通，才能使商务英语从业人员具备国际化的视野和思维方式。我们在强调文化素质训练时，过于偏重西方文化，而忽视了中国传统文化。对于中国的商务英语学生来说，由于本身就是在中国社会环境中成长起来的，深受中国传统文化的熏陶，其思维方式必然会受到东方文化的影响，如果一味地摆脱中国传统文化的影响，全方位地吸收西方文化，结果往往适得其反。

因此，出于提高商务英语学生文化素质的目的，除了要设置更多西方文化课程特别是商务专业的西方文化课程外，还要继续加强中国传统文化课程的学习，包括中国传统风俗、历史文化、地理以及旅游等。只有这样，才能"打通"东西方文化，最大化地发挥商务英语知识和技能的作用。

# 第七章

# 应用型本科院校商务英语专业教师发展路径

## 第一节 应用型本科院校商务英语教师专业化的特点

### 一、相关概念的界定

厘清关于应用型本科院校商务英语教师专业化发展的基本概念，有助于加深对应用型本科院校商务英语教师专业发展内涵的理解，为下一步研究奠定基础。本研究涉及的核心概念主要是"教师专业化""双师型"教师、商务英语"双师型"教师。

#### （一）教师专业化

笔者对教师专业化进行了大量详细的解读之后，认为教师专业化是指教师要有一定的学科领域专业素养即有规定的学术水平和学历要求；教师要有教育专业素养，即教师需要具备师德素养、学习素养、心理素养、语言表达能力和组织教学能力等；教师要符合与教师职业相关的特殊要求，即有特定的能力和职业、人格特征要求。以应用型本科院校商务英语教师为例，商务英语教师不仅要具备普通教师具有的学科专业素养和教育专业素养，而且还需要具有特殊的能力，如掌握多元化的商务英语教学法、具有丰富的商务实践经验以及指导学生进行职业规划的能力。

## （二）"双师型"教师

早在 1998 年 2 月，教育部在《面向 21 世纪深化职业教育教学改革的意见》中已明确表示要重视教师的培养培训和加强师德师风建设，不断提高教师专业素养。要出台相关政策积极鼓励和引导教师到企业单位进行见习和挂职锻炼，学校要重视从企业单位引进有实践经验的人才充实师资队伍，要聘请他们做兼职教师，要重视"双师型"教师、教学骨干、专业带头人的培养。

2003 年，教育部高教司在《关于全面开展应用型本科院校高专院校人才培养工作水平评估方案》中明确指出："双师素质"教师是除了有讲师（或以上职称），又具备下列条件之一的专任教师。

①有本专业实际工作的中级（或以上）技术职称（含行业特许的资格证书及其有专业资格或专业技能考评员资格者）；

②近 5 年中有两年以上（可累计计算）在企业第一线本专业实际工作经历，或参加教育部组织的教师专业技能培训获得合格证书，能全面指导学生专业实践实训活动；

③近 5 年主持（或主要参与）两项应用技术研究，成果已被企业使用，效益良好；

④近 5 年主持（或主要参与）两项校内实践教学设施建设或提升技术水平的设计安装工作，使用效果好，在省内同类院校中居先进水平。

我国应用型本科院校教育界对"双师型"教师有一种普遍的理解，认为教师是否具有"双证"（行业或职业技能等级证）为判断标准。笔者认为，这只是形式上强调了"双师型"教师要重视实践的特点，"双师型"的实质是指教师具有职业教育人才培养所要求的特殊双师素质内涵，是专业知识、专业素质、专业能力和专业实践的有机结合。目前我国职业资格证书制度还不健全，其专业相关的资格证书与实际能力的等值性值得怀疑。"双师型"教师是我国高等职业教育对教师专业发展的一种特殊要求，即要求专业教师具备两方面的能力和素质，一要有较高的专业理论知识和专业实践技能，二要有一定的教改和科研能力，能够针对本地市场和学生特点，来指导专业学生的实训和实践。总而言之，"双师型"教师是应用型本科院校教育人才培养特征所决定的，是理论与实践并重的、高技能型的复合型教师。

## （三）商务英语"双师型"教师

目前在我国，商务英语"双师型"教师尚无权威性定论。国内外学者就商务英语教师进行了以下界定。

埃利斯和约翰逊在《商务英语教学》（*Teaching Business English*）一书中指出商务英语教师应该具备的素质，强调商英教师首先是一个语言教师（it is important to stress that the Business English trainer is primarily a language teacher）。此外，他们从个人能力（personal skill）、如何获取资料（acquiring the resource）以及如何获得信息（acquiring knowledge）方面指出商务英语教师应该具备的能力。Dudley-Evans&John 他们认为商务英语教师主要是起到英语教师角色和作用，这种界定是基于国外的商务英语专业教学模式，显然这种观点是不符合我国国情的。

江春和丁崇文认为商务英语教师的专业知识素质包括学科基础知识和学科专业知识。作为商务英语教师必须具备较高的听、说、读、写、译的技能，具体来说，商务英语教师不仅要具备扎实的英语五项基本能力，还应具有丰富的跨文化交际知识和技能。同时，广博的商务知识和实践经验是商务英语教师所必须具备的，此外，商务英语教师需要掌握一定的科研能力和现代化教育手段。

田文菡、丁国钰认为商务英语"双师型"教师主要有两层含义：从教师个体层面上讲"双师型"教师是指教师需具备"双师素质"，即要求专业课教师既要有系统的专业理论和实践知识，又要有较强的专业实践能力和指导学生实践的能力，具有双证；要求教师不仅要有教师从业资格证，又要有专业相关的证书或者企业工作经历，这样教师就能在教学过程中做到理论与实际相结合，能指导学生进行专业实践。从教师群体层面上讲"双师型"教师是指教师要有"双师结构"，即要求教师团队中既有来自高校或企业的专职教师，又有来自企业、公司的兼职教师，或者是外籍教师，专职教师应与兼职教师、外籍教师的数量应达到一个合理的比例，既团队中有"双师型"教师、骨干教师、专业带头人和教学名师。这些不同层次的教师发挥不同个体之间的互补功能，使整个教学团队在商务英语专业教学、实践和就业指导工作上发挥各自不同的功效。

原庆荣认为应用型本科院校商务英语教师应该具备以下能力和素质。第一，教师要有扎实的英语功底和一定的行业背景知识，教师能运用现代教育技术进行教学；第二，教师要有进行教学改革和探索教育教学规律的能力；第三，教师既能从事理论教学，又能胜任与专业相关的实习、就业的组织和指导工作；教师要具有丰富的行业背景知识和一定的专业实践经验，能用熟练的英语讲授行业的产品信息、营销策略、社交礼仪、谈判技巧等商务知识并指导学生的实践活动。

作为应用型本科院校商务英语"双师型"教师，需要具备扎实的英语学科知识，丰富的英语教学知识、教学方法和教学手段，系统的商务基础知识和一定的行业知识背景，跨文化交际知识，较强的学习能力和科研能力，同时要具备一定的商务英语行业实践经验并能指导学生的实践。

## 二、商务英语教师专业化的内涵

商务英语教师专业化是商务英语教师在商务英语学科领域专业知识和商务技能素养的培养和提高，也是商务英语教师内在专业结构和商务实践技能不断更新和丰富的过程。

### （一）商务英语教师专业化是商务英语教师职业化的过程

卡尔·桑德斯是早期对"专业"进行系统研究的社会学家，他认为专业是指一群人在从事一种需要专门技术的职业，它是一种需要特殊智力来培养和完成的职业，目的是提供专业的服务。布朗德士对专业的研究主要侧重于评判专业的标准，他界定专业是一个正式的职业，为了从事这个职业，要进行以智能为特质，包括知识和某些扩充学问的训练，这是必要的上岗前培训，它们不同于纯粹的技能，专业主要供人从事为他人服务，而不是从业者单纯的谋生工具。毫无疑问，应用型本科院校商务英语教师职业是一种专业，我们可以从以下几方面进行论证。第一，应用型本科院校商务英语教师是从事应用型本科院校商务英语专业知识和技能教学的专门人才。商务英语教师需要接受大学高等教育的系统专业训练，而不是通过个人体验和个人工作经历累积工作经验。第二，应用型本科院校商务英语教师培养的是从事国际商务工作的高端技能型人才的培养，其属性是一种范围明确，社会上不可缺少的教学服务。教师通过教学服务获取报酬，并且把服务置于个人利益之上。第三，应用型本科院校商务英语教师把商务英语教学、实训实习、专业指导、科研等融为一体，即商务英语教师不仅要提供高质量的商务英语专业教学和专业实训实习，而且要对商务英语专业学生进行专业指导且对商务英语专业进行科研研究。这些行为是一种自觉行为，而普通职业如（商务培训师）仅提供有限的服务，没有研究意识。第四，应用型本科院校商务英语教师把工作看作事业，是一种生活方式，而普通职业从业人员（如商务培训师）仅把工作当作一种谋生手段。

### （二）商务英语教师专业化知识和技能体系

在对商务英语教师这一职业进行职业分析的时候，我们要明确商务英语教师的职业活动所具备的知识体系，提出完成商务英语教师这一职业活动所必备的专门知识和技能，从而修正商务英语教师培养目标和改革商务英语教师的培养内容，使商务英语教师真正具有职业独特性。

应用型本科院校商务英语的特殊性决定了商务英语专业教师必须拥有四方面的特性，即应用型本科院校、英语、商务、商务英语。笔者认为，应用型本科院校商务英语教师知识和技能体系应该从公共知识和技能、专业道德、专业训练、专业发展、专业自主、专业组织六方面来建立。

### 1. 公共知识和技能

商务英语教师首先要具备高尚的师德，即对教育事业的忠诚和热爱学生；其次要有较高的文化修养、熟悉教育学和心理学等教育基础理论知识，并能在教学活动中灵活地运用教育学和心理学知识来组织教学活动；另外，还需要有广博的知识和多方面的才能，这样有利于师生进行有效的沟通。

### 2. 教育教学知识和技能

应用型本科院校商务英语教师需要掌握教育科学和教育能力，即掌握教学基本规律、教学原则、教学方法、教学评价等知识和技能，并用以指导自身的教学实践。由于商务英语专业的特殊性，所以商务英语教师需要具备一定的自主学习能力、科研能力和创新能力，同时还需要掌握现代化教育技术和信息技术的运用，以不断适应现代化教学。

### 3. 商务知识和技能

商务英语的跨学科性决定了商务英语专业教师需要掌握系统的商务知识和商务技能。商务英语专业学生知识的复合性和能力的应用性要求专业教师的知识能力结构具有复合型和实践性。因此，商务英语教师需要熟知国际商务知识，掌握国际贸易、法律、市场营销、金融、管理等领域的知识，同时又要熟悉相关的行业背景和灵活运用商务实践能力来指导学生的专业实践。广博的商务知识体系能够帮助教师在教学过程中进行创造性的发挥，从而激发学生学习的积极性和创造性，使得学生在教学过程中掌握商务技能，提高学生的学习效率。

### 4. 英语知识和技能

商务英语教师首先是一个英语教师，因此，扎实的英语学科知识和丰富的英语教学知识必不可少。由于我国的大部分英语教师不是在英语母语环境下培养出来的，所以需要花费大量的时间来获得英语基础能力，即掌握丰富的英语语音、词汇、语法、语篇等方面的知识。此外，商务英语教师还应该熟练掌握英语听、说、读、写、译等技能，对外语语言学、词汇学、外国文学、跨文化交际等有比较深入的了解。另外，应用型本科院校商务英语教师还应熟悉英语教学理论及灵活运用各种英语教学法，对各种不同的教学法流派的理论基础、教学原则、教学方法和在具体教学过程中运用技巧都要进行深入的探讨，并能结合具体的教学情境加以创造性地运用。因为在其他条件等同的情况下，不同的教学方法会导致完全不同的教学效果。

### 5．商务英语知识和技能

首先，商务英语教师要有丰富的汉英表达基础知识来指导学生进行国际商务实践；其次，商务英语教师要掌握西方经济学、国际经济学理论、国际贸易实务、国际市场营销等商科知识并能用中英双语进行商务英语专业教学活动；此外，还需要了解世界主要国家和地区的经济发展和贸易政策，了解国内的经济政策和法规，熟悉我国对外贸易的政策和法规以及国际商务惯例，具有较强的交际能力和应变能力。除了系统的专业理论知识、丰富的商务英语教学方法，应用型本科院校商务英语教师又要有一定的商务实践技能和经验，从而能做到在专业教学和专业实践中理论与实际相结合，指导学生进行实践活动。

此外，应用型本科院校商务英语教师还要能根据区域经济社会发展开展应用研究，如何设置与本地区经济发展相适应的就业岗位群，以及岗位群的课题开发等能力，同时又能指导学生的就业工作。

## 三、应用型本科院校商务英语教师专业化的特点

应用型本科院校教育是培养以职业能力为中心的教育，其目的是培养社会急需的高端技能型人才，应用型本科院校人才培养模式的突出特色是"校企合作""工学交替"和"顶岗实习"。高端技能型人才的培养离不开教师的教育与教学，作为应用型本科院校商务英语教师，如何建设应用型本科院校商务英语专业的"校企合作""工学交替"以及"顶岗实习"来实现应用型本科院校商务英语高端技能型人才的培养，笔者认为首先要打造一支高素质的应用型本科院校商务英语教师队伍，即搞好商务英语教师专业化。要实现这一目标，首先要分析应用型本科院校商务英语教师专业化的特点。

### （一）与普通英语教师的共性特点

第一，具有扎实的英语学科知识和丰富的英语教学知识。即掌握丰富的英语语音、词汇、语法、语篇等方面的知识；掌握英语听、说、读、写、译等技能；对外语语言学、词汇学、外国文学、跨文化交际等有比较深入的了解。

第二，具有丰富的英语教学知识。应用型本科院校商务英语教师应熟悉英语教学理论及灵活运用各种英语教学法，对各种不同的教学法流派的理论基础、教学原则、教学方法和在具体教学过程中运用技巧都要进行深入的探讨，并能结合具体的教学情境加以创造性

地运用。此外，商务英语教师应掌握一定的语言输入理论和方法，并熟知英语教学规律和现代教学法理论，了解学生的认知特点和学习动机，策略以及有关教材、测评等方面的基本知识。

第三，具有现代化教育技术和信息技术的运用能力。现代教育技术和信息技术广泛应用于教学对商务英语教师提出了新的要求。现代化的多媒体技术和信息技术创造出生动、逼真、有趣的教学情境，实现了商务英语教学的交际性、知识性和趣味性。商务英语教师应该掌握良好的现代化教学工具和运用现代化教育技术和信息技术来指导学生的学习和实践。此外，商务英语教师还要求掌握网页制作技术、操作相关实用软件、创建聊天室和班级群，能够运用世界大学城空间平台及时与学生沟通，提高教学效率和工作能力。

## （二）应用型本科院校商务英语教师的独特性

结合分析本科院校教师的特点、应用型本科院校教育对英语教师素质的特殊要求以及应用型本科院校商务英语学科的特点，笔者认为，作为一名应用型本科院校的商务英语教师，有其自己独特的职业特点。

第一，应用型本科院校商务英语教师具有"多证书"特点，即商务英语相关学历证书（商务英语专业、英语专业、经济或贸易专业等）和商务英语相关职业技能等级证书（中国国际商务英语认证考试培训师和口语考官、全国外贸业务员资格证书、国际商务师证书、报关员证、报检员证、单证员证等）。

第二，应用型本科院校商务英语与普通英语教师相比，不仅要具有熟练的英语学科基础知识（听、说、读、写和译）和丰富的英语教学法，而且还需要不断学习商务理论知识（西方经济学、国际经济学理论等）和更新国际贸易实务、国际市场营销等实践知识、熟知国际国内法律知识和国际商务前沿知识。此外，商务英语教师还需要掌握多元化的商务英语专业教学法来指导学生的商务英语学习和商务实践。

第三，应用型本科院校商务英语教师与普通英语教师相比，能力要求相对较高。应用型本科院校商务英语教师既要有公共教育素养，掌握应用型本科院校教育的基本特点和规律，有丰富的应用型本科院校教育教学经验，又要懂得如何有效地将职业教育中大量的隐性知识转化为学生头脑中的显性知识并为学生掌握和运用，还要有较强的商务实践技能，并能结合自身的商务实践经验，指导学生进行各种商务实践。

第四，应用型本科院校商务英语教师要有较强的商务英语专业职业规划、职业设计和职业指导能力，即在学生实训和顶岗实习中，熟练地运用中英双语对商务英语专业学生进行专业实践和职业指导。

# 第二节　应用型本科院校商务英语教师专业化的现状

　　商务英语作为一个应用型的交叉学科涉及语言学、心理学、管理学、法学、教育学、计算机科学等诸多学科，这些学科与商务英语既相互作用又相互依存。商务英语学科的发展很大程度上取决于商务英语教师的职业素质、学术研究方向和成果，所以，研究商务英语教师的发展刻不容缓。

## 一、应用型本科院校商务英语教师专业化的现状

　　为了全面了解应用型本科院校商务英语专业教师的总体情况，有学者对几十所应用型本科院校商务英语专业教师进行了一次抽样调查。综合分析我国应用型本科院校商务英语教师的总体情况，得知目前从事商务英语专业教学的专业教师有高度的责任感和事业心，有较为丰富的教学经验和一定的科研能力，同时也存在着诸多不足。

### （一）教师毕业专业和入职前工作性质

#### 1. 教师最后毕业专业

　　英语专业生多，经贸专业生次之，商务英语专业学生最少。

　　我国应用型本科院校商务英语学科体系刚刚建立，没有专业的师资队伍建设体制和机构，大多数商务英语专业教师来自不同的背景。在132名应用型本科院校商务英语教师中，78名教师属于英语专业，占59.09%；29名教师属于经贸专业，占21.97%；25名教师属于商务英语专业，占18.94%。通过进一步分析得出，应用型本科院校商务英语教师的专业背景大致可分为以下几大类：

　　①英语语言文学专业本科与硕士。（英语＋英语）

　　②英语本科毕业后，攻读经济学相关的硕士学位。（英语＋商务）

　　③本科和硕士均为商务（经济学）相关专业。（商务＋商务）

　　④本科英语语言文学专业。（英语）

　　⑤本科英语专业（商务方向）。（商务）

　　⑥本科经济类专业。（经济）

　　不同专业背景的商务英语专业教师入职后，学院应安排经验丰富的教师指导他们的教

学和实践，但由于诸多因素导致新老教师沟通效果欠佳，大多数年轻教师的教学全凭自己摸索，导致教学实施效果欠佳，因此，应用型本科院校商务英语教师专业化中面临一个重要课题，如何建立针对新专业老师的"传""帮""带"有效机制，帮助年轻教师熟悉并掌握应用型本科院校商务英语专业教学的规律和特点。

### 2．入职前工作经验

教学经验较丰富，实践经验欠缺。

直接从大学毕业后任教于商务英语专业的教师有 72 名，占 54.55%，从其他学院调入或转岗的教师有 37 人，占 28.03%，从企事业单位一线引进的教师有 23 人，占 17.42%。数据分析得出来自企事业单位的一线教师比例偏低，但随着应用型本科院校教师职业准入制度的进一步完善和深化，这部分教师的数量必将会越来越多。

### （二）教师商务英语学习年限、学历和职称结构

①调查统计 132 名教师中，学习商务英语 1 年及以下的教师仅 18 人，占 13.64%；学习商务英语 1~2 年的教师共计 37 人，占 28.03%；学习商务英语 3~4 年岁的教师有 54 人，占 40.91%；学习商务英语 5 年及以上的教师只有 23 人，占 17.42%。数据分析显示，应用型本科院校商务英语专业虽然开设历史普遍不长，但教师普遍接受了商务英语学习或者培训，3 年以上学习商务英语的老师人数有 77 人，占总人数的 58.33%。应用型本科院校商务英语教师应加大对商务英语的学习，使其逐步实现对应用型本科院校商务英语专业教学和实训的胜任。

②在调查的 132 名教师中，博士学历 1 人，占 0.7%；硕士 55 人，占 41.67%；学士共 72 人，占 54.55%；大专及以下有 4 人，占 3%。从学历结构来看，博士和硕士学历比例较小，学士居多，这与教育部对应用型本科院校教师提出的要求有一定的差别。因此，应用型本科院校商务英语教师的学历进修工作需要进一步完善。

③统计的 132 名教师中，教授仅 5 人，占 3.8%；副教授有 41 人，占 31.06%；讲师共计 74 人，占 56.06%；助教及以下 12 人，占 9.09%。应用型本科院校教师中教授、副教授、讲师和助教的理想比例数据显示，应用型本科院校商务英语教师的职称结构比例不协调。这也是制约应用型本科院校商务英语专业发展的一个重要因素。

### （三）教师教龄、周学时和科研水平

①数据显示，教龄在 30 年及以上的教师共计 7 人，占 5.3%；教龄在 20~29 年的教师共有 18 人，占 13.64%；教龄在 11~19 年的教师有 37 人，占 28.03%；教龄在 5~10 年的教师有 60 人，占 45.45%；教龄在 5 年以下的教师有 10 人，占 7.58%。数据分析教龄在

10 年以上的教师有 62 人，占 46.97%，说明应用型本科院校商务英语教师的教学经验比较丰富，侧面反映了商务英语教师队伍比较稳定，有利用商务英语专业的教学、教研和实践活动，有利于商务英语教师专业化系统建设。

②在调查的 132 名教师中，有 112 名教师的周学时超过了 12 节，有 38 名教师的周课时达到 17 节以上。教师的周课时量是研究教师专业化的一个重要指标，周课时量越大，教师的科研、实践和指导时间就越少，反之亦然。

③教师的科研水平直接反映了教师的专业能力和素质。从每周从事科研时间的数据来看，每周在 2 小时以上的老师有 115 人，但近三年在国家级核心刊物上发表论文的教师人数偏少，主要集中在需要评职称的教师身上；为准备评职称或仅仅完成学校的科研任务，许多教师在省（市）级刊物上发表论文，近三年来公开发表论文的教师人数高达 108 人，占81.82%；近三年来公开出版专著的教师情况不容乐观，仅占 4.5%；但主编或参编教材的教师人数则有 84 人，占 63.64%。

## （四）教师进修情况和进修期望

通过分析教师的进修情况和进修期望，应用型本科院校商务英语教师接受进修的共有 77 人，占 58.33；在国外攻读硕士学位的有 3 人，占 2.27%；在国内高校做访问学者的有 17 人，占 12.88%；在国内攻读硕士学位的有 57 人，占 43.18%；未进修的有 55 人，占41.67%。现实的进修情况与专业教师期待的进修情况有很大的差别。希望在国外进修的老师有 87 人，占 65.91%；希望在国内进修的有 34 人，占 25.76%；只有 11 人希望通过自己的研究、教学和其他方式来进修提高业务能力和素质。

从数据分析表明，教育主管部门和各应用型本科院校已经开辟了进修的渠道，但力度不够大，特别是国外进修和国内高校访问学者的资格有限。笔者认为，教育相关主管部门和应用型本科院校应加大投入进修和培训经费，鼓励应用型本科院校商务英语教师国内外进行学位进修，派遣更多的教师参加国内外各级商务英语专业师资培训，以达到教师进修的期望，实现应用型本科院校商务英语教师的业务能力的提高。

## （五）商务英语教师综合素质统计分析

某技术学院针对全国职业技术学院商务英语专业 154 名教师进行了抽样调查，根据对应用型本科院校商务英语教师英语语言能力的重要性排序，可以得出教师对自身的语言沟通应用能力很看重，而最不担心英语学科基础知识能力；根据商务英语教师能力的重要性排序，教师最看重专业教学中融入相关学科知识和创造性的启发学生，教师不认为语言的讲解和课堂教学有条理是高素质的表现；根据教师对教材和参考书的利用排序，专业教师看重教材和参考书的灵活性以及重点难点的把握，而不在乎教材的内涵和知识点信息；对商务英语教师课堂教学的讲解，专业教师最看重讲解的实践性和信息性；通过数据分析，得出商务英语教师对自身广博的商务知识和一定的商务实战经验很重视，不太在乎精通某一领域或掌握前沿的商务知识；商务英语教师最看重自己的商务知识综合素质以及中英文双语教学能力，不太重视教学激情和教学方法的选择。从专业教师对讲学的组织形式来看，大多数教师选择师生互动参与讨论或案例分析以及教师一人精讲，学生参与互动的形式，而不太喜欢选择以学生个人学习为主，教师指导或者纯粹的学生之间相互学习这两种方式。关于教师业务水平的排序，专业教师非常重视指导学生商务实践水平和专业课教学质量两个标准。

综合对商务英语教师的各要素排序，可以得出：商务英语专业教师重视中英双语商务沟通能力的培养；在专业教学活动中，重视相关学科知识的贯通；在对教材和教参的利用上喜欢选择灵活性较强但又能把握专业知识的重点和难点的系列教材和参考书；在课堂讲解时，注重知识和实践性和信息性；对于商务英语教师自身的综合素质则看重商务知识的把握和双语能力的培养；对于专业教学组织形式，商务英语教师根据商务英语许可的特点，选择师生互动参与讨论或案例分析以及教师一人精讲，学生参与互动，符合商务英语专业的教学规律；就商务英语专业教学水平，专业教师更喜欢用指导学生商务实践水平和专业教学质量两个标准来衡量自己的专业水准。

### （六）商务英语教师实践能力的培养分析

根据数据结果，期望在企业挂职锻炼的教师有 55 人，占 35.71%；期望进行顶岗实习的教师有 63 人，占 40.91%；而选择通过学历进修和校内培训进行实践能力培养的教师共计 36 人，仅占 23.38%。可见应用型本科院校商务英语专业教师目前流行的实践能力培养策略还是倾向于企业挂职锻炼和顶岗实习。应用型本科院校商务英语人才培养目标决定了应用型本科院校商务英语教师必须要下企业单位进行定期的"工学结合"实践活动，为进一步丰富商务英语专业教学内容和指导学生进行顶岗实习做好充分的准备。

## 二、应用型本科院校商务英语教师专业化的发展

我国应用型本科院校商务英语教师专业化受到商务英语学科体系发展和制度发展等许多因素的制约，进展缓慢且效果欠佳。我国《教师法》虽然从法律上确定了教师是履行教育教学职责的专业人员，但对照职业专业化标准来看，应用型本科院校商务英语教师专业化还很不完善。

## （一）教师发展目标不明确

跨学科的交叉培养是应用型本科院校商务英语师资培养的关键和核心，这就需要应用型本科院校管理者和教育主管部门能高瞻远瞩，审时度势，以开放的眼光来扶植和管理商务英语专业教师向跨学科、复合型方向发展。应用型本科院校应建立尊重知识，尊重人才的机制和模式；构筑团队的共同愿望形成持久发展的凝聚力；学院还应培养学习型组织，鼓励专业教师通过一定的平台和方式来引导专业教师加强交流即思想交流、教学交流、科研学术交流等，使教师能在教学工作中得到乐趣和持久发展的动力与创新意识。认真整合系部和专业教研室等组织，统筹安排好可以利用的各种资源。在此基础上，教务处、人事处和商务英语系应通力合作，根据工作需要和教师个人特长和兴趣，帮助专业教师认清自我，明确发展目标和努力方向，制定出操作性强的具体措施。教务处和商务英语系部还应积极发挥教研室主任和骨干教师的作用，积极引导年轻教师走上教学、教改和科研学术上的轨道上来。这样，应用型本科院校商务英语师资队伍培养就有了基础和平台，就能培养出适应社会期望和促进专业发展的商务英语专业教师。

## （二）教师的商务行业知识不强

江春、丁崇文认为应用型本科院校商务英语教师首先是一名教师，他必须具备一个普通教师应有的师德师风、教学组织和管理能力等，作为一名外语语言教师，他必须要掌握听、说、读、写和译五项基本能力，丰富的英语语言基础知识和掌握多元化的商务英语教学法。而作为商务英语教师，他还应该具备其区别于其他英语教师的特色，主要指商务方面的专长和商务实践能力。

数据分析显示，应用型本科院校商务英语教师主要是普通高校的英语语言文学专业的毕业生，只有少部分教师是本科英语专业，研究生攻读经济学相关专业的毕业生。这类纯语言出身的英语教师英语语言功底很深，英语教学法娴熟，但是缺乏国际商务背景，他们在商务方面的知识与能力较为贫乏，所以在上课讲解过程中缺乏对商务知识的敏感性，但国际商务英语教学中存在很多隐性知识，如果缺乏商务背景知识、行业操作惯例和程序，就不会真正意义上启发学生从商务活动的角度去思考问题。商务背景知识的不足和长期英语课讲授的习惯，使得不少商务英语教师面对商务问题时，无法深入浅出地给学生解释商务知识，这样势必影响教学效果。

王关富、张海森认为商务英语教师的能力要素构成与传统意义上外语专业教师的能力要素构成不尽相同。商务英语专业的学科特点决定了商务英语教师不仅具备较高英语知识和技能水平，同时需要具备商科类专业知识、跨文化交际能力和商务实践能力。纯语言出身的教师很难将商务英语学习置身于真正的商务背景环境中。虽然通过自身学习和短期的培训能片面的了解商务背景知识，但这类教师缺乏相关企业工作经验和行业背景知识，对商务跨文化交际和对学生未来就业岗位也缺乏实践，因此也无法在商务英语实践中给学生以良好的示范和指导。而这类英语教师正是我国目前商务英语师资队伍的主要力量。

### （三）教师的商务实践能力缺失

《国家中长期教育改革和发展规划纲要（2010—2020 年）》指出要大力提升应用型本科院校教师的专业教学和实践能力。应用型本科院校商务英语教师作为英语和商务知识的传播者和技能的传授者，其实践能力的高低直接影响到学生商务实践能力的培养。而目前受到应用型本科院校商务英语学科发展和制度的制约，应用型本科院校商务英语教师的实践能力普遍低下。多数商务英语教师缺乏话语权，习惯按照学校制定的专业课堂理论教学，学校也缺乏有效的激励考评机制和体系来激励应用型本科院校商务英语教师的专业实践。另外，应用型本科院校商务英语教师缺乏入企事业实践的热情，由于商务英语专业招生人数的不断增加，商务英语专业教师数量上的缺乏，导致专业教师必须承担满负荷的教学任务，根据数据分析，在 132 名教师中，每周需要上 12 节课以上的老师高达 112 人，青年教师的教学工作量更是超过 16 节。因此，商务英语专业教师在学期中不可能抽出时间到企业锻炼，只能利用寒暑假下企业实践，由于时间紧促，基本上实践就成了走过场。另外，国家没有制定相关法规和规章制度来要求应用型本科院校教师应该达到的技能标准和一定时期内培训提高的要求，因此增强教师实践能力提升的内驱力停留在学校层面上，由于学校的财力、人力和物力有限，加之应用型本科院校对商务英语专业重视程度不够，导致应用型本科院校商务英语专业教师下企业难。最后，企业接收应用型本科院校商务英语专业教师实践热情不高，以湖南省为例，一是外贸企业相对较少，二是外贸企业单位规模有限，三是企业不太欢迎短期的商务英语教师实践，所以老师的一线企业实践大多都通过好友亲戚关系才能实现且效果欠佳。

应用型本科院校商务英语教师实践教学能力不仅是应用型本科院校商务英语"双师型"教师队伍建设的重要内容，而且还是提升专业教师职业教育能力的重要保障。笔者认为，对于应用型本科院校商务英语教师而言，"双师型"教师的定义不是"双证书"型或者"双职称"型教师，而是"双能力"型的教师。即应用型本科院校商务英语教师既能胜任应用型本科院校英语语言技能教学，又能掌握相当的商务知识和一定的企事业单位工作实践经验，并能捕捉外贸行业领域的最新动态去指导应用型本科院校商务英语专业学生实践和就业问题。

### （四）教师的培养保障机制有待完善

应用型本科院校商务英语教师专业化面临诸多困难，首先是应用型本科院校商务英语专业规模化扩张与教师队伍数量不足、质量不高的矛盾；其次是应用型本科院校商务英语教师学历水平偏低，不能满足应用型本科院校商务英语专业教学发展的需要，也难以在科研上有所建树；再次是应用型本科院校商务英语"双师型"教师比例偏低，难以指导学生的专业实践教学；最后是应用型本科院校商务英语教师进修形势紧迫，专业教师素质亟待提高，应用型本科院校商务英语专业发展任重道远。

应用型本科院校商务英语专业教师专业化需要连续性的改革与建设，因此它需要一定的保障环境。具体如下：

一是需要政策上的支持，即国家和地方教育行政部门要出台具体的应用型本科院校英语教师培养、选拔、评价及继续教育方面的相关政策，将应用型本科院校商务英语教师同普通高校英语教师区分开来，制定符合应用型本科院校教育要求的商务英语教师专业化规范。

二是需要物质上的支持。应用型本科院校要为商务英语教师的行业企业实践行为提供充足的时间和资金保障。具体来说，设立商务英语专业教学实践奖、教育技术奖等奖励措施，调动商务英语教师参加教育教学改革的积极性；设立商务英语"双师型"教师建设专项资金，聘请兼职的行业和企业专家承担商务英语教师的实践教学指导工作，增强应用型本科院校商务英语教师队伍的专业实践性。

三是需要精神上的支持。学校要重视商务英语教师专业化，制定相关政策来保护和支持专业教师的发展。商务英语系要积极推行商务英语教师开展实践性的专业教学改革活动，充分认识商务英语教学活动的重要性。关心商务英语教师的需求，倾听其专业化过程中的领悟和心声，激励其不断探索、反思和实践。

# 第三节　应用型本科院校商务英语教师专业化建设

国外的应用型本科院校商务英语教师专业化可供参考的模式微乎其微，且不符合我国国情；在国内，关于外语教师的职前教育、校本教育和职后教育的研究已经初步形成体系，但这些研究都是针对本科院校的英语专业教师和普通英语教师，对于应用型本科院校商务英语教师的研究和发展缺乏针对性和实效性。因此，研究应用型本科院校商务英语教师专业化有现实的指导意义和价值。

1986年，美国教育界出版的《明天的教师》和《国家为21世纪准备教师》两份报告明确提出了"教师专业化"的概念，两份报告同时指出，建立符合教师职业相应的评价体系和评聘制度才是保证教师专业性地位的重要保障。教师专业化就是教师高素质和高技能的培养，教育主管部门和学校通过实施教师专业化的过程，达到确保学校对师资的需要。1996年，第45届国际教育大会上，联合国教科文组织指出："教师专业化是提高教师地位、教师专业知识和教师专业技能最高效的策略。"毫无疑问，确认教师职业的专业性和不断推进教师专业化的进程成为各级国际教育组织和各国政府努力的方向，也是世界各国提升国民素质和增强国家实力的重大举措。培养高技能型人才的关键是教师，所以应用型本科院校商务英语教师专业化是应用型本科院校商务英语专业发展要解决的核心问题。2008年，教育部职成司司长黄尧在中国职业教育改革与发展论坛上明确坦言，我国职业教育面临两大难题，其一投入不够，其二师资不足。目前，应用型本科院校商务英语专业的发展规模不断扩大，但从事应用型本科院校商务英语教学的教师不仅数量相对偏少，而且专业教师的商务专业理论知识和商务实践能力相对薄弱，这与应用型本科院校培养高端技能型人才培养目标明显不相适应。针对应用型本科院校商务英语教师的数量不足、素质不高、保障不力等特点。笔者认为，首先要分析应用型本科院校商务英语专业化的目标，大力扩充专业教师队伍的规模；其次，针对教师素质不高和专业性不强的特点，要建立针对应用型本科院校商务英语教师"双师型"教师培养体系；另外，应用型本科院校商务英语教师实践教学能力不强，因此构建和完善应用型本科院校商务英语教师培养多元化平台势在必行；最后要积极主动地改革和完善商务英语教师专业化保障制度，为应用型本科院校商务英语教师专业化扫清后顾之忧。

## 一、明确商务英语教师专业化目标

结合已有的应用型本科院校教师专业化的研究成果，通过剖析应用型本科院校商务英语教师的内涵、特点、能力和素质，笔者认为应用型本科院校商务英语教师专业化的发展目标应该从以下几个方面进行探讨：其一，应用型本科院校商务英语教师的自身素质即教师自身的英语专业素质和商务专业素质；其二，商务英语教师还应该掌握相关的商务实践技能，并能够运用自身的商务实践能力和商务实践经验来指导学生进行商务实践；其三，具备对学生的行为、学习、交往、情感的指导能力、商务英语专业教学组织能力和实践指导能力等；最后，商务英语教师还需具有专业责任感和服务精神，为学生营造商务英语专业学习的氛围。

树立应用型本科院校商务英语教师专业化目标首先要在入门资格上有明确的目标，即要求商务英语教师在具备基本的教师资格证之外，还必须拥有其他商务技术方面或经济方面的能力等级证书；二是在专业教学能力上，力求应用型本科院校商务英语教师必须具备双重能力，即丰富的英语语言知识能力和一定的商务实践能力；三是商务英语教师在具备师德伦理的同时，还应该对商务道德和伦理有一定的了解，在商务实践教学的同时，让学生接受一定的商务道德和理论训练；四是在进修途径上，应用型本科院校商务英语教师除了在高校和其他教师教育机构接受在职培训提高之外，还必须脱产到企事业单位接受有丰富经验的员工的指导，锻炼自身的商务技能。应用型本科院校商务英语教师必须从以上四个方面认清自身发展的目标，才能称为合格的高素质商务英语专业教师。

## 二、健全商务英语教师专业化培养体系

### （一）应用型本科院校商务英语"双师型"教师的培养

制定和完善应用型本科院校商务英语"双师型"教师培养体系是确保应用型本科院校商务英语教师专业化的必经之路，也是应用型本科院校商务英语专业发展的核心问题。经过多年努力，应用型本科院校商务英语教师"双师型"培养框架初步建立，尽管这一框架的基础还很薄弱，还存在许多困难。应用型本科院校商务英语"双师型"教师体系的建立是一个长期的、立体化的累积过程，主要内容包括商务英语教师的英语理论知识和商务理论知识的教育与实践技能的培养。

#### 1. 商务行业知识的培养

商务英语教师应掌握系统的商务基础知识，即微观经济学、国际金融、国际商法、市场营销、国际贸易理论与实务、国际经济合作、中国对外贸易等学科知识。

宏观层面上，教育主管部门要出台相关政策，要求本科院校（如对外经济贸易大学）对应用型本科院校商务英语教师进行系统的商务学科知识和商务英语教学法的培训，也可制定计划安排应用型本科院校商务英语教师在国内外商务培训机构进修。

中观层面上，应用型本科院校要积极展开校企和校际的交流和互动。学校要聘请企业行业专家定期来校讲学，积极争取他们对专业教师的支持与指导；同时，学校要加强与兄弟院校商务英语专业的联系，采取定期参观和开展座谈的形式进行校际互动与交流，此外，学校要出台相关政策安排专业教师下企业锻炼，了解商务行业最新动态和前沿知识以及提高教师商务实践能力；另外，学校应组织资历深的专业教师上公开示范课以供青

年教师观摩和学习；也可组织青年教师上商务英语汇报课或举办全校或商务英语系的专业教学比武大赛；最后，建立校级商务英语专业教师的培养体系，让有经验丰富的教师"传""帮""带"青年教师，通过相互听课和经验丰富教师的现场评课达到对青年教师的指导和帮助。

从微观上来说，商务英语教师要具有专业教师发展意识，即多维度的立体化吸收商务英语专业学科知识。首先要服从学校的安排，进行专业理论学习、参观座谈、下企业锻炼等；其次，教师要积极主动地阅读商务理论书籍，加强理论学习并自觉接受相关导师的理论指导，努力提高专业教学理论素养；另外，教师要积极参加学校不同专业系的学术讲座和座谈，增强学术氛围，开阔教师视野，使青年教师及时掌握商务英语专业发展的方向和最新的研究成果；最后，商务英语专业理论课教师要积极主动地承担实践教学和实习指导工作，使理论与实践紧密结合，锻炼和提高自身的综合素质。

### 2．商务实践能力的培养

国家中长期教育改革和发展规划纲要（2010—2020年）中指出，教师专业化的目标是培养高素质和高技能的专业教师，其培养的主要内容体现在专业理论知识和专业实际操作能力、其重点培养的对象之一是能够同时进行理论教学、实践教学和指导学生就业的应用型本科院校"双师型"教师。这充分体现了应用型本科院校商务英语教师商务实践指导能力和指导学生就业工作的重要性，商务英语教师商务实践能力的培养既符合应用型本科院校商务英语教师专业化的根本要求，又能适应应用型本科院校商务英语专业生实习和就业的需求。

一是完善校内外实训基地建设。首先学校必须具有拓宽精神，统筹规划、争取政府、企业、社会各界的捐赠与支持来不断建设和完善商务英语校内实训基地，如建立多媒体语音室、商务英语谈判中心、商务ICT仿真工作室等，这些校内实训场所不仅能充分发挥专业教师的实践能力，而且又能高效的指导专业学生的商务实践；其次商务英语系要以开放的心态办学，积极和企业深度合作，建立校外实训基地，校外实训基地是对校内实训基地设备和场所不足的有效补充；最后还要不断完善商务英语教师实训基地建设，疏通专业实训教师的来源和培训渠道，加快"双师型"教师培养步伐。

二是教育部等相关部委出台一系列政策，鼓励企事业单位愿意接纳商务英语教师下企事业单位锻炼，并积极配合应用型本科院校搞好对商务英语教师的评估工作；应用型本科院校需根据上级教育部门制定出商务英语教师下企业锻炼的政策和方针，积极稳妥地推进专业教师下企事业单位锻炼；专业教师则根据学校的要求在规定年限内获得"双师"资格后申请并通过企事业单位和应用型本科院校的联合考核后方能重新走上讲台，否则不能在应用型本科院校担任商务英语教师岗位工作。

从学院层面上说，学院要积极制定商务英语专业教师到一线企业锻炼的管理机制和搭建专业教师的企业锻炼的平台，从制度上制约和管理商务英语教师的实践锻炼。其中最重要的管理制度就是专业教师下企业锻炼实效与教师的经济待遇挂钩，即经过企事业单位和应用型本科院校联合考核之后，证明下企事业单位锻炼效果好的教师应该待遇从优，否则给予一定的惩罚。学院要成立专门的实训处，安排人员定期和不定期地到企业走访，听取企业领导和职工对下企业锻炼教师的评价与意见，以形成教师下企业锻炼的过程性评价。专业教师到企业锻炼之前，需要自身拟出锻炼计划书，并报学院实训处审批，以提高锻炼实效。要效仿国外专业教师下企业锻炼一样，做到学院和教师都要有计划，学校和企业都要严格考核其锻炼实效，并根据实效给予一定的待遇和奖励，或给予教师晋升的机会。

从企业（外经贸部门和单位或涉外企业）方面来说，企业对锻炼的商务英语专业教师要有系统的管理制度，要像对自己公司的员工一样管理，诸如实行考勤制度，请假制度，奖罚制度等等，决不能搞特殊化。企业对锻炼的应用型本科院校商务英语教师要指派专人指导，采取一帮一的指导，以确保锻炼实效。

## （二）应用型本科院校商务英语教师校本培养

校本培训是在教育主管部门和有关业务部门的规划和指导下，以学校为基本培训单位，以提高教师师德师风、教育教学能力为主要目标，把培训与教育教学、科研活动紧密结合起来的一种在职培训形式。应用型本科院校商务英语教师校本培训旨在满足专业教师工作需要，其校本培训可以在商务英语系里进行，也可以联合其他系（金融系或管理系）进行，还可以两三所学校合作进行。目前，我国大多数应用型本科院校都很重视教师的校本培训，但是对培训的内容、培训的方式缺乏系统性的设计和整体安排，导致培训往往流于形式，仅仅作为教师的一项继续教育的任务或考核条件去完成，这不利于教师的专业化。

### 1. 职业道德建设

商务英语专业教师需要定期下企业进行锻炼，一部分企业为了吸引优秀的教师加入企业，往往会对专业教师提供丰厚的待遇和良好的工作环境，这对专业教师，特别是优秀的青年教师的道德价值观产生了不小的冲击；同时，社会上的急功近利、消极腐败等不良风气也逐渐侵蚀到高校校园；商务英语专业教师面对人事编制、教学工作量大、科研任务重、学历和职称等现实问题面前不同程度地反映出继续深造、离职跳槽、在岗不出力、在教不安心、违背职业道德等行为。这就需要对应用型本科院校商务英语教师进行职业道德教育，帮助专业教师树立正确的职业观和价值观。商务英语的跨学科性同样对专业教师提出了很高的道德要求，比如，要求教师通晓大量的商务礼仪和商业道德，在教学实践中要给学生灌输正确的职业观和道德观，比如保守商业机密，对企业忠诚等。所以，我们要重视专业教师的职业道德建设，首先，重视职前教育，在聘任新教师时严格把关，如重视新进教师的品行端正和诚实守信原则。其次，要求青年教师积极参加学校举办的强化职业道德的培训，以认真负责的态度，参加教育教学改革实践，投身学校各项工作；另外，严格执行学校纪律，主动积极完成各项工作；以学生利益为重，尽心尽力为学生服务；不做任何有损教师形象和身份的事情。最后，在教学工作岗位、职称的评定、转换、提升过程中加强教师职业道德的要求与督促。

### 2．多元教学法的培养

众所周知，教学质量的提高除了教师丰富的专业知识之外，还需要教师具备多元化的教学方法。商务英语专业的跨学科性需要其专业教师采用多元教学法展开教学，但大多数商务英语教师由于种种原因导致缺乏教学法研究与创新的意识，教师在课堂教学中不能灵活地运用各种教学方法，不能起组织、引导、启发和解答的作用，形成了以教师为中心的被动的学习局面，无法激发学生的学习激情。因此，加强专业教师教学法的培养势在必行。

其一，号召全校教师应树立教学法研究和创新的意识，优先发展创新型的教学方法和教学手段。实行导师负责制，由商务英语专业教学经验丰富、科研能力强的高年资教师担任指导老师，实行导师、青年教师"双向选择"，双方明确各自的责任，再由指导老师根据培养目标制定出培养计划；其二，学校要定期举办教师教学比武大赛，通过教学比武不断探讨和总结出适合专业教学的多元教学法。

### 3．现代教育技术的培养

随着信息技术的发展，教育的变革正在朝着教育信息化的方向深入。现代信息技术不仅是教师的教学工具，还是帮助教师获取信息、教学科研、培养能力和增长知识的一种手段。现代教育技术的发展为商务英语教师科学有效地把大量的专业知识和素养传输给学生提供了可靠的技术保障。作为高校，首先，应帮助专业教师树立教育信息化时代的教育理念和教育思想、同时要向专业教师灌输掌握现代教育技术与教育手段的重要性；其次，高校应加强对专业教师信息素养的培养和提高，一是聘请校外行业专家采用集中短期培训方式，将传统课堂面授与教师网络自主学习相结合，二是充分利用高校资源采用校本培训的方式，使得专业教师的学习和工作两不误，起到优势互补的效果；最后，高校要不断加快现代教学技术的软、硬件资源建设。如加大对校园网、电子阅览室、多媒体语音室、商务英语谈判中心、商务英语实训中心、世界大学城空间等项目的建设。

作为教师，要转变专业教学思想观念、增强教育技术能力意识，不断促进自身现代教育技术水平的提升。通过培训和自我学习，掌握现代教育技术的基础理论、课程技术、学科教学设计能力、教育技术与商务英语学科的整合与应用能力，利用教学资源和多媒体网络对商务英语教学开展研究，诸如商务英语教学的学习资源、教学过程、教学设计、课程开发、技术应用、技术管理、教学评价、课程整合等，以此促进教师转变教学观念、改进教学方式、提高科研能力、促进专业发展。商务英语教师可充分利用现代教育技术和相关平台进行商务英语学术研究和教学改革、撰写科研论文、著书立说，以此促进青年教师教改和科研活动，不断提高专业教师教学和科研水平。

**4. 科研能力的培养**

应用型本科院校商务英语专业教师在科研研究上表现出教学任务繁重，无法顾及教育科研，同时对教育科研存在认识误区；科研意识不强、科研综合素质不高、造成科研研究难度加大；另外，商务英语教师的科研项目申请难度较大、科研项目经费不足以及科研成果发表难。高校的科研管理体制不够灵活，科研评价体系数量化、等级化，对商务英语学科科研存在观念偏差，支持力度不够，忽视了对商务英语专业教师的人文关怀。为此，应用型本科院校应该鼓励商务英语教师进行商务英语学科的科研工作，对青年教师商务英语类课题立项加以引导和管理，帮助青年教师搭建商务英语专业科研的平台。另外，建立商务英语专业科研团队，帮助专业教师形成团结合作的科研氛围，提高商务英语专业教师群体参与商务英语科研的积极性。最后，聘请国内知名商务英语专家进行不定期的讲座，帮助商务英语教师了解商务英语专业的最新动态和前沿知识，以此来促进专业教师科研能力的提高。总之，应用型本科院校必须从实际出发，统筹考虑，积极探索商务英语专业教师教育科研能力培养机制，提高专业教师的科研能力。

## （三）应用型本科院校商务英语教师多元化培养平台建设

**1. 校企合作培养平台**

应用型本科院校商务英语教师的素质和能力是应用型本科院校商务英语专业教育质量的必要保障，校企合作为应用型本科院校商务英语教师专业化的发展提供了平台和条件，使得商务英语专业教师不仅能深入了解企业与行业了解企业和行业对专业的人才需要，而且教师通过深入一线企业的调研和具体实践，掌握专业前沿学科知识的发展动向和实现理论知识与实践的有机结合。

一是政府应在资金和政策上大力扶持应用型本科院校商务英语专业教师的培养。政府和教育部门应建立校企合作的法律和制度来有效的指导政府、行业和企业建立校企合作教师培训基地，联合本行业有代表性的企业对商务英语专业教师在职业课程开发、职业技术应用能力和专业实训实习等方面进行培训。二是应用型本科院校与企业互派师资，夯实师资队伍素质。一方面，通过聘请国内外知名涉外企业的专家，技术骨干到校任教，提高专业教师队伍的素质，另一方面，通过统筹安排，送商务英语专业教师参加职业技能实践，接受社会和企业教育，增长见识，提高技能。三是应用型本科院校和商务英语行业强化专业教师实践训练。通过与企业合作，分期分批安排专业教师到涉外企业进行专业实践训练，定期参与涉外企业的运作，或进行专业的社会调查，了解商务英语专业的发展趋势和研究动向，以便在教学中及时补充商务英语专业最新知识和发展方向，提高商务英语教学质量。政府、行业和企业应建立商务英语专业"双师型"教师认证机制，应用型本科院校和企业应建立完善的商务英语教师培养和培训机制。此外，政府应建立加大对商务英语教师国培计划和商务英语专业青年教师企业实践项目的广度和深度，着力培养一大批商务英语专业"双师型"专业骨干教师。只有这样，才能培养出教学一线需要的"下得去、留得住、用得上"，实践能力强、具有良好职业道德的高技能商务英语专业教师。

**2. 国内外院校和培训机构培养平台**

国内外院校和培训机构的平台为应用型本科院校商务英语教师专业化开辟了新的思路，商务英语的跨学科性和国际商务实践性决定了应用型本科院校商务英语教师需要到国内外高等院校或培训机构接受培训。第一，教育主管部门和应用型本科院校制定相关的政策和措施，定期选派商务英语专业教师到国外高等学校或培训机构进修，通过国际合作学习国外商务英语专业先进的教学理念、丰富商务英语教师的专业视野、掌握先进的商务英语前沿理论知识和实践技能；第二，教育主管部门和应用型本科院校也可派遣商务英语专业教师到国内高等学校做访问学者，提升商务英语教师的业务水平、专业教学能力、专业实践能力、跨文化交际能力、科研能力、创新能力以及指导学生商务实践的能力。

## （四）国内应用型本科院校高专师资培训基地平台

为了提高应用型本科院校教师专业发展水平，教育部高等教育司已在天津、上海、深圳、宁波等建立了50多个全国应用型本科院校高专师资培训基地，基地培训旨在提高应用型本科院校教师的职业教育理论水平、专业基础理论、实践能力与专业技能。但目前，在我国所有的职业教育师资培养培训基地中，针对应用型本科院校商务英语专业教师的培训基地项目很少，根本不能满足日益增大的应用型本科院校商务英语教师队伍的需求。建议教育主管部门制定出关于商务英语教师的师资培训项目，应用型本科院校制定相关培训政策并提供必要的培训经费，分批派遣专业教师参加培训，不断丰富专业教师的理论教学水平，锻炼专业实践能力，更好地满足商务英语专业的理论学习和专业实践。

## 三、完善商务英语教师专业化保障制度

教师专业化不仅是一种观念，更是一种制度，这是因为教师专业化是教师职业自身的专业技术性特征与相关的管理制度相结合的结果，没有与之相配套的制度建设，教师专业化是不可能实现的。商务英语教师的专业化离不开政策和制度的支持和保障。笔者认为，应用型本科院校商务英语教师专业化所需要的基本制度应当包括教师的评聘制度、薪酬制度、激励制度和自我反思制度等。

### （一）改革应用型本科院校商务英语教师的评聘制度

教师聘任制在促进人才合理流动的基础上，可以激发广大教师的责任感，调动起他们工作的积极性，使教者乐"教"，有助于教育质量的改善，也有利于教师地位的提高。商务英语教师职务评聘是应用型本科院校商务英语专业发展的重要内容，搞好专业教师职务评聘可以充分调动教师的积极性和创造性，激发教师钻研业务、促使教师安心教学，更好地履行教书育人职责，可以有效地促进教师进行教学和课程改革、增强教师的科研意识，最终实现商务英语专业教学质量的提高和教师师资队伍的整体素质。

一是应用型本科院校应在政府的宏观指导下，根据地方经济社会发展需要，制定出适应本地区经济社会发展的商务英语师资队伍建设总体规划，研究和制定与《职业教育法》《教师法》相配套的学院法规，使应用型本科院校在开展商务英语专业教师资格认定、任用、职务聘任、培养培训、流动调配时便于依法操作；二是政府应根据应用型本科院校师资队伍培养目标建立商务英语专业教师评价标准。标准应包含商务英语教师具备的基本素质标准和专业素养标准，基本素质标准是指从事教师职业所必须具备的思想素质、理论知识与能力。它涉及教师的政治观、人生观、道德观、科学文化基础知识、教育理论与技术、课堂组织技术等。专业素养标准是指教师从事专业教育所必须具备的相关专业理论与职业技能的结合；三是应用型本科院校应根据商务英语专业的特点制定出商务英语教师专业化的政策和制度，来指导商务英语专业教师在教学、教改、科研、实训等方面的提高和发展；四是实行商务英语专业教师的定期再认定制度。应用型本科院校商务英语的跨学科性和商务实践性需要商务英语教师的专业知识与实践技能必须适时更新，跟上商务发展的步伐。商务英语教师专业化是专业教师在整个职业生涯中不断接受和巩固新的商务理论知识、增长商务实践能力和积累商务实践经验的过程。所以，要实行动态的教师资格制度，要根据商务英语教师的年龄、教龄、学历、教学能力、实践能力以及教师继续学习等方面

的情况实施动态的商务英语教师定期再认定制度。当有效期满，专业教师如要继续执教须重新参加考试和审核，考试合格、审核通过后方可获得新一级的教师资格证书，形成"双师型"教师—专业骨干教师—专业带头人—教学名师的逐级递进的教师资格证制度。在制度上确保教师职业素养的不断提高，建立促使教师不断学习、终身学习的动力机制和约束机制，保证教师专业知识和专业技能的不断巩固和发展。

## （二）优化应用型本科院校商务英语教师的薪酬制度

早在 1966 年 10 月，联合国教科文组织就在法国巴黎召开了一次关于教师地位的各国政府间特别会议。其中第 115 条明确提出应保证教师本人及家属的合理的生活水平，并提供相应的物质条件给教师做进一步进修和参加文化活动；第 123 条还指出考虑到生活成本的上涨、国内生产力提高带来的生活水平的提高、工资或收入的普遍增长等因素，教师的工资标准应定期地加以研究讨论以适应社会经济的发展。

在我国，教师职业是一种付出与收获不平衡、职业声望显赫而物质待遇贫乏的职业。促进应用型本科院校商务英语教师专业化就需要解决专业教师的经济地位不高的问题。应该承认，随着社会的发展，应用型本科院校教师的薪金确实有所变化，但变化的幅度与频率差强人意。特别是应用型本科院校商务英语专业教师对英语和商务的要求很高，不少有实力的专业教师因薪金问题纷纷跳槽、改行，这不利于应用型本科院校商务英语专业发展，如何优化应用型本科院校商务英语教师的薪酬制度迫在眉睫。

首先要落实应用型本科院校商务英语教师"岗位工资＋绩效工资"的薪酬模式，打破大锅饭的分配体制；与此同时，建立科学的考核评价体系，结合应用型本科院校商务英语专业教师的特点，分别从专业教学能力、专业科研能力、专业实践能力和专业指导能力等四个方面进行量化评价，这样有利于解决商务英语教师队伍的成本效益和薪酬激励效果。其次，为了从企事业单位引进拔尖商务英语专业人才，应用型本科院校可建立动态的薪酬制度，制定单独的优惠政策，比如，科研启动费、安家费、安排办公用房、安排子女就学和协助组建科研团队等措施来吸引拔尖人才。另外，应用型本科院校要健全商务英语专业教师的福利制度，除国家法定的住房、医疗和养老保险之外，还可以根据商务英语教师的特点设置针对性较强和相对灵活的福利制度，来保障专业教师的利益和稳定教师队伍，比如商业保险、购房购车资助计划、休闲旅游资助等。

## （三）建立应用型本科院校商务英语教师激励制度

应用型本科院校商务英语专业教师需要有丰富的英语和商务理论知识、一定的商务背景知识和商务实践技能，这需要专业教师不断地学习充电来丰富自己的商务英语专业知识体系，那么如何激励商务英语教师，笔者认为可以从以下几方面来激励。

①要有目标激励。应用型本科院校要根据本校和专业教师的实际情况，制定出商务英语教师长期和短期的奋斗目标，并由学校督导团实施监督。

②要有物质激励。只有保障了商务英语教师的基本生活才能使教师专注于工作。

③要有福利激励。为商务英语教师提供工资以外的福利待遇，比如采取带薪休假、商务校外实习补助等形式来激励教师。

④要有职业发展激励。即对表现优秀的商务英语教师提供升迁和提拔的机会，这样专业教师不仅获得了更大的发展空间也是对自我价值的一种肯定。

⑤要有精神奖励。首先，学校和系部领导可以实施情感激励，让专业教师有归属感和责任感；其次，学校和系部应该要以身作则，要树立优秀的榜样，榜样就是旗帜能驱动专业教师前进的方向和动力。最后，学校和系部领导要施行精神奖励政策，把精神奖励和工作业绩、晋升机会、评先评优挂钩，激励专业教师获得荣誉或为荣誉努力工作。

### （四）建立应用型本科院校商务英语教师反思制度

西方具有影响力的几种反思性教学模型主要代表有埃拜模型（J.W.Eby Model），爱德华兹—布朗托模型（A.Edwards&D.Brunton Model），拉博斯凯模型（V.K.Laboskey Model）、考尔德希德模型（J.Calderhead Model）和布鲁巴切尔模型（J.W.Brubacher Model）。这几种模型的内涵都突出了反思过程促进教师本身的提高。埃拜模型则要求教师的伦理道德水准提高的同时，几种基本技能得到发展。而布鲁巴切尔则在中反思这一环节中特别强调教师发现问题、解决问题的能力的培养。范良火在《教师教学知识发展研究》中明确提出教师自身教学经验和自我反思是教师教学知识的重要来源之一。可见，教师反思对于教师个体的专业发展中是十分重要的。商务英语教师应立足于商务英语专业的跨学科性等特点，多视角、多层次反思商务英语专业教学、教改和科研学术等。尽管大多数教师已认识到反思是教师专业发展的重要因素，但真正适合教师反思的模式却微乎其微。荷兰学者科瑟根（hrde A J.Korthagen）根据自己的理论和实践，创造了 ALACT 教师反思模式，即：

①行动（action）。反思首先需要教师进行自我实践。

②回顾行动（looking back an the action）。教师需在教学活动结束后对教学方法和教学内容进行回顾，发现不足或需要改进的地方。

③意识到主要问题所在（awareness of essential aspects）。教师通过对教学实践的快速回顾，找出影响教学效果的主要问题。

④创造别种行动方案（creating alternative methods of action）。教师在分析问题和不足的前提下，找到新的行动方案。

　　⑤尝试（trial）。教师对新的行动方案进行尝试，即尝试新行动。笔者认为，商务英语教师应根据科瑟根的反思模式来建构自己的反思实践。孔子曰："学而不思则罔，思而不学则殆。"可见，知识结构不是在设想中形成的，而是在积极的思维中形成的。因此，应用型本科院校商务英语教师需要在教学实践中不断开展教学、教改。科研学术反思，在教学过程中将实践和理论紧密联系起来，使自身的"教学经验"和"自我内在知识"都参与到知识的建构中来。"反思型"教师的主要锻炼方法有通过微格教学、教学日志、教师学习审计、角色模型等方式对自己的教学实践进行观察、分析、总结，从而达到改善实践、提高教学能力和水平的目的，更好地定位和塑造自己。

　　在当今"新时代""新文科"建设背景下，应用型本科院校也应加强一流本科教育，根据办学传统、区位优势、资源条件等，紧跟时代发展，服务地方需求，在应用型人才培养上办出特色、争创一流。以一流专业建设为目标，以课程建设为抓手，搞好教学团队建设，以期取得良好的教学成果和人才培养质量。

# 参考文献

[1] 鲍文，田丽 . 高校商务英语专业实践教学创新研究 [M]. 杭州：浙江工商大学出版社，2021.

[2] 王芳 . 跨文化交际与商务英语教学实践研究 [M]. 北京：北京工业大学出版社有限责任公司，2021.

[3] 孙舒和 . 商务英语教学于信息化融合研究 [M]. 长春：吉林出版集团股份有限公司，2021.

[4] 曾葳 . 商务英语教学与模式创新研究 [M]. 西安：西北工业大学出版社，2021.

[5] 董晓波 . 新时代商务英语翻译 [M]. 北京：北京对外经济贸易大学出版社有限责任公司，2022.

[6] 刘静 . 跨境电子商务英语人才的培养研究 [M]. 北京：中国纺织出版社，2021.

[7] 崔淑娟，陈少明，范爱军 . 跨境电商背景下商务英语人才需求与教学模式研究 [M]. 长春：吉林人民出版社，2020.

[8] 张保培，张华嵩 . 应用型本科院校商务英语专业教学与实践 [M]. 北京：北京工业大学出版社，2020.

[9] 侯晓玮 . 应用型本科院校商务英语教师专业发展研究 [M]. 天津：天津科学技术出版社，2020.

[10] 周二勇 . 高水平应用型本科专业建设 人才培养模式与评价体系研究 [M]. 北京：北京理工大学出版社，2020.

[11] 张磊 . 高校商务英语人才培养研究 [M]. 北京：现代出版社，2019.

[12] 曲歌 . 基于语料库的商务英语实践教学研究 [M]. 黑龙江大学出版社，2020.